Praten met kinderen en jongeren over scheiding

Tineke van den Berg

Praten met kinderen en jongeren over scheiding

Een praktijkboek voor professionals

Houten 2018

ISBN 978-90-368-1893-3   ISBN 978-90-368-1894-0 (eBook)
https://doi.org/10.1007/978-90-368-1894-0

© Bohn Stafleu van Loghum is een imprint van Springer Media B.V., onderdeel van Springer Nature 2018
Alle rechten voorbehouden. Niets uit deze uitgave mag worden verveelvoudigd, opgeslagen in een geautomatiseerd gegevensbestand, of openbaar gemaakt, in enige vorm of op enige wijze, hetzij elektronisch, mechanisch, door fotokopieën of opnamen, hetzij op enige andere manier, zonder voorafgaande schriftelijke toestemming van de uitgever.

Voor zover het maken van kopieën uit deze uitgave is toegestaan op grond van artikel 16b Auteurswet j° het Besluit van 20 juni 1974, Stb. 351, zoals gewijzigd bij het Besluit van 23 augustus 1985, Stb. 471 en artikel 17 Auteurswet, dient men de daarvoor wettelijk verschuldigde vergoedingen te voldoen aan de Stichting Reprorecht (Postbus 3060, 2130 KB Hoofddorp). Voor het overnemen van (een) gedeelte(n) uit deze uitgave in bloemlezingen, readers en andere compilatiewerken (artikel 16 Auteurswet) dient men zich tot de uitgever te wenden.

Samensteller(s) en uitgever zijn zich volledig bewust van hun taak een betrouwbare uitgave te verzorgen. Niettemin kunnen zij geen aansprakelijkheid aanvaarden voor drukfouten en andere onjuistheden die eventueel in deze uitgave voorkomen.

De rechten voor de afbeeldingen zijn van Tineke van den Berg.
De rechten voor de gedichten bij Uitgeverij Leopold.

NUR 777
Basisontwerp omslag: Studio Bassa, Culemborg
Automatische opmaak: Scientific Publishing Services (P) Ltd., Chennai, India

Bohn Stafleu van Loghum
Walmolen 1
Postbus 246
3990 GA Houten

www.bsl.nl

Voorwoord

Al is het maar een kleine groep ouders die na een scheiding vast komt te zitten in hoog oplopende en al dan niet langdurige conflicten, de gevolgen van die conflicten zijn groot. Het conflict verspreidt zich immers als een lopend vuurtje en vele mensen uit de omgeving van de ouders in kwestie raken erbij betrokken: kinderen, familie, vrienden, buren, scholen, hulpverleners en zo verder. Iedereen is verward en voelt zich machteloos. Daarom is spreken met een ouder of met een kind dat bekneld zit in een conflict na scheiding geen sinecure. Zonder reflectie op dat dwingende conflictpatroon raak je immers gemakkelijk besmet door het 'conflictvirus' en doe je onbedoeld en ongewild meer van hetzelfde, namelijk het conflict aanzwengelen. Conflictpatronen hebben de eigenschap dat ze polarisatie oproepen, zoals het denken in termen van goede versus slechte ouder; schuld versus onschuld; waarheid versus valsheid. Gevoelens van verontrusting, angst en machteloosheid zijn kenmerkend voor besmet raken door conflictpatronen. Een volwassene of een professional die zich machteloos voelt bij wat een kind meemaakt, maakt een kind ook machteloos. Handelen vanuit angst en machteloosheid leidt tot machtsgrepen en disconnectie. Ik maak rondom mij meermaals mee hoe mensen bij dergelijke conflictpatronen hun reflectief denken en zorgvuldig handelen kwijtraken en veiligheid proberen te installeren door het inzetten van controle- en repressiemechanismen. Een ethische positie verwerf je door te kunnen reflecteren over de effecten van het eigen handelen, op korte en op lange termijn. En door kritisch te mogen reflecteren over brede aannames, visies en machtsstructuren waarin we leven. Dit is van belang om beschadigende patronen niet te reproduceren en hierdoor te versterken.

Een bekend fenomeen is dat men probeert greep te krijgen op het conflict door het kind in bescherming te nemen en door de schuld te leggen bij een of beide ouders. Die automatische reflex versterkt de strijd en zet het kind nog vaster. Ik geloof niet dat je een kind kunt steunen of zorgouderschap kunt bevorderen door een ouder te beschuldigen. Ook probeert men 'dé waarheid' te vinden door het kind deskundig te horen of te observeren tijdens en na een bezoek van de ouder. Door de complex gelaagde context is het echter absoluut niet voor de hand liggend dat je kunt achterhalen wat een gedrag of uitspraak van een kind betekent, wat een kind hiermee bedoelt te zeggen.

Kinderen voelen zich tekort gedaan en ervaren druk door die houding van volwassenen die denken dat ze als kind vrij zouden kunnen spreken, los van heel die conflictcontext. Neutraliteit en objectiviteit zijn een illusie binnen een context van strijd. Kinderen zitten er middenin, ze ondervinden last van al die volwassenen die meedoen aan dat strijdpatroon en als kind doen ze er, niet bewust, ook aan mee. Durf het te zien.

Er zijn reeds vele Nederlandstalige boeken verschenen over het onderwerp 'uiteengaan van ouders'. Als het moeilijk loopt na scheiding wordt in die boeken vooral de focus gelegd op verandering van het gedrag van de ouders. Van het kind wordt niet zoveel verwacht. Meestal nemen professionals het van kinderen over, om het kind niet te belasten. Het kind wordt in die boeken meestal opgevoerd als een passief wezen, een lijdend voorwerp. Men probeert het kind te beschermen door het zo weinig mogelijk te betrekken in het conflict, door het met rust te laten. Er wordt meestal veel *over* het kind gepraat, weinig *met* het kind. Veel professionals (leerkrachten, mentors, advocaten, rechters en hulpverleners) aarzelen om rechtuit met kind te spreken. Meestal uit angst om dingen te zeggen of te doen die het nog erger zouden maken.

Het boek dat voor je ligt, wil hierin een verschil maken. Het werkt met een visie op het kind als een volwaardige actor en probeert afstand te nemen van een normatief wetende, naar schade speurende en controlerende attitude. Centraal staat het concept agency als het vermogen om zelf initiatief te nemen en te handelen. De beschermreflex naar kinderen toe heeft als gevolg dat een kind onder een stolp gezet wordt met als doel het kind ver van het conflict vandaan te houden. Met zo'n attitude kun je niet luisteren naar kinderen en oog hebben voor betekenisvolle details in hun verhaal. Het boek laat zien dat zonder relationele verbinding problemen niet benoemd en onderkend kunnen worden. Zonder relationele verbinding werkt hulpverlening niet en is verandering niet mogelijk. Relationeel verbindend werken, betekent hier dat je als hulpverlener een reflectieve dialoog start in plaats van door te gaan met een reactieve dialoog. Bij een reflectieve dialoog leg je de schuld niet langer bij de ander. Je steekt de hand in eigen boezem en je vraagt je bijvoorbeeld af: *wat doe ik* waardoor een kind zich niet kan weren tegen dat conflictmonster? *En wat kan ik anders doen?*

De auteur van dit boek stuurt aan op een attitude van reflectie en de durf om met kinderen te spreken over moeilijke en pijnlijke dingen, in plaats van ze uit de weg te gaan of te verdoezelen. Erop vertrouwend dat het kind, door samen te (durven) reflecteren, zelf wegen kan vinden om uit die kwelling en benarde situaties te geraken. Durven reflecteren gaat over hardop denken en hiermee een kind uitnodigen om dat ook te doen. Wat je vraagt van kinderen doe je bij voorkeur zelf ook, want het gaat immers over wederkerigheid en parallele processen.

Het is altijd een eer om een voorwoord te mogen schrijven en een serieuze taak, want de auteur heeft veel van zichzelf in dit boek gestopt. Het boek biedt een overvloed van ideeën over wat te zeggen en te doen in het contact met kinderen. De auteur is scheutig met voorbeelden uit haar praktijk, waarin ze laat zien wat je kunt doen en wat je kunt zeggen, en welke woorden en acties steunend kunnen zijn voor kinderen. Op deze manier is het boek inspirerend voor de lezer die koudwatervrees heeft in het spreken met kinderen of die zich handelingsverlegen voelt. De auteur laat zien dat een belangrijke leidraad bij het bevorderen van veerkracht bij kinderen bestaat uit het verbreden van het blikveld, door samen met kinderen te kijken naar en te denken over andere kinderen en andere gezinnen. Ook naar het wetgevend kader dat rechten en plichten van kinderen en ouders regelt. Kinderen vatten dan moed en krijgen lucht, doordat ze ervaren dat ze niet alleen zijn en dat de moeilijkheden die ze ondervinden, verbonden zijn met een ruimere gemeenschap: psycho-educatie niet als informatie, maar als het aanreiken van een visie die verbindt en verruimt.

Kinderen willen graag iets voor ouders doen. Door gevangen te zitten in de conflictspiralen doen ze dat vaak op een manier die de ruzie verergert. In dit boek wordt getoond hoe kinderen in hun kracht gezet worden zodat ze voor zichzelf kunnen zorgen en, hierdoor, ook voor de ouders. Er wordt getoond hoe een kind zelf invloed kan hebben, op de ouder en op de omgangsregeling, door zelf met de ouder te spreken en te leren onderhandelen met de ouder over de regeling.

De auteur schrijft dit boek ook omdat ze vaststelde dat er veel onbegrip bestaat voor ouders die in conflictpatronen vast blijven zitten en niet meer constructief met elkaar kunnen overleggen. Die ouders krijgen vaak een beschuldigende vinger dat ze geen zorg dragen voor het kind. Dat is pijnlijk en niet ondersteunend voor kinderen. De auteur breekt een lans voor het aanvaarden van de diversiteit waarmee ouders uiteengaan en voor actief met kinderen spreken, kinderen niet in de kou laten staan, maar hen laten nadenken over de situatie waar ze middenin zitten.

Lieve Cottyn
Antwerpen 2018

Inhoud

1	**De gevolgen voor kinderen van een scheiding**	1
1.1	Inleiding	3
1.2	De scheiding als een complexe en ingrijpende gebeurtenis	3
1.3	Het proces van de ouders	7
1.4	De gevolgen voor de kinderen	13
1.5	Gevolgen op de lange termijn	33
2	**Taken van kinderen en jongeren bij scheiding**	47
2.1	Inleiding	48
2.2	Ontwikkelingstaken voor kinderen van nul tot achttien jaar	48
2.3	Extra psychologische taken	49
3	**Praten met kinderen: attitude en technieken**	67
3.1	Inleiding	69
3.2	Visie op scheiding	69
3.3	Visie op praten met kinderen en jongeren over de scheiding	70
3.4	Het gesprek met kinderen en jongeren	81
3.5	Hulpmiddelen voor het praten over de scheiding	91
4	**Praktische handreikingen voor speciale thema's**	111
4.1	Inleiding	113
4.2	Uitzoeken wat er akelig is	113
4.3	Schuld	114
4.4	Boosheid	118
4.5	Angst om er alleen voor te staan	122
4.6	Liefde van een ouder	124
4.7	Een gescheiden moeder en een gescheiden vader	124
4.8	Een vervelende moeder, een leuke vader, of andersom	129
4.9	Ouders die ineens onverstandige dingen zeggen	131
4.10	Nieuwe vrienden en stiefouders	133
5	**De ouders en hun kind**	137
5.1	Inleiding	138
5.2	Psychologische taken voor ouders	138

Bijlagen 151

Bijlage 1 Psychologische taken voor kinderen en jongerenbij scheiding 152
Bijlage 2 Psychologische taken voor ouders na scheiding 153
Bijlage 3 Metaforen 154
Bijlage 4 Kenmerken van het conflict 156
Literatuur 160

Inleiding

Dit is vooral een praktisch boek. Het is te gebruiken bij het praten met kinderen van ongeveer 4 tot 18 jaar over hun proces bij de scheiding van hun ouders. Kinderen maken een ingrijpende gebeurtenis mee, met verstrekkende gevolgen. Een professional kan van onschatbare waarde zijn in het contact met een kind. De rode draad in dit boek is dat kinderen zich kunnen uiten over wat hen overkomt tijdens en na de scheiding, zodat zij de juiste hulp kunnen krijgen. Enkele belangrijke thema's over scheiding zijn uitgelicht en de gesprekssuggesties zijn bedoeld om er met kinderen of jongeren over te beginnen. Een professional kan helpen die thema's behapbaar te maken, zodat een kind zich niet verslikt of erin stikt.

Dit boek is bestemd voor medewerkers in het onderwijs, de (geestelijke) gezondheidszorg en de hulpverlening die beroepsmatig te maken hebben met kinderen en hun gescheiden ouders. Daarbij is ervan uitgegaan dat de professionals basiskennis en -vaardigheden hebben om met kinderen te praten. De vele casus plaatsen alle praktische informatie rechtstreeks in de praktijk, en bieden handvatten om de informatie af te stemmen op het kind en de indviduele situatie.

Er zijn grofweg vier groepen professionals te onderscheiden.
1. Professionals (in opleiding) in de directe omgeving van kinderen
    Dit zijn leidsters van een crèche en/of peuterspeelzaal, leerkrachten en docenten, en medewerkers van buitenschoolse opvang. Deze professionals maken de kinderen veel en/of regelmatig mee, kunnen veel opmerken en wat ze zien bespreekbaar maken. Binnen deze groep vallen ook de begeleiders van sportactiviteiten en vrijetijdsbesteding. Hoewel het niet hun directe verantwoordelijkheid is, kunnen deze volwassenen veranderingen in het gedrag van kinderen signaleren en bespreekbaar maken.
2. Professionals (in opleiding) in de primaire (preventieve) gezondheidszorg
    Dit zijn medewerkers van het consultatiebureau, verpleegkundigen bij de GGD, de GGD-arts en de huisarts. Deze professionals in de (geestelijke) gezondheidszorg zien kinderen meestal vanwege vaste en/of speciale afspraken of op verzoek van ouders. Zij hebben de verantwoordelijkheid om de ontwikkeling op specifieke gebieden, zoals gezondheid, te volgen, en moeilijkheden die te verwachten zijn, te signaleren en bespreekbaar te maken met kind, ouders en/of andere betrokkenen.
3. Professionals (in opleiding) die ingeschakeld worden bij het proces van scheiding van de ouders
    Dit zijn de professionals die beroepsmatig ouders begeleiden bij hun proces van de scheiding en in dat kader praten met de kinderen. Bijvoorbeeld advocaten en mediators. Voor professionals in deze groep zonder pedagogische en/of psychologische opleidingsachtergrond geldt dat aanvullende kennis en vaardigheden vereist zijn, gezien het specifieke kader waarin zij met kinderen praten en

met hun ouders te maken krijgen. Een voorbeeld is een advocaat die op eenzijdig verzoek voor een ouder werkt, en in dat kader met een kind wil praten.
4. Professionals (in opleiding) binnen sociale dienstverlening, welzijnswerk, (jeugd) hulpverlening en jeugdbescherming

Het gaat in deze groep om professionals die met kinderen te maken krijgen als er vragen en/of problemen zijn in het gezin, bijvoorbeeld bij de ontwikkeling van een kind of bij de opvoeding. Deze groep is op zichzelf weer divers. Te denken valt aan hulpverleners die laagdrempelig hulp verlenen, zoals kindercoaches, schoolmaatschappelijk werkers, medewerkers in buurthuizen, professionals binnen sociale wijkteams en/of centra voor Jeugd en Gezin. Tot deze groep behoren ook professionals die vooral diagnosticeren en/of behandelen, zoals speltherapeuten, de orthopedagogen, de kind- en jeugdpsychologen en de kinder- en jeugdpsychiaters, evenals groepsleiders, (gezins)voogden en jeugdbeschermers.

Naast deze professionals zijn er tijdens het proces van scheiding veel anderen bij de kinderen betrokken, zoals (pleeg)ouders, familie, vrienden en stiefouders. Zij zullen in dit boek informatie vinden over het scheidingsproces en wat dit voor kinderen of henzelf kan betekenen.

Spruijt en Kormos (2014) zeggen dat kinderen en ouders in een groep steun ondervinden van lotgenotencontacten als er een veilige sfeer is. Zij adviseren om veel meer kinderen en hun ouders in de gelegenheid te stellen deel te nemen aan preventieve groepsprogramma's, zoals 'Dappere Dino's' (4–6 jaar), '!JES het brugproject' (8–12 jaar), '!JES jongeren & hun ouders' (12 +) of het programma 'Kinderen In Echtscheiding Situaties' (diverse programma's). Uit evaluaties van het groepsprogramma 'Kind uit de Knel' (Lawick et al. 2014), bestemd voor ouders en kinderen bij vechtscheidingen, blijkt vooral de waardering voor het lotgenotencontact. Onze ervaring is dat de informatie uit dit boek ook bruikbaar is voor groepsprogramma's die gericht zijn op kinderen en hun gescheiden ouders.

Opzet van het boek

In ▶H. 1 staan de gevolgen van de scheiding voor kinderen centraal. Er wordt beschreven wat een scheiding voor kinderen met zich meebrengt en wat de gevolgen daarvan zijn in het dagelijks leven van die kinderen.

In ▶H. 2 gaat het over de psychologische taken voor kinderen als gevolg van de scheiding van hun ouders. Deze taken hebben zij uit te voeren naast de algemene ontwikkelingstaken. Dit hoofdstuk is complementair aan ▶H. 1.

▶Hoofdstuk 3 behandelt het belang van een visie op het proces van de scheiding. Uit deze visie vloeit het handelen voort van de professional. De uitgewerkte technieken en materialen ondersteunen dit handelen. Er is een selectie gemaakt op basis van theoretische kennis en praktijkervaring.

▶ Hoofdstuk 4 is een praktisch hoofdstuk. Er zijn specifieke thema's uitgelicht om met kinderen en jongeren te bespreken. Deze thema's zijn ondersteunend bij de uitvoering van de extra psychologische taken waar zij voor staan. De gesprekssuggesties zijn bedoeld om bij een kind een ingang te vinden en het kind te helpen om kritisch te reflecteren op de persoonlijke situatie van het kind en daarmee de weerbaarheid van het kind te vergroten.

Tot slot wordt in ▶ H. 5 aandacht besteed aan het informeren van de kinderen over de psychologische taken van hun ouders. Ook deze informatie helpt kinderen bij hun eigen proces van de scheiding.

In dit boek wordt meestal gekozen voor de term 'kinderen' als het gaat om jongens en meisjes in de leeftijd van 4 tot 18 jaar. Indien nodig is een leeftijds- of geslachtsaanduiding gemaakt.

Er wordt geen specifiek onderscheid gemaakt in achtergrond op basis van geloof of cultuur. Aan deze aspecten wordt recht gedaan bij het reflecteren op de eigen specifieke leefsituatie. Zijzelf, of bij jonge kinderen hun ouders, kunnen aangeven wat vanuit hun cultuur en/of geloof belangrijk is om rekening mee te houden.

In dit boek wordt bij scheiding het beëindigen van het huwelijk, een geregistreerd partnerschap of samenwonen bedoeld van de biologische vader en moeder. Hier is uit praktische overweging voor gekozen.

In dit boek is de term scheiding steeds gebruikt als ouders aangegeven hebben niet meer met elkaar verder te willen leven en hun kinderen dit weten. Ouders verbreken de relatie, na bijvoorbeeld een huwelijk, na geregistreerd partnerschap of na samenwonen, en hun kinderen zijn daarbij betrokken.

De verhalen in dit boek komen uit de praktijk en zijn anoniem weergegeven. Iedere overeenkomst met bestaande personen berust op toeval. Dat er overeenkomsten zijn, is een gegeven dat voortkomt uit het proces van scheiding zelf dat, naast individuele verschillen, ook overeenkomsten kent.

Kinderen en hun ouders stelden steeds vertrouwen in mij en mijn werk. Daar ben ik hen dankbaar voor. Zij motiveren mij om door te gaan met zoeken naar effectieve ondersteuning en hulp voor kinderen en hun ouders bij scheiding. Een woord van dank aan de mensen die dit boek mede mogelijk hebben gemaakt: Lieve Cottyn, Marjolande Prins, Ditta Schreuder, Anneloes Bork, Sarah Bork, Loes Huijssoon, Marlies Bouman, Annytsje Pruim, Gerda Wilbrink, Wies Brinkhof, Lyda van Dijk, Rob Kuijpers, Jacolien Schreuder, Martine Delfos, Roos Kruyswijk-Ketting, Joyce Rodenhuis en Ada Herweijer. Dank voor jullie reflectie en input.

Tineke van den Berg
Zwolle 2018

De gevolgen voor kinderen van een scheiding

Samenvatting

Een scheiding is een ingrijpende gebeurtenis en heeft gevolgen voor de korte en lange termijn. Kinderen en jongeren krijgen direct na de aankondiging van de scheiding in het dagelijks leven te maken met hun eigen proces en reageren daarop met emoties en gedrag. De veranderingen roepen veel spanning op, waar de kinderen mee om moeten gaan. Alle reacties van kinderen zijn, zeker in het begin, te beschouwen als normale reacties. Een scheiding heeft voor kinderen langdurige gevolgen en het risico bestaat dat zij emotionele en/of gedragsproblemen ontwikkelen. De meeste gezinnen hebben echter ongeveer twee tot drie jaar na de scheiding een nieuw evenwicht gevonden. De meeste kinderen en jongeren zijn dan gewend aan de nieuwe situatie en hun veerkracht heeft zich hersteld. Een van de gevolgen van een scheiding kan zijn dat kinderen deel uit gaan maken van een samengesteld gezin. Het leven in zo'n gezin stelt specifieke eisen aan een kind.

1.1   Inleiding – 3

1.2   De scheiding als een complexe en ingrijpende gebeurtenis – 3

1.2.1   Het juridische aspect van de scheiding – 3
1.2.2   Het praktische aspect van de scheiding – 3
1.2.3   Het psychologische aspect van de scheiding – 4
1.2.4   Gecompliceerde of vechtscheiding – 4
1.2.5   De scheiding als ingrijpende gebeurtenis – 4
1.2.6   Problemen voorkomen – 5
1.2.7   Veerkracht, weerbaarheid en beschermende factoren – 6

© Bohn Stafleu van Loghum is een imprint van Springer Media B.V., onderdeel van Springer Nature 2018
T. van den Berg, *Praten met kinderen en jongeren over scheiding*,
https://doi.org/10.1007/978-90-368-1894-0_1

1.3	Het proces van de ouders – 7	
1.3.1	Scheidingssignalen – 8	
1.3.2	Duurzame ontwrichting – 8	
1.3.3	Scheidingsoverwegingstijd – 8	
1.3.4	Scheidingsmelding – 9	
1.3.5	Scheidingsaanvaarding – 9	
1.3.6	Scheidingsintermezzo – 9	
1.3.7	Ouderschapsreorganisatie – 12	
1.3.8	De psychologische taken – 13	
1.4	De gevolgen voor de kinderen – 13	
1.4.1	Geloof van kinderen in (de liefde van) de ouders – 13	
1.4.2	De gevolgen op de korte termijn – 13	
1.4.3	Lichamelijke reacties – 13	
1.5	Gevolgen op de lange termijn – 33	
1.5.1	Goed functionerende ouders – 34	
1.5.2	Netwerk – 34	
1.5.3	Blijvende schade – 35	
1.5.4	Extra risico door conflicten van ouders – 35	
1.5.5	Onderzoek naar de gevolgen van scheiden – 36	

1.1 Inleiding

Wereldwijd is het meeste onderzoek naar scheiding ongetwijfeld verricht door de Amerikaanse onderzoeker Amato (2006, 2011); hij heeft over dit onderwerp verreweg de meeste artikelen gepubliceerd. In Nederland zijn dat Spruijt en Kormos (2014). Voor cijfermatige informatie berust dit boek dan ook op dit soort bronnen.

Een scheiding is meer dan het besluit van ouders om hun relatie te beëindigen. Een scheiding is het proces dat volgt op het besluit van partners om de relatie als (liefdes)partners te beëindigen en uit elkaar te gaan. Als ouders dit besluit nemen, zijn hun kinderen erbij betrokken. Een scheiding kan worden gezien als een proces. Het proces van de scheiding bestaat voor de ouders uit het omgaan met de juridische, praktische en psychologische gevolgen. Het proces van de kinderen bestaat uit het omgaan met de praktische en psychologische gevolgen van de scheiding.

1.2 De scheiding als een complexe en ingrijpende gebeurtenis

Het besluit van ouders om de relatie te beëindigen en apart van elkaar te gaan leven, is de start van het scheidingsproces dat juridische, praktische en psychologische aspecten omvat (zie ◘fig. 1.1). De juridische en praktische regelzaken van het scheiden zelf nemen een periode van minimaal een jaar in beslag. Het psychologische aspect kost meer tijd en de gevolgen van het uit elkaar gaan zijn nóg langer zichtbaar en voelbaar.

1.2.1 Het juridische aspect van de scheiding

Het juridische aspect van de scheiding omvat het ontbinden van het huwelijk volgens de wettelijke regels, inclusief de verdeling van de financiën en de spullen, en het regelen van de zorg voor de kinderen. Ouders die getrouwd zijn of een geregistreerd partnerschap hebben, zijn wettelijk verplicht om de ontbinding daarvan via de rechtbank te regelen. Ouders die ongehuwd samenwonen en uit elkaar gaan, hebben die verplichting niet, maar zijn bij het regelen van het uit elkaar gaan, wel gebonden aan de wettelijke kaders. Zij mogen geen regelingen treffen die buiten de wet vallen.

1.2.2 Het praktische aspect van de scheiding

Het uitvoeren van de juridische regeling is zichtbaar en voelbaar in het dagelijks leven. Dat is het praktische aspect van de scheiding. De juridische aspecten van de scheiding overlappen met de praktische aspecten, doordat de kinderen te maken krijgen met de praktische veranderingen in hun dagelijks leven. Ouders houden zich bezig met het verdelen van de bezittingen, met het organiseren en inrichten van woonplekken, het organiseren en uitvoeren van het halen en brengen van hun kind(eren), enzovoorts.

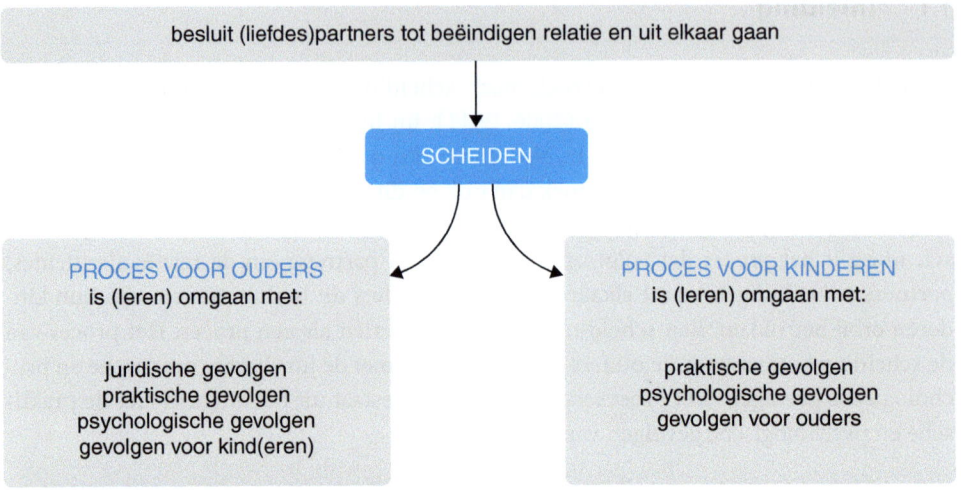

Figuur 1.1 De scheiding als een proces

1.2.3 Het psychologische aspect van de scheiding

Het psychologische aspect gaat over het ontbinden van de relatie. Twee mensen met een (emotionele) verbinding verbreken deze. Het is nooit opzet van ouders dat er barsten komen in de liefde, laat staan dat de liefde kapot gaat. Dat laatste is bij een scheiding echter wel het geval. Het opruimen van de scherven vraagt de nodige tijd en aandacht, draagt het risico van verwondingen met zich mee en duurt meestal langer dan de juridische afhandeling van de scheiding. Het psychologische proces van de kinderen loopt niet synchroon met dat van de ouders, wat een logisch gevolg is van het verschil in posities en verantwoordelijkheden. Wat ouders en kinderen gemeen hebben is dat zij elkaars proces van nabij meemaken.

1.2.4 Gecompliceerde of vechtscheiding

Bij een scheiding met complicaties, de gecompliceerde scheiding of vechtscheiding genoemd, stagneert het proces van de scheiding op juridisch, praktisch en/of psychologische gebied en eisen problemen en conflicten de aandacht op in plaats van het proces van de scheiding. De kinderen raken meestal uit beeld of er worden voor hen belangen naar voren gehaald en als onderdeel van de strijd ingezet.

1.2.5 De scheiding als ingrijpende gebeurtenis

Het meemaken van een scheiding is een ingrijpende gebeurtenis. In het begin ervaren alle kinderen de scheiding als iets dat 'erg' is. Heel soms, als ouderlijke ruzies stoppen en de problemen van de ouders verminderen, is het voor kinderen een opluchting.

Het Nederlands Jeugdinstituut (NJi) maakt onderscheid tussen drie soorten ingrijpende gebeurtenissen, live-events genoemd (NJi 2014). Het meemaken van een scheiding valt binnen de volgende drie groepen:
1. Verlies van affectieve relatie.
   Er is sprake van verlies van een emotioneel hechte relatie.
2. Verlies van gevoel van eigenwaarde.
   Dit wordt veroorzaakt door gebeurtenissen als:
   – falen van de jeugdige bij een specifieke taak met een hoge persoonlijke inzet;
   – de onthulling of ontdekking van een beschamende of stigmatiserende gebeurtenis uit het persoonlijke of gezinsleven;
   – ernstig verlies van vertrouwen in een geliefd persoon.
3. Angstaanjagende persoonlijke ervaringen.
   Dit zijn ervaringen die ongebruikelijk zijn binnen de cultuur van de jeugdige, die buiten het gebied van de gewone, te verwachten gebeurtenissen liggen, en die een bedreiging inhouden voor de toekomst van de jeugdige. Het kan onder meer gaan om:
   – kidnapping, wat mogelijk is bij een scheiding met ernstige complicaties;
   – getuige zijn van een ernstig trauma van een geliefd persoon.

Een ingrijpende gebeurtenis kan leiden tot ernstige problemen, maar dat is niet vanzelfsprekend (Delfos 2015). Denk bijvoorbeeld aan een groep kinderen die gezamenlijk iets ingrijpends meemaken. Het ene kind zal een trauma ontwikkelen en het andere kind niet. De theorie zegt dat tijdens het verwerken van een ingrijpende gebeurtenis klachten kunnen ontstaan die binnen de *Diagnostic and Statistical Manual of Mental Disorders* (DSM V) (APA 2013) vallen onder de posttraumatische stressstoornis (PTSS), maar ook onder de depressie, de angststoornis en verslaving.

1.2.6 Problemen voorkomen

Het scheidingsproces van kinderen begint met het (leren) omgaan van de praktische en psychologische gevolgen van de scheiding in een periode waarin zij het proces van hun ouders van dichtbij meemaken. Het leerproces verloopt succesvol als zij vanaf het begin worden betrokken bij (zorg)regelingen die hen aangaan en hulp krijgen bij de uitvoering van hun psychologische taken. Deze aandacht werkt preventief, waardoor emotionele en gedragsproblemen beperkt worden of voorkomen worden. Delfos (2015) zegt dat ingrijpende gebeurtenissen bij het leven horen en dat het meemaken ervan onder gunstige omstandigheden kan helpen zichzelf en de wereld beter te begrijpen. Het kan de empathie bevorderen voor mensen die pijn hebben en lijden. Een concretisering hiervan is dat jongeren bij VillaPinedo, een online platform voor jongeren van gescheiden ouders (▶ www.villapinedo.nl) andere jongeren bijstaan tijdens en na de scheiding van hun ouders. Op de lange termijn hebben kinderen zich steeds te verhouden tot de twee leefwerelden van hun ouders en ook daarbij kunnen zij ondersteuning gebruiken om dit in goede banen te leiden en problemen te voorkomen.

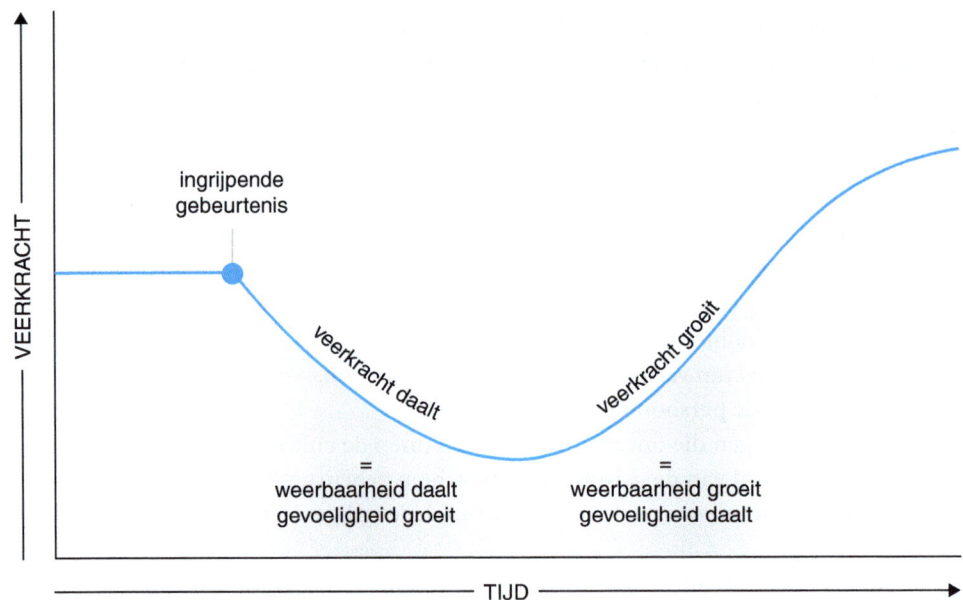

◘ Figuur 1.2   Grafiek veerkracht

1.2.7   Veerkracht, weerbaarheid en beschermende factoren

Hoe een kind omgaat met de gevolgen van een scheiding heeft onder andere te maken met veerkracht. Rutten (2017) legt veerkracht uit als 'Het behouden en/of herstellen van mentale gezondheid bij uitdagingen (ingrijpende gebeurtenissen).'

Tijdens en/of na een ingrijpende gebeurtenis kan iemand minder goed voor zichzelf opkomen en is de gevoeligheid voor zaken als afwijzing, pijn en teleurstelling groter, ofwel, het meemaken van een ingrijpende gebeurtenis vermindert de weerbaarheid en vergroot de gevoeligheid (◘fig. 1.2).

Veerkracht wordt bij individuele personen bepaald door meerdere factoren en de samenhang daartussen (Rutten 2017), zoals erfelijkheid, hechting, locus of control, psychologische en gedragsmatige regulatie (coping), lichamelijke gezondheid, betekenis geven aan of doelen hebben in het leven, en ook met de capaciteit om positieve emoties in te zetten.

Beschermende factoren die de veerkracht herstellen en/of vergroten zijn:
- goede (emotionele) intelligentie, snel begrijpen en oppakken, kunnen voelen;
- sociale vaardigheden, anderen goed inschatten;
- zelfvertrouwen (o.a. geloof in eigen kracht, uiterlijk, doorzettingsvermogen);
- sociale contacten, anderen die helpen en er voor een kind zijn;
- humor, grappen maken en kunnen relativeren;
- de woonomgeving, met mogelijkheden voor ontspanning, zoals sport, hobby's;
- de school, met prettige contacten en tevredenheid over eigen studieresultaten.

Na verloop van tijd zal de veerkracht herstellen waarbij te zien is dat de gevoeligheid vermindert en de weerbaarheid weer toeneemt. Het praten over de gevolgen en het nadenken over wat kinderen nodig hebben nu de leefsituatie zo veranderd is, helpt kinderen hierbij.

> **Uitgangspunten voor het benaderen van scheiding**
> 1. Een scheiding is een complex proces met juridische en psychologische aspecten.
> 2. Het meemaken van een scheiding is voor ouders en kinderen een ingrijpende gebeurtenis.
> 3. Kinderen doorlopen na de scheiding een ander proces dan hun ouders en maken het proces van hun ouders van nabij mee.
> 4. Als gevolg van de ingrijpende gebeurtenis neemt gedurende een periode de veerkracht af, waardoor ouders én kinderen minder weerbaar zijn en gevoeliger voor psychisch leed.
> 5. Herstel van de veerkracht en het uitvoeren van de psychologische taken ondersteunen het positieve verloop van het proces van de scheiding.
> 6. Ouders en/of andere primaire opvoeders zijn de eerst aangewezen personen om kinderen te helpen met hun proces na de scheiding (Pedro-Carroll 2010; Wallerstein en Blakeslee 2003).
> 7. Bij (langdurige) stagnatie in het proces van de scheiding is professionele hulp noodzakelijk.
> 8. Bij aanhoudende stagnatie en ernstige problemen voor een kind, moet ingegrepen worden door bijvoorbeeld een jeugdbeschermingsmaatregel.

1.3 Het proces van de ouders

De scheiding is voor ouders de uitkomst van een proces dat al bestaat uit meerdere fasen. Voor de duidelijkheid wordt in dit boek uitgegaan van de fasen van Hoefnagels (2003). Deze auteur onderscheidt zes fasen, die een zekere volgordelijkheid in zich hebben, hoewel die in de praktijk niet altijd zichtbaar is. Als de scheiding een feit is, volgen nog twee belangrijke aspecten van het proces voor de ouder. Deze zijn toegevoegd aan de zes fasen. De volgende fasen zijn te onderscheiden:
- scheidingssignalen;
- toestand van duurzame ontwrichting;
- scheidingsoverwegingstijd;
- scheidingsmelding (partners onderling);
- scheidingsaanvaarding (partners onderling);
- scheidingsintermezzo en de boodschap aan de kinderen;
- ouderschapsreorganisatie;
- de psychologische taken voor de ouders.

1.3.1 Scheidingssignalen

In elke relatie zijn er perioden waarin zich spanningen voordoen. Deze spanningen kunnen voortkomen uit teleurstelling, onbegrip, verandering in communicatie of het tonen van overmatige belangstelling door een van de partners voor iemand buiten de relatie. De signalen die deze spanningen met zich meebrengen, kunnen leiden tot een goed gesprek. Daardoor kan de relatie verbeteren, maar zo'n gesprek kan ook het eind van een relatie of huwelijk inluiden. De kinderen in het gezin merken de signalen van deze spanningen meestal wel op, maar over het algemeen zijn zij hier niet op gericht. Zij reageren er meestal niet op, omdat de signalen vaag zijn. De signalen kunnen al wel hun gedrag beïnvloeden.

1.3.2 Duurzame ontwrichting

Als de relatie niet verbetert, ontstaat er een toestand van duurzame ontwrichting. Alle gescheiden ouders én hun kinderen hebben zo'n periode meegemaakt. Het gaat niet goed in de relatie, er zijn ruzies en stiltes, en die veranderingen zijn duidelijk merkbaar in het gezin. Meestal beseffen beide partners dat het niet goed gaat, maar niet altijd. Er zijn partners die de signalen ontkennen en vermijden. Het is voor hen bijvoorbeeld moeilijk om te erkennen dat de relatie is verslechterd. De meeste partners echter ervaren in deze fase boosheid, verdriet, eenzaamheid en gevoelens van leegte. De intensiteit van gevoelens verschilt, zij vinden elkaar niet meer en krijgen snel ruzie. De partners maken een moeilijke periode mee, waarover zij soms praten met familie en vrienden, maar die ook vaak verzwegen wordt. Uit schaamte. Uit gewoonte. Soms vanwege waarden en normen: "De vuile was hang je niet buiten." Veel ouders doen moeite om hun kinderen niet te belasten. Hierdoor weten kinderen niet wat er aan de hand is, terwijl zij wel getuige zijn van emotionele uitingen van hun ouders, zoals openlijke ruzies. Dit maakt hen bang en verdrietig, en de veranderingen in huis kunnen hen onzeker of boos maken. Sommige kinderen schrikken van hun gevoelens of van de heftigheid ervan en staan daar vaak alleen in. Zonder hulp proberen zij de narigheid zelf te beperken, soms op een manier die helpt, door er bijvoorbeeld over te praten, troost te zoeken of afleiding te bedenken. Soms helpt het om er tijdelijk niet aan te denken, hun gevoelens te overschreeuwen of ze te negeren. Ouders die in deze periode praten met hun kinderen, kunnen samen met hen zoeken naar het antwoord op de vraag of er extra aandacht nodig is, bijvoorbeeld door de familie of de leerkracht op de hoogte te brengen. Op school is er dan misschien een luisterend oor voor het kind, en de familie kan voor wat afleiding zorgen zodat een kind zich al in deze periode gezien en gehoord voelt.

1.3.3 Scheidingsoverwegingstijd

Als de ontwrichting aan blijft houden, overweegt minimaal een van de ouders te gaan scheiden. Als ouders allebei een scheiding overwegen, is deze periode minder overweldigend. De ouders weten dan immers van elkaar dat de overweging tot scheiden speelt.

Het komt ook voor dat een ouder de scheiding overweegt en de ander er niets van weet. Dit heeft altijd gevolgen voor de reactie op de scheidingsmelding en meestal ook op de periode daarna.

1.3.4 Scheidingsmelding

Dit is de periode waarin de partners definitief besluiten uit elkaar te gaan. Zij melden dit aan elkaar of nemen gezamenlijk het besluit tot scheiden. De kinderen kunnen vermoedens hebben over de scheiding die op komst is, maar zij weten het nog niet definitief.

1.3.5 Scheidingsaanvaarding

Na de scheidingsmelding nemen partners de tijd om zelf eerst tot aanvaarding te komen van het feit dat zij gaan scheiden. Zo opgenomen in het rijtje lijkt het alsof de scheidingsaanvaarding in een korte tijd kan plaatsvinden. Dat is echter niet het geval. Het kan lang tot zeer lang duren voordat aanvaarding door een of beide ouders een feit is. Meestal nemen partners de tijd om na de melding tot zichzelf te komen, alvorens de activiteiten in gang gezet worden die nodig zijn om de scheiding te realiseren en alvorens zij de kinderen over de scheiding informeren.

1.3.6 Scheidingsintermezzo

Tijdens het scheidingsintermezzo worden de partners geconfronteerd met de gevolgen van het besluit dat zij gaan scheiden. Er moet van alles geregeld worden, zowel op emotioneel, praktisch als juridisch gebied en kondigen zij de scheiding aan bij de kinderen. Het is voor het proces van de kinderen het meest gunstig als ouders samen het besluit nemen, samen voor de uitvoering van de scheiding de verantwoordelijkheid nemen en het daarna samen aan de kinderen vertellen. In de praktijk verloopt het vertellen aan de kinderen niet altijd zo keurig in deze volgorde.

In deze fase hebben ouders twee belangrijke gesprekken te voeren met de kinderen: het paraplugesprek en het bruggesprek.

- **Paraplugesprek**

Hoefnagels (2003) noemt het gesprek waarin de ouders aan de kinderen aankondigen dat zij gaan scheiden, het paraplugesprek. Daarin komt het volgende aan de orde:
1. Ouders vertellen beiden, het liefst samen, dat zij gaan scheiden en de kinderen reageren op die boodschap.
2. Ouders vertellen dat een scheiding een zaak van de ouders is en dat een scheiding nooit veroorzaakt wordt door kinderen, en dat dit ook nu niet het geval is. Kinderen kunnen een scheiding niet veroorzaken en er ook niet voor zorgen dat deze ongedaan gemaakt wordt.

3. Ouders vertellen dat zij besloten hebben om de scheiding samen te regelen. Zij vertellen de reden van de scheiding, afgestemd op het leeftijdsniveau en het kind. Als de leeftijden van de kinderen erg verschillen, kan een algemene reden eerst voldoende zijn. Aan oudere kinderen kunnen zij in een apart gesprek vertellen wat er nog meer speelt.
4. Ouders vertellen dat zij beiden beschikbaar blijven als vader en moeder en zij spreken de wens uit dat de kinderen met beide ouders contact blijven houden om de band goed te houden. Vader zegt dat hij het belangrijk vindt dat de kinderen hun band met moeder goed houden. Moeder zegt ditzelfde over vader. Het is belangrijk voor de kinderen dat ouders dit in aanwezigheid van elkaar zeggen. Dat versterkt de boodschap en kinderen kunnen hun ouders daar later op aanspreken.
5. Ouders bespreken de gevolgen van de scheiding op de korte termijn. Zij vertellen welke veranderingen er aankomen en dat zij de kinderen willen betrekken bij onderwerpen die hen aangaan om rekening te houden met hun mening en wensen. Zij vertellen aan de kinderen dat zij als ouders zelf de uiteindelijke beslissingen nemen.

Tijdens het scheidingsintermezzo treffen ouders regelingen om daadwerkelijk uit elkaar te gaan en apart van elkaar te leven. Soms wonen ze nog samen in een huis, soms woont een van de ouders al elders. Het intermezzo is pas voorbij op het moment dat de ouders daadwerkelijk gescheiden leven. Kinderen ervaren direct na het paraplugesprek, of nadat hen op een andere manier duidelijk is gemaakt dat de ouders gaan scheiden, in hun dagelijks leven de praktische en psychologische gevolgen van de scheiding. In het begin ervaren zij dit van 's morgens bij het opstaan tot 's avonds bij het slapen gaan. Na verloop van tijd wennen de meeste kinderen aan de veranderingen, maar de gevolgen blijven een rol spelen in hun leven.

Kinderen kunnen leren omgaan met de gevolgen van de scheiding, onder andere door er met hen over te praten. Ook zijn er veel boeken geschreven over kinderen die een scheiding meemaken, om zelf te lezen of om voor te lezen. Voor kinderen en hun ouders zijn diverse (groeps)programma's beschikbaar om de processen die bij scheiding een rol spelen te herkennen en eraan te werken. De programma's zijn zowel preventief als behandelend. Op de website van het NJi, staan de verschillende programma's uitgewerkt in de Wegwijzer Kind en Echtscheiding.

■ **Het bruggesprek**[1]

Ouders moeten na het paraplugesprek een ander belangrijk gesprek voeren met hun kind. Het is hun wettelijke plicht om de kinderen leeftijdsadequaat te betrekken bij het opstellen van het ouderschapsplan en dat gebeurt tijdens het bruggesprek. Een brug en de pijlers van die brug symboliseren dat kinderen moeten leven in twee huizen, hun nieuwe leefsituatie. Kinderen gaan via een brug naar de huizen (de pijlers van de brug)

---

1 Rechtbank Overijssel, locatie Zwolle start in mei 2018 een pilot van een jaar. Ouders geven bij het ouderschapsplan informatie over hoe het bruggesprek is verlopen en daarmee over de manier waarop zij de kinderen hebben betrokken bij het ouderschapsplan. Meer informatie hierover staat op ▶ www.rechtspraak.nl. De effecten van deze pilot worden (voor een deel) onderzocht door de Vrije Universiteit te Amsterdam.

van hun vader en moeder. Hoe steviger de brug, hoe beter de kinderen in het begin kunnen wennen aan de veranderingen en later (leren) omgaan met het leven in verdeeldheid. Door de kinderen te betrekken bij de bouw van de brug, dit is het treffen van de regelingen voor hen, wordt de brug stevig. Een goede, stevige brug zorgt voor een goede oversteek en dat is nodig om contact met beide ouders te blijven onderhouden. Voor het bouwen van een stevige brug moeten kinderen nieuwe dingen leren, zoals onderhandelen. Door hen bij het proces te betrekken, wennen de kinderen aan de veranderingen en aan de invloed die zij op die veranderingen kunnen uitoefenen. Het hebben van een eigen stem vermindert de machteloosheid, en bevordert de autonomie en het zelfvertrouwen van kinderen en draagt bij aan het vertrouwen dat kinderen in hun ouders hebben.

Tijdens het bruggesprek bespreken ouders hoe zij de zorgtaken willen regelen voor de kinderen, zoals:
- het verblijf bij de ouders;
- het wisselen van de kinderen tussen de woonplek van de ouders;
- de regelingen van de vakanties;
- het contact met familie en vrienden;
- de schoolkeuze, sportkeuze e.d.;
- het maken van huiswerk;
- het vieren van de verjaardagen/Sinterklaas/Kerstfeest/Oud- en Nieuwjaar/Paasdagen/Hemelvaart en Pinksteren;
- andere voor kinderen of jongeren belangrijk dingen, zoals het verzorgen van huisdieren, of afspraken over het uitgaan.

Met veel zaken die ouders moeten regelen, hebben kinderen niets te maken. Ook kinderen boven de twaalf jaar niet. Veel zaken passen niet bij hun verantwoordelijkheden. Te denken valt aan waar en hoe de ouders gaan wonen, de verkoop van het huis of de verdeling van bezittingen. Wettelijk gezien mogen jongeren vanaf 16 jaar wel hun mening geven over de alimentatie, maar dit betekent niet dat zij mogen zeggen hoe die regeling eruit moet zien.

■ Kinderen uitleg geven over het bruggesprek

Het helpt kinderen als zij voorafgaand aan het bruggesprek weten wat de bedoeling van het gesprek is en wat ouders van hen vragen. Dit zou als volgt kunnen: "Wij vragen jullie mening en ideeën over een aantal onderwerpen, zoals wanneer jullie straks bij papa of mama zijn, of over de vakantie. Wij vinden jullie mening belangrijk en willen er rekening mee houden. Jullie kunnen niet beslissen hoe het zal gaan, dat moeten wij zelf doen. Misschien kunnen we geen rekening houden met jullie mening of wens. Als dat zo is, helpen we bij het omgaan met de teleurstelling."

■ Misverstanden

Na dit gesprek bekijken ouders of en hoe zij rekening kunnen houden met de mening en ideeën van hun kind(eren). Sommige ouders denken dat zij aan de wensen van de kinderen tegemoet moeten komen om goede ouders te zijn. Dit is een misverstand, want ouders maken hun kinderen daarmee verantwoordelijk voor zaken die kinderen nog onvoldoende overzien. Ouders schrijven zelf een ouderschapsplan op basis van hun opvoedverantwoordelijkheid. Daarin leggen zij ook de uitkomst van het bruggesprek vast, als onderdeel van het scheidingsconvenant.

Een ander misverstand is dat kinderen van twaalf jaar zelf een omgangsregeling mogen kiezen. Kinderen vanaf twaalf jaar hebben het juridische recht om gehoord te worden. Zij mogen vanaf dat moment hun mening geven in de rechtbank. De rechter luistert daar dan naar en laat die mening meewegen in de uiteindelijke beslissing.

1.3.7 Ouderschapsreorganisatie

Cottyn (2016) beschrijft dat ouders hun ouderschap na de scheiding moeten reorganiseren. Dit betekent voor kinderen een gezinsreorganisatie. De ouders zijn als (liefdes)partners uit elkaar gegaan, maar blijven ouders en hebben de plicht om voor hun kinderen te blijven te zorgen. Het kerngezin bestaat na de scheiding niet meer en er zijn twee eenoudergezinnen voor in de plaats gekomen, waar de kinderen gaan leven. In die gezinnen bestaan er in het begin misschien nog wel wat overeenkomsten met het kerngezin, maar er zal veel veranderen. Ouders hebben de verantwoordelijkheid te bepalen wat er verandert en om die veranderingen in goede banen te leiden. Zij bepalen welke (zorg)regelingen er getroffen worden.

- Welzijn

Ouders houden rekening met elkaar en met de kinderen en houden daarbij ieders welzijn in het oog. Dit houdt in dat zij rekening houden met de ander, teleurstelling en verdriet accepteren, (grote) verschillen overbruggen en erkennen dat er meerdere waarheden zijn. Gescheiden partners benaderen elkaar uitsluitend als ouder op momenten dat zij iets regelen voor de kinderen en spannen zich in om ex-partnerproblemen daarbuiten te houden. Sommige ouders werken als vanzelfsprekend vanuit dit welzijnskader, waardoor de reorganisatie van het ouderschap soepel verloopt.

- Strijd

Andere ouders lukt dat niet. Zij gebruiken de strijd om te bereiken wat zij zelf willen. Dan ontstaat een situatie waarin (zorg)regelingen slechts met veel problemen tot stand komen, of waarin het helemaal niet lukt om daar beslissingen over te nemen. Die strijd kan zo hoog oplopen dat ouders de rechter vragen om belangrijke beslissingen te nemen, zoals voor de schoolkeuze voor een twaalfjarige. Die ouders denken en handelen vanuit het zogenaamde strijdkader en zijn ingezogen in het conflict. De kenmerken van zo'n kader zijn vechten voor je eigen gelijk, de pijn die een scheiding met zich meebrengt vermijden, denken dat er maar één waarheid is en verschillen beschouwen als een bedreiging. Het proces van de scheiding stagneert en er ontstaan problemen.

1.3.8 De psychologische taken

Ouders hebben taken te doen op psychologisch gebied. Het woord taken suggereert dat het hier gaat om afgepaste taken, die volgordelijk uitgevoerd kunnen worden en zijn af te vinken van een lijstje. Dat is niet zo. Deze taken worden procesmatig aangepakt, ze grijpen op elkaar in en beïnvloeden elkaar. De psychologische taken worden in ►H. 5 behandeld.

1.4 De gevolgen voor de kinderen

1.4.1 Geloof van kinderen in (de liefde van) de ouders

Kinderen hebben voor hun welzijn en ontwikkeling het geloof in hun ouders nodig. Ze willen geloven dat hun ouders van hen houden en ze willen geloven dat het goede ouders zijn (Baker en Fine 2014). Voor veel kinderen is dat vanzelfsprekend. Zelfs als er problemen zijn, houden kinderen vaak dat geloof. Als de scheiding eenmaal is aangekondigd, is de vanzelfsprekendheid daarvan weg. Die gevolgen zijn moeilijk af te bakenen en nauwelijks peilbaar. In algemenere zin is er wel zicht op de gevolgen van een scheiding voor kinderen en deze zijn te splitsen in gevolgen op korte en lange termijn (Spruijt en Kormos 2014).

1.4.2 De gevolgen op de korte termijn

De directe en onvermijdelijke gevolgen van de aankondiging van de scheiding zijn te onderscheiden in gebieden die onderling verbonden zijn: het omgaan met spanning, met gevoelens en met veranderingen. Elk kind reageert op een eigen manier op het feit dat de ouders hun relatie beëindigen en afzonderlijk van elkaar gaan leven. Hiermee start voor kinderen het proces van de scheiding en het is van meerdere factoren afhankelijk, zoals de unieke persoonlijkheid en de ontwikkeling van de verstandelijke mogelijkheden, of zij hier goed doorheen komen. Het ene kind zal aanvankelijk emotioneler reageren dan het andere kind. Sommige kinderen zullen proberen de moeilijkheden rationeel te benaderen. Afhankelijk van de hersenontwikkeling kunnen kinderen de gevolgen van de scheiding wel of niet goed overzien, wat weer de manier beïnvloedt waarop kinderen reageren op de scheiding en hoe zij met de gevolgen ervan omgaan.

1.4.3 Lichamelijke reacties

Kinderen kunnen na de aankondiging van de scheiding reageren met lichamelijk klachten, zoals hoofdpijn of buikpijn. De (huis)arts kan en moet beoordelen of er sprake is van een fysieke oorzaak of dat de lichamelijke klacht een gevolg is van een psychologisch probleem.

Omgaan met spanning

Alle kinderen reageren vanuit hun unieke persoonlijkheid op mensen en gebeurtenissen en uiten zich ook vandaaruit op de dagelijkse en op de bijzondere gebeurtenissen. Hoe een kind reageert op de veranderingen en spanning als gevolg van de scheiding hangt daarnaast samen met de kwaliteit van de gehechtheidsrelaties van het kind en de veerkracht waarover het kind beschikt.

> **Sofie**
>
> Sofie (7 jaar) hoort tijdens het weekend dat haar ouders gaan scheiden. Wanneer zij op maandag weer naar school gaat, voelt dat voor haar heel anders dan de week daarvoor. Sofie loopt naar de juf om te vertellen over de scheiding en ze laat merken dat ze verdrietig is. De juf slaat een arm om haar heen en loopt met haar mee naar haar tafeltje.

Baby's en jonge kinderen

Het meemaken van een scheiding heeft gevolgen voor kinderen van alle leeftijden. Aanvankelijk dacht men dat baby's of heel jonge kinderen geen of weinig last zouden hebben van een scheiding, doordat zij er al van jongs af aan mee te maken hebben (Spruijt en Kormos 2014). Een scheiding grijpt diep in op het leven van een kind en veroorzaakt veel meer dan het moeten wennen aan de nieuwe leefsituatie. Bij kinderen die al jong een scheiding hebben meegemaakt, ontstaan er vragen bij het ouder worden. Naarmate hun hersenen verder ontwikkelen, gaan zij steeds grotere gehelen overzien. De vragen die rijzen worden existentieel, waarbij zij hun bestaansrecht in twijfel kunnen trekken: "Waarom ben ik er als mijn ouders elkaar niet lief vonden? Wat doe ik er eigenlijk toe?" Dat zijn indringende vragen, waaraan vaak sterke gevoelens aan ten grondslag liggen. Ouders kunnen een helpend antwoord geven door te zeggen dat het huwelijk geen vergissing is geweest "omdat jij geboren bent." (Delfos 2002)

Hersenontwikkeling

Gerhard (2004) beschrijft het effect van spanning op de hersenontwikkeling bij baby's en jonge kinderen. Zij zijn nog niet in staat de emotionele gevolgen van stress te reguleren en zijn afhankelijk van de ouders om zich na een spanningsvolle gebeurtenis weer veilig te voelen. In een gezonde relatie met hun ouders of opvoeders ontwikkelen kinderen in toenemende mate interne hulpbronnen (zoals zelfvertrouwen) om spanning te beheersen. Dit sluit aan bij theorieën over hechting (Bolby 1973; IJzendoorn en Bakermans 2010). Als troost niet volgt, treden gevoelens van machteloosheid en hulpeloosheid op de voorgrond en veroorzaken deze gevoelens nog meer spanning. Het meest fnuikend zijn onvoorspelbare reacties of onbeheersbare gebeurtenissen. Gerhard: "Als je niet bij machte bent om een negatief resultaat te vermijden of om iets te krijgen wat je nodig hebt, is dat zeer stressvol." Voor een korte periode is dit niet erg, maar als het regelmatig voorkomt gedurende een lange periode beïnvloedt het de ontwikkeling van de hersenen. Een kind loopt het risico dat het bovenmatig zal reageren op spanning, vanwege een voortdurend te hoog spanningsniveau. Bij het ouder worden zal het dat blijven doen. De hersengebieden die normaal gesproken helpen de spanning te reguleren, zijn niet of te weinig actief. In de volksmond zegt men dan dat iemand 'snel in de stress schiet en er in blijft hangen'. In een gezonde relatie tussen kinderen en ouders of opvoeders ontwikkelen kinderen in toenemende mate interne hulpbronnen (zoals zelfvertrouwen) om spanning te beheersen.

- **Reacties op spanning**

Kinderen van alle leeftijden laten merken dat ze spanning ervaren bij een scheiding. Elk kind reageert hierop en uit dit op een eigen manier. Alles wat kinderen net hebben geleerd, kunnen ze vanwege spanning weer laten varen. Zo kan een baby die net de nacht doorslaapt, wordt opeens weer vaker wakker en lukt het een tienjarige slecht om in te slapen. Ook de peuter die trots vertelde dat ze geen luier meer nodig heeft, plast na de scheiding weer in bed en ook bij een veertienjarige komt dat voor. De achtjarige die van logeren houdt, wil opeens alleen bij papa of mama zijn en dat kan ook gelden voor de zelfstandige negentienjarige die net op kamers woont. Alle kinderen huilen sneller en vaker. Ze hebben verdriet en kunnen 'minder hebben'. Kinderen die het moeilijk hebben, ontladen hun spanning. Zij geven signalen waarmee zij zeggen dat ze het moeilijk hebben. Deze signalen zijn soms vaag en niet altijd te herleiden naar concrete gebeurtenissen, gevoelens, gedachten of ervaringen. Het zijn normale primaire reacties op een ingrijpende gebeurtenis.

- **Extra spanning**

Er zijn ouders die hun problemen, gevoelens en gekwetstheden niet afschermen voor hun kind. De kinderen van deze ouders ervaren bovenmatige spanning. De spanning is dagelijks aanwezig en bovendien intens. Doordat er geen oplossingen komen, blijven spanningsvolle gebeurtenissen elkaar opvolgen. Vaak in een hoog tempo, maar onvoorspelbaar. De kinderen worden niet beschermd en kunnen zichzelf ook weinig of niet beschermen. Het daadwerkelijk meemaken van een ruzie is spanningsvol, net als de dreiging ervan.

Lies, Ola en Ernst

Lies (3 jaar) staat krijsend met haar handjes tegen haar oren gedrukt. Haar vader duwt de deur dicht en haar grote broer helpt hem, zodat haar moeder niet binnen kan komen.
Ola (8 jaar) bijt op haar nagels. Ze wil naar haar vader, maar haar moeder is zo boos op hem dat ze haar niet wil brengen. "Hij komt je maar halen, als hij je zo graag wil zien!"
Ernst (14 jaar) loopt dreigend op zijn vader af. Zijn vader moet nu zijn moeder met rust laten. "Als je nu niet stopt, bel ik de politie." Zijn vader trekt de mobiel uit zijn handen en gooit die op de grond.

Gevoelens

Met de term gevoelens wordt bedoeld wat kinderen in de brede zin van het woord kunnen voelen. Dit kan betekenen dat het kind iets aanvoelt, maar ook de angst die als pijn in de buik wordt ervaren. Kinderen worden na de aankondiging van de scheiding over het algemeen verdrietig. Daarna kan ook angst en onzekerheid ontstaan. De gevoelens van de meeste kinderen zijn vaak heftig. Soms is dat direct te merken, maar veel kinderen weten zich nog geen raad met hun gevoelens en houden ze in. Met hun gedrag geven zij daarover soms signalen af.

Gijs

Vader en moeder beginnen vol spanning aan het gesprek waarin ze de kinderen over de aanstaande scheiding zullen vertellen. Zij zetten zich schrap voor de reactie van hun zoon Gijs van negen jaar. Die reageert tot hun grote verbazing met: "Mag ik nu naar boven?"

Dit is een normale reactie voor een kind van die leeftijd. Gijs heeft het misschien nodig om even alleen te zijn en zelf een manier te zoeken om de boodschap te verwerken. Zijn ouders kennen hem goed en weten of ze hem even met rust moeten laten of dat een van beiden naar hem toe kan gaan om alsnog te praten of hem te troosten.

Lotte en Lars

Een ouderpaar verwacht geen problemen tijdens het paraplugesprek. Lotte (7 jaar) en Lars (10 jaar) weten al dat het niet zo goed gaat tussen de ouders. De moeder woont al een tijd ergens anders en er zijn gesprekjes gevoerd waarin verteld is dat de ouders misschien gaan scheiden. Dit paraplugesprek zou de boodschap definitief maken. De reacties zijn anders dan verwacht. Lotte wordt zo verdrietig dat zij de uitleg niet meer hoort. De reactie van Lars is ook onverwacht. Hij is boos en wil weg om bij opa en oma te eten.

Bij de meeste kinderen vermindert na verloop van tijd de heftigheid van de gevoelens en/of leren zij ermee om te gaan. Dat geldt niet voor alle kinderen.

Veel kinderen proberen hun gevoelens voor zichzelf te houden. Dit kan zich uiten in teruggetrokken gedrag en verminderde belangstelling in de omgeving. Soms verstopt een kind gevoelens onder lusteloosheid of dromerigheid. Op de vraag naar wat zij beleven, zullen zij zeggen dat er niets aan de hand is. Er zijn ook kinderen die actief de pijnlijke gevoelens vermijden door niet over hun gevoelens te praten. Deze kinderen lopen het risico dat zij niet de juiste erkenning of ondersteuning krijgen uit de naaste omgeving. In eerste instantie kan het voor kinderen behulpzaam zijn om het voelen en het praten over hun gevoelens te vermijden, maar op de lange termijn raakt de verwerking van de scheiding erdoor gestagneerd en is er een toegenomen kans op (emotionele en/of gedrags)problemen, zoals teruggetrokken gedrag of ongehoorzaamheid.

Kinderen die ongehoorzaam worden en tegendraads, zijn het vertrouwen in volwassenen aan het verliezen of hebben dat vertrouwen al verloren, waardoor zij geen respect meer kunnen opbrengen. De voorbeelden van de ouders, hoe die met elkaar omgaan, geven hen vaak geen ondersteuning om het anders te doen.

> **Daan**
>
> Daan (10 jaar) weet nu twee maanden dat zijn ouders gaan scheiden en sindsdien is hij boos. Hij heeft steeds ruzie op school en ook thuis is het vaak mis. Zijn vader heeft een gezonde maaltijd met groenten en rijst gekookt, maar Daan lust het niet. Hij moppert: "Jij kunt niet zo lekker koken als mama en dat ga je ook niet leren! Ik lust het niet." Vader reageert: "Nou ja, misschien leer ik het nooit, maar ik ben blij dat je hier eet. Het valt vast niet mee om aan al die veranderingen te wennen." Daan moppert en bokt. Zijn vader vertelt hem dat het wennen aan nieuwe dingen meestal wat tijd kost. Als Daan 's avonds in bed ligt, kan hij niet goed slapen. Hij moet steeds maar denken aan wat zijn vader gezegd heeft, dat het tijd kost en dat hij wel leert wennen aan alle nieuwe dingen. Hij wil niet wennen, hij wil dat het weer gewoon wordt zoals het was.

- **Hereningingsfantasieën**

Een onderdeel van het proces dat kinderen doormaken, is verliesverwerking. Kinderen verliezen veel en dat raakt hen diep. Zij verliezen het samenzijn en het samen beschikbaar zijn van hun ouders, de grond en kern van hun bestaan (Delfos 2002). Om de pijn van dat gemis op te vangen, dromen kinderen dat de ouders weer bij elkaar komen, de zogenaamde hereningingsfantasieën. Sommige kinderen kunnen deze fantasieën lang levendig houden (Keirse 2002). Als kinderen merken dat het niet werkt, hetzij omdat de ouders toch niet bij elkaar komen, hetzij omdat hun pijn blijft, kan dat gevoelens van falen oproepen, waardoor het gevoel van eigenwaarde vermindert.

- **Rouwverwerking**

Worden (1996) beschrijft het rouwproces aan de hand van rouwtaken, waarbij aandacht is voor het ervaren van verlies, voor de gevoelens die door het verlies worden oproepen en voor het opnieuw zin geven aan het leven. Er zijn een paar overeenkomsten tussen het doormaken van rouw als gevolg van overlijden van een ouder en het ervaren van gemis dat voortkomt uit een scheiding, maar er zijn dermate grote verschillen dat deze processen niet te vergelijken zijn. Het is bekend dat de buitenwereld meer troost biedt en begrip heeft voor het gemis bij overlijden van een ouder dan bij een scheiding (Keirse 2002).

> **Rinske**
>
> Rinske (7 jaar) is op weg naar school. Zij heeft twee weken geleden te horen gekregen dat haar ouders gaan scheiden. Deze morgen is zij verdrietig. Haar moeder is zo moe dat ze in bed bleef liggen. De vader van Rinske is er nu niet en hij hielp haar altijd met tanden poetsen. Nu moest ze alles alleen doen. Zo verdrietig is ze nog nooit naar school gelopen. Als ze op het plein komt, heeft ze geen zin in tikkertje.

■■ Verliesverwerking

Kinderen die een echtscheiding meemaken, zijn geneigd om ook hun verdriet over gemis te verbergen. Het verdriet kan te heftig zijn. Mogelijk speelt ook schaamte voor de scheiding hierbij een rol of het feit dat er gewoon weinig aandacht is voor de gevoelens van een kind. Het komt ook voor dat verdriet om gemis niet wordt ondersteund door anderen uit het gezin, waardoor het uiten ervan moeilijk is.

■■ De ouder(s) missen

Na de scheiding zien kinderen hun ouders minder. Als ze bij de ene ouder zijn, missen zij de andere en omgekeerd. De vanzelfsprekende beschikbaarheid van twee ouders is verdwenen.

> **Eva en Noa**
>
> Eva (1,5) maakt de scheiding van haar ouders mee als zij één jaar is. In de tijd daarna maken haar ouders ruzie waar Eva bij is. Zij is een levendig meisje. Zij loopt al vóór haar eerste verjaardag en klautert het liefst overal op en af. De laatste weken merkt haar vader dat ze steeds vaker bij hem zit als hij er is. Hij laat dat zo en probeert kleine spelletjes met haar te doen, waar zij van geniet. Het doet hem verdriet, omdat hij denkt dat het met de scheiding te maken heeft. Hij mist de levendigheid van Eva.
> Noa (11 jaar) vertelt dat zij in het begin haar vader heel erg miste en haar moeder ook. De wisselingen waren voor haar een opgave, ze wilde niet weg bij haar vader als zij bij hem was en ook niet weg bij haar moeder als ze bij haar was. 's Nachts kon ze slecht slapen, omdat ze moest huilen om het gemis van haar moeder of vader. Op school lukte het haar gelukkig wel om goed te werken want dan vergat ze alles even. Maar spelen met vriendinnen wilde ze niet. Als ze bij hen thuis was, moest ze direct weer denken aan haar eigen thuis en aan de scheiding van haar ouders. Nu is de scheiding ongeveer een half jaar geleden en gaat het beter. Op de vraag hoe zij dat voor elkaar heeft gekregen, zegt ze: "Het is gewoon dat ik er nu aan gewend ben. En het is fijn dat ik een foto van mijn vader bij mijn bed heb als ik bij mijn moeder ben, en in een oud T-shirt van mijn moeder slaap als ik bij mijn vader ben. En ik kan ze ook altijd whatsappen hoor. Dat deed ik in het begin veel, maar nu niet meer."

■ School, vrienden en clubgenoten missen

Als ouders na de scheiding verhuizen en ook de kinderen van leefomgeving moeten veranderen, vraagt dat veel van kinderen. Zij zullen ook hun school, vrienden en het club- of verenigingsleven missen.

■ Boosheid en schuld

Bij sommige kinderen komen bovenop het verdriet en onzekerheid gevoelens van boosheid op de ouders of op zichzelf. Kinderen tonen daarmee hun ongenoegen. Met boosheid kunnen zij zich ook verzetten tegen de veranderingen. Via hun boosheid richten zij soms ook de schuld van wat hen wordt aangedaan op de ouder.

1.4 · De gevolgen voor de kinderen

> **Uit elkaar**
>
> Papa en mama willen uit elkaar en ze doen net
> of het onze schuld niet is. Maar natuurlijk is het dat wel.
>
> Wij hebben ons bord niet leeggegeten.
> Wij zijn niet op tijd naar bed gegaan.
> Wij hebben niet gehoorzaamd.
> Wij doen niet genoeg ons best op school.
>
> Papa en mama hadden nóóit verwacht dat ze zulke
> teleurstellende kinderen zouden krijgen en daarom
> gaan ze nu scheiden. Ze gaan waarschijnlijk ieder
> met iemand anders proberen nieuwe kinderen
> te krijgen die minder mislukt zijn.
>
> Nou, jullie twee doen je best maar! Betere kinderen
> dan wij bestáán niet, kunnen niet geboren worden!
> Als wij hadden geweten dat we bij zulke ruziënde ouders
> geboren zouden worden, hadden we minder verstand
> meegenomen met onze geboorte. Maar het is nu eenmaal zo.
>
> Als jullie de hele tijd ruzie blijven maken, gaan
> mijn broer en ik net zo lief ergens anders wonen.
> Wij hebben misschien geen recht op wijze ouders,
> maar wij hadden er wel op gerekend.
>
> We kunnen er ook naar blijven verlangen,
> al begrijpen we dat het geen zin heeft.
>
> Dus ga maar uit elkaar.
> Wij geven er toestemming voor.
> "Uit elkaar" © Ted van Lieshout, uit: Onder mijn matras de erwt, 2017.

Kinderen kunnen zichzelf de schuld van de scheiding geven. Sommige kinderen doen dat, omdat ze ervan overtuigd zijn. Zij hebben hun ouders ruzie horen maken over henzelf of over broertjes en zusjes en trekken de conclusie dat zij de schuld hebben aan de scheiding. Andere kinderen geven zichzelf de schuld om de controle te houden, hoewel dit ook zorgt voor vervelende gevoelens. Bij de meeste kinderen vermindert na verloop van tijd de heftigheid van deze gevoelens en/of leren zij ermee om te gaan.

- **Overbelaste kinderen**

Als ouders veel problemen hebben en hun kinderen daarbij betrekken, raken kinderen overbelast. Zij voelen nog heel weinig of niets meer. Zij raken te veel in de war en beschermen zichzelf door gevoelens te onderdrukken. Andere kinderen praten niet meer over hun gevoelens, omdat ze hebben ervaren dat deze er toch niet toe doen. Dit veroorzaakt op de lange termijn emotionele en/of gedragsproblemen. Kinderen die gevoelens vermijden of wegstoppen, leren er niet mee om te gaan.

- Stoere taal

Kinderen die geen gevoelens meer toelaten, worden hard in hun mening of oordeel.

> **Erik**
>
> Erik (14 jaar) zegt dat zijn moeder een slechte moeder is. Hij hoeft haar nooit meer te zien! Hij is zo teleurgesteld in haar, hij wil er nu voor zorgen dat dit nooit meer gebeurt.

Dit lijkt weerbaar, maar dat is het niet. Er is eerder sprake van afweer en stoere taal waarmee pijnlijke gevoelens op afstand blijven.

- Onzekerheid

Er zijn ook kinderen die gevoelens niet meer toelaten en daardoor niet stoer worden, maar juist onzeker en angstig. Met hun kwetsbare gedrag houden zij mensen weg van wat ze werkelijk voelen. Zij gebruiken hun kwetsbaarheid om niets te hoeven veranderen.

> **Carolien**
>
> Carolien (14 jaar) vertelt verlegen dat zij niet weet wat ze voelt. De therapeut zoekt verschillende manieren om Carolien in contact te laten komen met haar gevoelens. Het lukt niet. Als de therapeut haar vraagt hoe het is om niet te weten wat ze voelt, zegt Carolien zacht: "Beter dan altijd zo verdrietig te zijn en mij te schamen."

Kinderen raken niet zomaar overbelast. Daar is veel aan vooraf gegaan. Zij hebben in hun nabije omgeving waarschijnlijk veel ruzies meegemaakt en ander leed gezien. De ingrijpende gebeurtenis van de scheiding heeft hen in de greep en zij beschikken inmiddels over (te) weinig veerkracht.

Veranderingen

Kinderen merken na de aankondiging van de scheiding dat de veranderingen invloed hebben op hun dagelijks leven: op het leren, het omgaan met anderen en zelfs op het plezier maken. Naast de emoties krijgen kinderen te maken met ouders die allebei afzonderlijk hun leven gaan inrichten. Na een overgangsperiode gaan de kinderen wonen en leven in twee eenoudergezinnen. De sfeer in huis is anders en de ouders gedragen zich anders dan voor de scheiding. Ieder kind reageert daar op. De peuter op de crèche die steeds bij de leidster op schoot klimt of het schoolkind dat in de pauze een beetje in de klas bij de meester blijft dralen en de jonge adolescent die niet meer bij vrienden is weg te slaan. Kinderen stappen met die nieuwe ervaringen, die vaak onbekende gevoelens en gedachten oproepen, het schoolplein op of de klas in, en ze voegen zich met deze nieuwe ervaringen bij hun vriendengroep.

Alles weer normaal

Sommige kinderen willen zo snel mogelijk dat alles weer normaal is en zij richten zich vooral daar op, het normale leven is hun houvast. Deze kinderen willen vooral niet praten over de moeilijkheden of over de veranderingen. Het lijkt alsof de boodschap van de scheiding nog niet goed tot hen doordringt. Andere kinderen zijn van slag en laten hun ontreddering zien in hun gedrag. Het lukt hen niet om zich te concentreren op school of er zijn vaker ruzies met andere kinderen. Er zijn ook kinderen die zich terugtrekken, zoals de peuter die vaker alleen speelt dan voorheen en minder contact zoekt met de leidster, of het schoolkind dat minder betrokken is in de les dan voorheen, en de jonge adolescent die geen zin meer heeft in zijn sport. Weer andere kinderen reageren fel: heel jonge kinderen door op een boze manier met blokken te gooien of hun tekening kapot te scheuren, basisschoolkinderen door brutaal te doen en kinderen op het voortgezet onderwijs door opstandig te reageren tegen hun docenten. Met deze reacties vertellen de kinderen en jongeren dat het ze niet mee zit, dat ze iets moeilijks te doen hebben waar ze niet direct uitkomen. Zij willen maar één ding: dat alles weer normaal wordt, zoals het altijd was.

Karel

Karel (18 jaar) woont sinds een paar maanden zelfstandig in Groningen, vlak bij de Universiteit. Zijn ouders zijn bijna een jaar geleden gescheiden. Als hij net op kamers woont, volgt hij tijdens de weekenden de normale regeling zoals hij gewend was. Na drie maanden bevalt dat niet en hij bespreekt dit met zijn ouders. Samen zoeken zij naar veranderingen die beter passen bij hem en bij zijn levensfase.

Niet wennen aan de veranderingen

Kinderen die last blijven ondervinden, zijn meestal kinderen van ouders die onderling problemen blijven houden. Conflicten en ruzies van de ouders zijn de grootste boosdoeners (Armato 1999; Spruijt en Kormos 2014). De spanning blijft daardoor bestaan en ouders richten zich te weinig responsief op de kinderen, waardoor zij onvoldoende leren om te gaan met alle veranderingen.

Esther en Gerard

Esther (13 jaar) is tevreden met de scheiding, want daarvoor hadden haar ouders vaak ruzie en haar moeder lag vaak op de bank. Nu gaat het beter met haar moeder en ze drinken samen een kopje thee als ze uit school komt. Toch is Esther verdrietig en boos, omdat haar ouders het niet eens kunnen worden over haar paardrijden. Haar vader wil dat ze gewoon om de week bij hem in het dorp komt rijden en haar moeder wil dat ze elke week kan rijden. Het is een ruzie die niemand begrijpt. Tegen haar vriendin vertelt Esther dat ze misschien stopt met paardrijden. Ze heeft er niet zoveel zin meer in. Gerard (18 jaar) is blij dat hij zelf zijn keuzes kan maken nu hij achttien is. Hij wil zo snel mogelijk op zichzelf wonen als hij straks gaat studeren. Zijn ouders zijn net gescheiden en hij woont de ene week bij zijn moeder en de andere bij zijn vader. Hij vergeet alleen

> altijd wel iets mee te nemen, en dat is dan ook nog altijd iets belangrijks; hij heeft er nu al genoeg van. Hij weet het wel: "Ik wil zo snel mogelijk zelfstandig wonen, dan ben ik van alle gezeur af!"

■ Aanpassen

Kinderen en jongeren kunnen zich aanpassen aan de veranderingen die hen overkomen. Sommigen kunnen dat vrij snel en doen dit op een gezonde manier. Het vermindert de spanning en helpt met het creëren van nieuwe gewoonten. Dit zijn veerkrachtige kinderen en waarschijnlijk zijn er voldoende beschermende factoren in hun gezinssituatie en leefomgeving.

Noor en Luuk

Noor (3 jaar) heeft een maand geleden te horen gekregen dat haar ouders niet meer bij elkaar willen wonen. Haar vader woont nu drie dagen in zijn eigen flat. In het begin wil Noor niet bij haar vader slapen, omdat ze bang is voor de geluiden die ze hoort. Ze hangt aan haar moeder als ze weet dat haar vader haar komt ophalen. Ze huilt overdag vaak. Haar ouders helpen haar door haar gerust te stellen, haar te troosten en te zoeken naar praktische oplossingen om haar angst te verminderen. Haar moeder geeft haar een extra knuffel mee en haar vader doet een lichtje aan op haar kamer. Na een paar weken is dat niet meer nodig, omdat zij met de hulp van haar ouders gewend is aan de nieuwe situatie.

Luuk (15 jaar) woont sinds anderhalve maand bij zijn vader. Hij ziet zijn moeder één keer in de twee weken tijdens het weekend één dag. Hij vindt dat te weinig en hij mist haar vaak. Luuk weet dat zijn moeder ernstig depressief is en dat hij niet vaak bij haar kán zijn. Hij praat met de mentor op school over zijn gemis. Tijdens dat gesprek realiseert Luuk zich dat hij het vooral lastig vindt dat hij zo weinig kan doen voor zijn moeder. Nu hij dat weet, praat hij erover met haar. Dat lucht hem op. Hij ontdekt ook dat hij genoeg kan doen, iets wat hij ook leuk vindt en wat zijn moeder erg waardeert. Hij neemt voortaan steeds iets lekkers voor haar mee dat hij zelf maakt.

■ Ongezond aanpassen

Iedereen wenst kinderen ouders toe die hun leven kunnen organiseren, hun werk goed doen, liefde geven aan hun kinderen en hen waarden en normen bijbrengen. Toch zijn er kwetsbare ouders die dat allemaal niet kunnen en dat veroorzaakt bij een scheiding extra spanning. Het scheidingsproces leidt dan vaak tot problemen bij de ouders en/ of de kinderen. In die situaties kan het voorkomen dat de ouders extra labiel zijn en psychische problemen krijgen. Voor kinderen is er dan weinig aandacht, waardoor bijvoorbeeld pubers hun eigen gang gaan en zich aansluiten bij jongeren die alcohol en/ of drugs gebruiken. Kinderen kunnen er ook voor kiezen om zich aan te passen aan de omstandigheden door zich zo onzichtbaar mogelijk te maken en geen aandacht te vragen. Dit kan een kind van elke leeftijd doen. Als deze manier van aanpassen lang aanhoudt, is dat ongezond.

Maud en Thomas

Maud (10 jaar) woont bij haar vader, net als haar broertjes en zusjes. Haar moeder woont sinds vier maanden bij haar nieuwe vriend. Maud is boos op die vriend. Ze begrijpt niet hoe haar moeder dit kan doen. In bed moet ze huilen en ze zorgt ervoor dat niemand het hoort. Maud wil haar moeder niet zien, maar ze mist haar heel erg. Als ze dat gemis voelt, trekt ze snel de dekens over haar hoofd. Maud helpt haar vader zoveel als ze kan en zij krijgt daar waardering voor van haar opa en oma en ook van twee tantes. Die zijn trots op haar. Maud vindt dat prettig, maar telkens voelt ze ook een knoop in haar buik. Ze weet niet wat dat is. Het voelt akelig. Haar vader voert op een avond een gesprekje met haar en zegt dan: "Zeg Maud, ik zie dat je heel hard je best doet om mij te helpen. Wat fijn dat je dat kunt. Volgens mij is het best moeilijk voor jou, zo na de scheiding. Kan ik ook iets voor jóu doen?"

De ouders van Thomas (17 jaar) zijn nu vijf maanden gescheiden, maar ze maken nog steeds veel ruzie. Thomas heeft er genoeg van. Telkens als zij ruzie maken, gaat hij naar zijn kamer en komen herinneringen aan eerdere ruzies boven van toen hij nog klein was en erg bang was. Hij ontdekt dat hij nu niet meer zo bang is, maar hij weet zich geen raad met zijn boze gevoelens. Hij zou zijn ouders wel allebei met hun haren erbij willen slepen en roepen dat ze moeten ophouden. Hij weet inmiddels wel dat zoiets ook niet helpt. Hij mist zijn vader, die hij nu bijna niet ziet en eigenlijk ook niet wil zien. Hij weet niet goed meer wat hij nu wel of niet moet doen. Hij wordt er somber van en daar heeft hij helemaal geen zin in. Daarom is hij veel bij zijn vrienden en daar vergeet hij even alles. Een beetje wiet helpt daar goed bij. Het is 'chill' bij zijn vrienden. Op school gaat het minder goed, maar volgens Thomas is er geen nood aan de man: "Het zijn nog steeds voldoendes." Zijn ouders bemoeien zich niet met school; het ging tot nu toe altijd goed. Vader vertelt dat het goed gaat met Thomas, dat hij niet veel last heeft van de scheiding. Zijn moeder denkt dat ook. Zij vindt zelfs dat hij erop vooruit is gegaan en zegt: "Hij helpt mij als een echte man en is behoorlijk volwassen geworden de afgelopen periode, ik vind dat een vooruitgang. Het is wel eens anders geweest."

■ **Een fout voorbeeld krijgen**

Kinderen krijgen van ouders soms het verkeerde voorbeeld, waardoor zij zich onvoldoende aan de nieuwe situatie aanpassen. Zij zien dat hun ouders conflicten maken. De ouders zijn niet in staat te onderhandelen om op die manier oplossingen te vinden. Die ouders zijn probleemgericht in plaats van oplossingsgericht en kinderen nemen zo'n voorbeeld al snel over.

> **Marit en Evert**
>
> Marit (6 jaar) wil niet meer naar haar vader en haar moeder begrijpt haar tegenzin goed. De vader van Marit kan in haar ogen echt geen gezelligheid brengen in zijn huis. Marit vindt haar vader ook gemeen. Als zij bij hem is, dan wil ze graag een spelletje met hem spelen, maar hij zit alleen maar achter de computer. Ze schopt en ze trapt als ze in de auto moet. De volgende keer zegt ze tegen haar moeder dat ze buikpijn heeft en ook hoofdpijn. Ze wil graag thuisblijven. Haar moeder vindt dat goed. Als moeder het tegen vader zegt, wordt hij boos en hij beschuldigt moeder ervan dat zij Marit van hem wegtrekt. Evert (15 jaar) is boos als hij weer bij zijn moeder is. Hij is de vorige week bij zijn vader geweest en daar had hij het goed naar zijn zin. Hij schreeuwt tegen zijn moeder dat hij geen voetbal is, die je gewoon maar kan overgooien. "Ik wil bij mijn vader wonen en dan kom ik echt nog wel bij jou hoor!" Zijn moeder wordt nog bozer en zegt op een ijzige manier tegen Evert: "Oké, ga jij maar bij je vader wonen als je dat zo graag wilt. Ik ben benieuwd wanneer je weer met hangende pootjes terugkomt. Maar dan is het te laat." Evert stampt de trap op en trekt de deur met een klap dicht. Hij verdwijnt achter de computer. Hij wil nergens meer aan denken.

- **Verandering in het gedrag van de ouders**

De scheiding neemt ouders vaak volledig in beslag en daardoor gedragen zij zich regelmatig anders dan normaal. Kinderen maken dat mee, voelen dit en kunnen zich zorgen maken. Vaak kiezen zij er dan onbewust voor om geen aandacht te vragen van hun ouders, omdat die het al zo moeilijk hebben. Kinderen voelen medelijden met hun ouders en vinden het zielig als ze verdrietig zijn. Zij willen dan iets doen voor de ouders(s). Zij willen ook dingen doen die buiten hun macht liggen. Als dat niet lukt, voelen ze zich extra machteloos en kunnen ze het idee hebben dat zij falen. Dit tast hun gevoel van eigenwaarde aan.

> **Ahmed**
>
> Ahmed (14 jaar) hoorde een half jaar geleden van de scheiding van zijn ouders. Nu staat de zomervakantie voor de deur en hij heeft er geen zin in. Zijn vader woont met zijn nieuwe vriendin veel te ver weg en zijn moeder is nog steeds ziek thuis. Ze is depressief geworden na de scheiding en ze doet bijna niets. Ahmed wil het liefst een beetje bij haar in de buurt blijven, want als hij er is, dan is ze best gezellig, maar volgens hem huilt ze vaak als hij weg is. Dat ziet hij dan aan haar. Toch gaat hij vaak naar zijn vrienden. Daar doet hij net alsof er niets aan de hand is. Dat is wel fijn, want dan is alles echt even weg. Maar ja, als hij thuiskomt, zijn er weer problemen. En nu is het bijna zomervakantie. Hij weet echt niet wat hij al die weken moet doen. Hij heeft geen zin om met zijn vader op vakantie te gaan. Hij wil bij zijn moeder blijven, maar dát houdt hij echt niet vol. Aan zijn oudere zus heeft hij geen steun. Die trekt zich niets van hem aan. Ahmed komt er niet toe om een bewuste keuze te maken, en dan is die lange zomervakantie toch ineens voorbij en moet hij weer naar school. Niet erg opgewekt.

Ouders als alleen-opvoeders

Een grote verandering die kinderen meemaken, is die van het leven bij gezamenlijke opvoeders naar het leven bij een alleen-opvoeder. Ouders zoeken hun nieuwe rol, los van elkaar en leren als ouders om te gaan met de gevolgen van de scheiding. Voor ouders brengt dit onzekerheid mee en de kinderen ondervinden daar de gevolgen van. Het verschilt per ouderpaar hoe zij omgaan met de nodige afstemming om de dagelijkse zaken voor de kinderen te regelen. Kinderen kunnen te maken krijgen met ouders die dagelijks met elkaar afstemmen, maar ook met ouders die uitsluitend via advocaten communiceren.

Jasmijn en Hannah

Jasmijn (15 jaar) en haar zusje Hannah (11 jaar) krijgen na de scheiding van hun moeder te horen dat nu thuis alles verandert. Nu hun vader weg is, hoeven zij niet meer zachtjes door het huis te lopen en mogen ze gewoon vriendinnetjes mee naar huis nemen, ook in het weekend. "En", zegt hun moeder, "vanaf nu zijn we echt eerlijk tegen elkaar, ik ben dat liegen meer dan zat." Als Jasmijn en Hannah een weekend met niemand hebben afgesproken is hun moeder teleurgesteld. Ze wil weten waarom zij dat niet hebben gedaan; de kinderen hoeven nu toch geen rekening meer te houden met hun vader? 's Avonds, als hun moeder weg is, bespreken Jasmijn en Hannah dat ze het helemaal niet zo erg vonden dat ze in het weekend niemand mee konden nemen. Dat vinden ze wel lekker rustig. Ze durven het niet tegen hun moeder te zeggen, omdat ze haar niet willen teleurstellen. Als Hannah zegt dat ze misschien aan hun vader kunnen vragen wat ze het best kunnen doen, schrikt Jasmijn. Zij drukt haar zusje op het hart dat niet te doen: "Dan krijg je daar weer gezeur over en wordt hij boos op mama."

Ouders met ernstige conflicten

Ouders die ernstige conflicten houden, zijn vooral op elkaar gericht. Het gedrag van de ene ouder verandert zodra deze bij de ander in de buurt komt. Meestal doen ze akelig of gemeen tegen elkaar, terwijl zij over het algemeen gewoon vriendelijk en attent zijn. Kinderen zien deze gedragsverandering, maar snappen er meestal niet veel van.

Aziza en Wout

Aziza (7 jaar) ziet haar ouders ruzie maken. Ze schreeuwen heel hard naar elkaar. Het gaat over haar nieuwe fiets. Die is stuk. Haar vader noemt haar moeder een 'onhandige teef' en haar moeder schreeuwt terug dat hij een ongelooflijke 'rotzak' is. Aziza wordt bang als ze naar de gezichten van haar ouders kijkt. Zoiets heeft ze nog nooit gezien. Ze praat er met niemand over. Als ze op school is en ze weet niet goed hoe ze een som moet uitrekenen, ziet ze de gezichten van haar ouders opeens weer voor zich. Ze weet zich geen raad.

> Wout (12 jaar) doet een spelletje op de tablet als zijn vader binnenkomt. Hij schrikt en legt de tablet snel weg. Zijn moeder is boven en hij wil haar roepen, maar zijn vader houdt hem tegen en zegt dat hij zelf wel even naar boven gaat. "Het is tenslotte ook nog mijn huis, al mijn spullen staan er in." Wout is gespannen en spitst zijn oren. Hoe gaat dat aflopen? Al heel snel is de stem van zijn moeder beneden goed te horen en hoort hij dat er iets op de grond valt. Wout voelt zich als een zware grote steen. Voorzichtig loopt hij naar buiten, om zijn ouders niet te storen.

Verandering als gevolg van verhuizen

Alle kinderen krijgen te maken met een verhuizing van minimaal een van de ouders. Ook de verdeling van de spullen, twee verschillende huizen en twee slaapkamers horen erbij. Maar vooral krijgen zij te maken met twee verschillende opvoedstijlen en de daarbij horende regels en gewoonten. Soms kiezen ouders ervoor om de kinderen steeds in hetzelfde huis te laten wonen en zelf van huis te wisselen. Deze vorm wordt ook wel 'bird nesting' genoemd. Gemiddeld houden ouders dit een jaar vol en daarna volgt alsnog een verhuizing. Er is nog weinig bekend over de voor- en nadelen van verschillende vormen van zorgverdeling van de kinderen. De meeste kinderen wonen bij beide ouders, hoewel de tijdsverdeling sterk verschilt.

> **Lisa en Gina**
>
> Lisa (4 maanden) is een tevreden baby. Haar ouders kunnen haar overal mee naar toe nemen, ze slaapt overal goed. De scheiding komt plotseling, maar de ouders verwachten geen problemen. Door de week zorgen vader en moeder elk tweeënhalve dag voor Lisa en dat blijven ze ook doen. Beide ouders krijgen een nieuwe woning. Het valt beide ouders tegen als Lisa slecht slaapt en haar groei stagneert. Zij blijven met elkaar overleggen en proberen zo goed mogelijk te reageren op de behoeften van Lisa. Na vier maanden slaapt Lisa weer goed en is ook haar gewicht toegenomen. Ze lijkt gewend te zijn aan de nieuwe situatie en dat sterkt de ouders in hun aanpak.
> Ook Gina (4 maanden) verandert na de scheiding van haar ouders van een heel tevreden baby in een baby die slecht slaapt en te weinig groeit. De vader van Gina is boos op zijn ex-partner, hij vindt dat zij zich alleen bezighoudt met haar nieuwe vriend en zich niet bekommert om Gina. Hij overlegt met zijn advocaat of hij kan afdwingen dat hij alleen voor Gina gaat zorgen, want dat lijkt hem veel beter. Hij vindt zijn ex-partner in geen geval een goede moeder.

Als ouders ver uit elkaar gaan wonen krijgt het kind met nóg meer veranderingen te maken. Dit vraagt van het kind nog meer aanpassing. Zij moeten dan ook wennen aan een nieuwe school, moeten nieuwe vriendschappen sluiten en moeten aansluiting vinden bij nieuwe sportclubs of verenigingen.

1.4 · De gevolgen voor de kinderen

■ Ouders en erge conflicten

Ouders die erge conflicten hebben en die het niet lukt om deze te beperken, maken ruzie over alles. De verhuizing en de verdeling van spullen zorgen voor extra onrust en conflict.

Aron

Aron (14 jaar) is de oudste zoon. Hij zal later het mooie schilderij erven dat zijn vader geërfd heeft van zíjn vader. Aron en zijn vader zijn daar trots op. De vader van Aron wil zijn eigen schilderij meenemen. De moeder van Aron is het daar niet mee eens. De vader neemt veel waardevolle spullen mee en zij houdt er niet veel over. "Het schilderij gaat later toch naar Aron, dus wat maakt dat uit", zo redeneert zij. Als het schilderij bij een schilderbeurt ernstig beschadigd raakt, doet ze er nuchter over: "Ach, het is maar een schilderij." Aron durft er niets van te zeggen, ook niet tegen zijn vader. Als hij dat doet, dan weet hij wat er gaat gebeuren, dan krijgt hij van hem te horen hoe gemeen zijn moeder is en altijd eigenlijk ook al was. Dat kan Aron niet hebben.

■ Veranderingen als gevolg van minder geld

Kinderen krijgen vanwege de scheiding vaak te maken met ouders die minder geld te besteden hebben dan voorheen. Spruijt en Kormos (2014) zeggen dat problemen van kinderen na een scheiding samenhangen met onder andere te veel veranderingen tegelijk. De verandering in het bestedingspatroon is daar één van.

Mira en Tygo

Mira (8 jaar) heeft een stoet vriendinnetjes en vriendjes. Zij woont in een groot huis en bovendien hebben ze bij huis een paar pony's op stal staan. Er is altijd wat te doen. Mira geniet ervan en veel kinderen uit haar klas ook. Na de scheiding gaan haar ouders allebei in een kleiner huis wonen en moeten ze de pony's wegdoen. Mira vindt het erg lastig. Het spelen ging altijd vanzelf en nu moet ze andere manieren zoeken om zich te vermaken.
Tygo (15 jaar) heeft het geluk dat hij goed kan schaken. Hij doet door het hele land mee aan schaakwedstrijden. Zijn ouders vinden dat erg leuk en ondersteunen hem in alles. Na de scheiding verandert dit. Zijn vader is vaker weg voor zijn werk dan vóór de scheiding en zijn moeder heeft geen geld voor een auto. Tygo blijft op school de beste in het schaken, maar hij krijgt geen kans meer om op hoog niveau mee te doen. Hij verliest zijn interesse voor het schaken en zit veel alleen op zijn kamer. Hij zegt tegen anderen dat hij best begrijpt dat zijn ouders hem nu niet kunnen helpen en hij blijft daar uiterlijk rustig onder. Als iemand vraagt hoe het nu voor hem is, trekt hij zijn schouders op.

Geld en ruzie

Ouders die veel conflicten houden, maken meestal ook ruzie over geld en sommigen betrekken hun kinderen daarbij. Zij kunnen de scheiding niet zo regelen dat zowel vader als moeder een redelijke kans heeft op een goed bestaan. De bestedingsmogelijkheden lopen dan soms sterk uiteen.

Suze en Roan

Suze (6 jaar) vraagt aan haar vader of ze nieuwe schoenen mag. Haar vader zegt dat zij dit bij haar moeder moet doen. Hij kan het niet meer betalen. Als Suze het weekend komt, geeft ze hem een briefje van tien euro. "Ik vond dat op de tafel bij mama. Zij heeft genoeg van die briefjes. Zullen we samen schoenen kopen?"
Roan (14 jaar) wil niet met zijn vader mee naar Ibiza. "Geef mama maar wat meer geld, dan kan zij een andere fiets kopen, die van haar is echt een rammelkast." Zijn vader zegt dat hij zich niet met het geld hoeft te bemoeien. "Dat zijn zaken van volwassenen", zegt zijn vader, "en bovendien, als je moeder een beetje haar best doet, kan ze best geld over houden, te beginnen met stoppen met roken."

Veranderingen in de omgang met familie en vrienden van de familie

Na de scheiding veranderen bijna altijd de contacten met familie en vrienden van de ouders. Voor iedere betrokkene bij het gezin zijn de veranderingen merkbaar. Kinderen maken deze veranderingen voor de ouders van dichtbij mee. Soms zal een kind een familie alleen nog zien als het bij de ene ouder is en het komt voor dat contact met neefjes of nichtjes verdwijnt vanwege conflicten. Kinderen hebben er meestal weinig of geen invloed op. Toch hebben kinderen het verlangen, zeker als het om familie gaat, om betrokken te kunnen blijven bij beide families. Soms lukt het familieleden en/of vrienden niet om zich aan te passen aan de nieuwe omstandigheden en verwateren contacten als gevolg van praktisch ongemak, zoals een verhuizing, maar ook door onkunde of onwil.

Lynn en Thijs

Lynn (5 jaar) weet het al precies: "Als de kerstboom in de kamer staat, komt iedereen cadeautjes brengen voor haar verjaardag. Opa en oma uit Utrecht en opa en oma uit Amersfoort komen altijd het eerst. Ze rijden samen in de auto. Oom Peter en tante Els komen daarna en dat is het allerleukst, want hun kinderen Lotte en Bas zijn er dan ook. Lieke en Roel nemen altijd een suikerspin mee, die maken zij zelf." Dit jaar gaat het anders. De ouders van Lynn gaan scheiden. Opa en oma uit Utrecht komen niet meer mee en Lieke en Roel zijn dit jaar ook niet bij. Lynn is erg verdrietig.

1.4 · De gevolgen voor de kinderen

> Thijs (14 jaar) is een wat stille jongen. Hij heeft een moeilijke tijd achter de rug nadat hij een auto-ongeluk heeft gehad. Zijn oom Lars, de broer van zijn vader, steunde hem in die periode. Hij is grappig en als hij er was, kon Thijs zijn zorgen even vergeten. Thijs is net twee maanden uit het ziekenhuis als zijn ouders hem vertellen dat ze gaan scheiden. Zijn vader en zijn familie zijn erg boos op zijn moeder, omdat zij het initiatief neemt voor de scheiding. Thijs voelt zich alleen en denkt dat de scheiding door hem komt. Hij zou graag met Lars willen praten of basketballen, maar hij durft het niet te vragen. Hij denkt dat oom Lars ook boos is op zijn moeder.

▪ Boze ouders

Ouders die elkaar zwart blijven maken, verstoren met hun gedrag het proces van de kinderen. Kinderen willen hun ouders dan bijstaan, maar voelen zich innerlijk verscheurd als ze merken dat ze dat eigenlijk niet eens kunnen. Kinderen kunnen het heel lang volhouden om beide ouders tot dienst te zijn. Soms geeft een kind het op en kiest het openlijk partij voor een van de ouders. De kinderen zijn dan ongemerkt betrokken bij en ingezogen in het conflict. Dit veroorzaakt extra verlies en vraagt nog meer aanpassing.

Bente en Alwin

> Bente (9 jaar) woont na de scheiding bij haar moeder. Zij heeft haar vader een half jaar niet gezien en heeft wel slechte dingen over hem gehoord. "Hij is opeens weggegaan en misschien komt hij niet meer terug." Bente is bang geworden voor haar vader. Ze mag van haar moeder ook niet meer naar oma, de moeder van haar vader. "Mijn moeder is bang dat mijn vader daar dan ook komt en mij meeneemt. Nou, dat wil ik niet hoor, doodeng. Ik vind het wel zielig voor mijn oma, dat zij mij nu niet ziet."
> Alwin (16 jaar) is boos op een broer van zijn vader, zijn oom Anton. Oom Anton heeft geld geleend van zijn moeder en nu wil hij dat niet meer terugbetalen. "Dat valse kreng krijgt geen cent van mij", zegt hij tegen de vader van Alwin, waar Alwin bij is. Hij heeft zich toen ingehouden, maar nu zal hij zijn oom eens laten weten hoe hij over hem denkt.

▪ Veranderingen door nieuwe geliefden van de ouders

De komst van nieuwe geliefden van de ouder(s) is een grote verandering. Deze komt bovenop de ingrijpende gebeurtenis van de scheiding. De meeste kinderen hebben er veel moeite mee en tegen alle adviezen in, krijgen zij hier al vaak snel na de scheiding mee te maken. De meeste ouders zijn blij met een nieuwe vriend of vriendin en willen hun kinderen er graag bij betrekken en laten meedelen in hun vreugde.

> **Attractie**
>
> Wij waren al naar het Dolfinarium geweest
> en de Drunense Duinen en toen moesten we
> van mama ook nog naar de nieuwe vriendin
> van papa, die we van onszelf eigenlijk nergens
>
> voor nodig hebben, en ze is ook helemaal geen
> attractie, maar gewoon iemand op wie papa
> verliefd is geworden toen het eindelijk mocht.
> Mama heeft gezegd dat papa heeft gezegd dat
>
> tante, zoals we haar moeten noemen, hen in
> luttele dagen het geluk bracht dat mama in nog
> geen jaren voor elkaar kreeg. Wij weten niet
> wat luttel is, maar het zal wel iets te maken
>
> hebben met lul, want dat is papa volgens mam,
> en wij vinden dat ook, want wij hóéven geen
> attractie. Wij willen meer zakgeld, maar dat kan
> niet omdat papa onze centen uitgeeft aan háár.
> "Attractie" © Ted van Lieshout, uit: *Onder mijn matras de erwt*, 2017.

Kinderen hebben nooit te beslissen of een ouder een andere partner krijgt of niet. Dat ligt buiten hun invloedssfeer. Kinderen hebben wel een mening over een andere partner en over de manier waarop die partner betrokken raakt bij de ouder en bij de kinderen. De andere partner gaat kinderen zeker ook aan. Sommige kinderen vinden het wel goed en wennen snel aan de veranderingen die de komst van deze, voor de ouder belangrijke persoon, meebrengt. Ouders kunnen vragen naar hun mening en wensen. Het helpt kinderen als ze er op deze manier bij betrokken worden. Zij kunnen dan mede het tempo bepalen waarin een nieuwe partner zich invoegt in het gezin. Op die manier is de kans groter dat zij een goede band opbouwen met de nieuwe partner van een ouder. Die band kan heel waardevol zijn voor een kind.

- **Moeite met de komst van een nieuwe partner**

Er zijn kinderen die moeite hebben met de komst van een andere partner. De volgende gedragsuitingen zijn signalen daarvan:
- Kinderen sluiten zich af, zij bemoeien zich niet veel met wat er tussen de ouder en de nieuwe partner gebeurt en trekken zich terug op hun eigen terrein;
- Kinderen verzetten zich tegen de komst van een nieuwe partner door zelf maximaal de ouder te beïnvloeden en soms ook te manipuleren om af te zien van contact met de nieuwe partner of door de komst in het gezin te vertragen of tegen te houden;
- Kinderen willen opeens niet meer naar de ouder die verliefd is en proberen op die manier hun moeite kenbaar te maken of deze juist te omzeilen.

1.4 · De gevolgen voor de kinderen

- Kinderen verzetten zich tegen de aanwezigheid van een nieuwe partner door allerlei soorten gedrag, variërend van ontlopen en negeren tot treiteren toe.
- Kinderen worden onzeker, omdat ze niet goed weten hoe zij zich moeten gedragen en wat ze kunnen verwachten. Sommige kinderen tonen hun onzekerheid openlijk, door vragen te stellen. Anderen verbergen hun onzekerheid en praten er niet over. Die kinderen sluiten zich vaker af.

Kinderen moeten zich altijd opnieuw aanpassen als een nieuwe partner in het spel is. Met de nieuwe partner kunnen er ook andere kinderen het gezin binnenkomen, en daarmee andere gewoonten en vaak nieuwe regels. De kinderen moeten zich daarnaar voegen. Als gezinsleden er niet in slagen om zich aan te passen aan de nieuwe omstandigheden ontstaat er te veel spanning tussen de nieuwe partners, vaak in combinatie met spanning tussen de ex-partners (Spruijt 2015). Meer dan 50 % van de nieuwe relaties eindigt op grond hiervan.

Anna

Anna (11 jaar) heeft een maand geleden te horen gekregen dat haar ouders gaan scheiden. Haar vader heeft een nieuwe vriendin waar hij vaak is en waar hij Anna en haar broertje al snel mee naar toe neemt. De nieuwe vriendin is aardig en zoekt op een prettige en voorzichtige manier contact met de kinderen. Anna kijkt de kat uit de boom. Haar vader vertelt haar hoe gezellig hij het vindt dat ze samen zijn en dat hij deze zomer met z'n allen naar zee wil. Als Anna even met haar vader alleen is, zegt ze dat ze niet mee wil op vakantie. Haar vader somt alle voordelen op van zo'n leuke vakantie. Anna zegt maar niets meer, maar vertelt aan haar vriendinnen hoe stom haar vader is en dat ze echt niet meegaat. Als haar vriendin vertelt dat zij er in het begin net zo over dacht, wil Anne daar niks over horen. "Bij mij is het wel anders hoor!"

- **Opvoeden**

Er zijn nieuwe vrienden of partners die zich gedragen als opvoeders. De meeste kinderen accepteren dat niet, vooral niet in het begin. Dit geldt zeker voor kinderen op het voortgezet onderwijs. Het is een wijze beslissing om de opvoedtaak over te laten aan de biologische ouders van het kind en vooral aandacht te besteden aan kennismaken en contact, zonder daarbij veel van het kind te verlangen.

Kim

Kim (17 jaar) begrijpt wel dat haar ouders willen scheiden en zij kan zich er bij neerleggen. De verschillen zijn zo groot en zij baalt van de ruzies. Haar moeder blijft in het huis wonen en haar vader heeft een mooi nieuw huis gekocht. Kim heeft daar een kamer en ze vindt het fijn bij haar vader. Ze mag uitgaan als ze bij hem is en hoeft niet eens op een bepaalde tijd thuis te zijn. Dat vindt zij ideaal en dit voordeel compenseert de lastige momenten die ze ook kent. Na enige tijd krijgt de vader van Kim een vriendin. Die vriendin vindt Kim te jong om zelf te bepalen wanneer ze thuiskomt na een avondje stappen. De vader van Kim zegt tegen zijn vriendin dat hij dit zelf met haar wil regelen en dat hij zijn eigen maatstaf volgt. Als Kim dat later van hem hoort, voelt ze zich blij met haar vader. Tegen haar moeder zegt ze dat ze het echt niet had geaccepteerd als 'zij' er iets van gezegd had.

Sommige kinderen vinden het moeilijk om met hun ouder te praten over de lastige punten van een nieuwe partner. Zij wringen zich in allerlei bochten om te voldoen aan de verwachtingen. Meestal bedenken zij zelf die verwachtingen en deze stemmen niet altijd overeen met die van de ouders.

Eva

Eva (13 jaar) is een echt gezelschapsmens. Ze begint een beetje te wennen aan de scheiding van haar ouders. Allebei haar ouders hebben al snel een nieuwe partner Ze gunt het hen, maar ze voelt zich er onzeker door. Eva wil bijvoorbeeld lekker lang douchen, zeker als ze een rotdag heeft. De vriendin van haar vader heeft er al eens een negatieve opmerking over gemaakt. Eva durft er met haar vader niet over te praten, omdat ze bang is dat hij dan problemen krijgt met zijn vriendin en dat wil ze niet.

- **Extra onrust door ruzie en conflict**

Bij veel ruzie en conflict tussen de ouders onderling, veroorzaakt een nieuwe relatie vaak extra onrust en dat merken de kinderen. De kans is groot dat de vriendschap met de vriend of vriendin van de ene ouder afgekeurd wordt door de andere ouder. Kinderen zien de gevoelens van de ouders, zoals afgunst, jaloezie, boosheid en afkeuring. Het is dan bijna onmogelijk voor kinderen om die nieuwe persoon te accepteren of met de nieuwe situatie te leren omgaan. De openheid die nodig is om onbevangen naar de komst van een andere partner te kijken, ontbreekt.

Ravi, Imran en Rosa

Ravi (4 jaar) gaat komend weekend naar zijn vader. Hij wil heel graag, want ze gaan samen het bos in en Erika gaat mee. Erika is de nieuwe vriendin van zijn vader. Ze gaan paddenstoelen zoeken en Ravi vindt dat spannend. Als zijn moeder zijn tas inpakt, moppert ze, want ze heeft geen kleren die Ravi vies mag maken. Ze mompelt: "Leuk, zo'n nieuw loeder, die Erika, en ik moet zorgen voor de spullen." Ravi zegt later tegen zijn vader dat mama Erika een 'loeder' noemt, maar dat hij niet weet wat dat betekent. Imran (10 jaar) wil niet naar zijn vader dit weekend. Hij zegt tegen zijn moeder dat hij de vriendin van zijn vader stom vindt. Zijn moeder zegt: "Dat begrijp ik wel, het zal wel weer zo'n sloerie zijn. Weet je, ik bel wel op dat je ziek bent." Dat weekend gaat Imran niet naar zijn vader. Als hij in bed ligt, voelt hij zich verdrietig en praat erover met zijn moeder. Zij zegt hem dat het niet de moeite waard is om verdrietig te zijn.

"Jouw vader heeft toch nooit naar je omgekeken. Ik doe dat wel en ik blijf altijd bij je. Ik hou heel veel van je." Als ze weg is, ligt Imran nog een poos wakker. Het verdrietige gevoel is niet weggegaan.

Rosa (16 jaar) wil het liefst zo min mogelijk bij haar moeder zijn. Ze vindt de nieuwe partner van haar moeder een gemene man; hij windt haar moeder om zijn vingers met alle mooie praatjes en leuke cadeautjes. Rosa snapt niet dat haar moeder dat niet ziet en bespreekt haar verontwaardiging met haar vader. De vader van Rosa is het helemaal met haar eens en hij zegt haar dat het hem niets verbaast. "Zo is ze altijd al geweest, iemand hoeft maar even aardig tegen haar te doen en ze is poeslief. Dat heb ik al zo vaak meegemaakt, ik kon het nooit goed doen in haar ogen, omdat ik geen strooplikker ben. Ja, ze wil gewoon strooplikkers om haar heen." Rosa is blij dat haar vader tenminste nog gewoon doet. Het knagende gevoel in haar buik onderdrukt ze en daar praat ze niet over. Niemand praat er met haar over.

1.5 Gevolgen op de lange termijn

Het verwerken van een scheiding neemt bij ouders gemiddeld twee tot vijf jaar in beslag. Hoe beter ouders in staat zijn hun leven na de scheiding weer te hervatten, hoe beter het met de kinderen gaat. Hoewel het met de meeste kinderen op den duur dus beter gaat, worden zij toch blijvend geconfronteerd met de gevolgen van de scheiding.

Dylan

Dylan (16 jaar) wil zijn vader direct na de scheiding niet meer zien. Hij vindt dat hij daar zelf over kan beslissen nu hij 16 jaar is. Hij praat er met vrienden over en sommigen snappen hem wel, zijn vader is zijn eigen gang gegaan en dat vinden ze stom. Dylan is blij met de steun van zijn vrienden. Hij blijft nog nadenken over wat een vriend zei: "Je moet niet zo moeilijk doen joh, zet er een streep onder. Er zijn zoveel ouders die verliefd worden op een ander. Je doet alsof het een doodzonde is." Het zet hem aan het denken. En ja, zijn moeder zei laatst ook al zoiets. Zij zit er niet meer zo mee. Dylan is ervan in de war.

Het vraagt van iedereen inzet om bij veranderingen steeds weer af te stemmen op ieders behoeften.

Fiene

Fiene (10 jaar) heeft na het eerste jaar nog veel moeite met het wennen aan de nieuwe situatie. Zij is boos en wil haar moeder niet zien als haar vriend er is. Fiene wil bij haar vader blijven. Zij vindt dat ze zelf wel kan kiezen en laat haar ouders horen wat ze wil en vindt. Haar ouders begrijpen haar boosheid en willen haar tegemoetkomen, maar niet in alles. Fiene moet gewoon naar haar moeder. Haar moeder regelt dat ze vaker alleen is met Fiene en haar zusje en broertje, en stelt het samenwonen met haar nieuwe vriend uit tot het moment dat Fiene gewend is. Haar vader legt aan Fiene uit dat hij het allemaal ook niet makkelijk vindt, maar dat het echt wel zal wennen. Hij vindt het nu soms al prettig om alleen thuis te zijn.

1.5.1 Goed functionerende ouders

Het helpt kinderen als ouders in hun eigen omgeving goed functioneren, dat is een beschermende factor tegen het ontstaan van problemen. Bij ouders die de draad van het leven oppakken en weten om te gaan met (de gevolgen van) de scheiding, krijgen kinderen de mogelijkheid zich te ontspannen en zich te richten op hun eigen leven. Het helpt daarbij als ouders hun kind veiligheid bieden door middel van sensitief reageren en ook door grenzen te stellen. Die veiligheid blijven kinderen nodig hebben. Kinderen van gescheiden ouders maken een periode door waarin gevoelens van veiligheid niet vanzelfsprekend zijn. Het is afhankelijk van de ondersteuning van de ouders, van de mogelijkheden van een kind zelf en van mensen uit de omgeving of de gevoelens van veiligheid weer herstellen en er weer vertrouwen ontstaat in de volwassenen.

Geert

Geert (13 jaar) zit al een jaar op zijn nieuwe school, de havo, en hij heeft het naar zijn zin. Er zitten leuke jongens in de klas, met wie hij op school en ook na schooltijd veel optrekt. Zijn ouders zijn vorig jaar gescheiden. Geert heeft tegen zijn ouders gezegd dat hij geen zin meer heeft om steeds met zijn spullen te slepen en dat hij gewoon bij één van de twee wil wonen, bij wie maakt hem niet uit. Dat begrijpen zijn ouders, maar zij willen dat hij bij beide ouders woont. Dit vindt Geert in het begin onbegrijpelijk. Hij vindt dat ze geen rekening houden met zijn wensen en dat snapt hij niet. Zij hebben toch gehoord hoe belangrijk het is om rekening te houden met zijn wensen? Geert voelt zich niet begrepen. Zijn ouders blijven van mening dat het niet anders kan. Dat vindt Geert wel bijzonder. Ze hebben zoveel ruzie gemaakt, maar nu zijn ze het met elkaar eens. Ze willen hem graag allebei om zich heen hebben en doen daar hun best voor. Geert krijgt extra kleren en zijn ouders helpen met inpakken van zijn spullen, zodat het wekelijks wisselen beter gaat. Geert vertelt aan zijn mentor dat het zo wel goed voor hem is.

1.5.2 Netwerk

Het werken aan herstel van gevoelens van veiligheid bij kinderen is niet alleen voorbehouden aan de ondersteuning van de ouders. Andere volwassenen, zoals familie, vrienden van de familie, buren en mensen op school, kunnen daar ook een bijdrage aan leveren.

> **Wilma**
>
> Wilma (9 jaar) heeft het naar haar zin op school. Na schooltijd gaat ze vaak even bij de juf langs om haar ergens mee te helpen. De juf weet dat er thuis problemen zijn en dat deze na de scheiding niet gestopt zijn. Wilma vertelt aan de juf dat haar vader graag in het buitenland is, bij zijn eigen moeder. Voor haar moeder maakt het volgens Wilma niet uit, zij deed toch altijd al alles alleen. Wilma vertelt ook dat ze goed haar best doet op school, want ze wil later dokter worden.

1.5.3 Blijvende schade

Als boosheid of schuldgevoelens niet verminderen, zal dit blijvende schade aanrichten, tot in de eigen intieme relaties (Pedro-Carroll 2010). Een jonge adolescent kan bijvoorbeeld fel uit de hoek komen: "Wat ben jíj egoïstisch zeg, om zo je eigen gang te gaan en weg te gaan!" en het die ouder flink moeilijk maken in het herstel van vertrouwen. Dat kinderen zo boos zijn, maakt het extra onzeker, omdat deze gericht is op de eigen ouders. Het is spannend en onzeker voor een kind wat de gevolgen van de boosheid zijn voor de band met de ouders.

1.5.4 Extra risico door conflicten van ouders

Er zijn ouders bij wie de conflicten en spanningen niet verminderen na de scheiding. Voor de kinderen bestaat dan een groot risico op stagnaties in de ontwikkeling (Amato 2010; Spruijt en Kormos 2014). Die kinderen richten zich vaak op wat er met de ouders gebeurt in plaats van op hun eigen ontwikkeling, of zij geven er helemaal de brui aan en doen alleen nog wat ze zelf willen. De heftige gevoelens blijven actueel, omdat er steeds nieuwe problemen zijn, zoals ruzies en rechtszaken.

> **Ilse, Achmed en Jos**
>
> Ilse (3 jaar) is nog maar net twee jaar als haar ouders uit elkaar gaan. Voor de geboorte van Ilse gebruikte haar moeder drugs en ze hoopte door de komst van Ilse ermee te stoppen. Het loopt allemaal anders. Ilse vraagt veel aandacht en de ouders kunnen het niet aan. Zij gaan scheiden en dat maakt het moeilijker. De moeder van Ilse gebruikt weer drugs en er is veel ruzie tussen de ouders. Zij geven elkaar de schuld van de dingen die mis gaan. Ilse huilt veel en ze wil haar moeder niet loslaten als ze bij de crèche is. Daar zit Ilse te kijken bij de baby's en doet ze verder weinig; ze zoekt nauwelijks contact met de leidsters. Als zij bij haar vader is, zit ze stilletjes aan de tafel en slaapt ze slecht. De medewerkers van het kinderdagverblijf uiten hun zorg. Achmed (9 jaar) is een jongen die graag het eerste klaar is met rekenen. Hij heeft ook altijd plannetjes om met zijn vrienden op het schoolplein nieuwe spelletjes te bedenken. Bij gitaarles wil hij graag moeilijke muziekstukken spelen. Zijn ouders

zijn nu meer dan anderhalf jaar geleden gescheiden en Achmed lijkt er op school geen last van te hebben. Hij is weer rustiger en stelt in de klas weer wat vaker vragen. Thuis is het anders. Hij luistert niet naar zijn moeder en hij vindt zijn vader maar een 'domme idioot'. De leerkracht is verbaasd als zij dit hoort. Iemand van het schoolmaatschappelijk werk praat een keer met Achmed en als er aandacht is voor zijn beleving, blijkt dat hij veel verdriet heeft en zijn uiterste best doet om dat voor de buitenwereld verborgen te houden. Zijn moeder heeft het toch al zo moeilijk en hij schaamt zich voor zijn vader.

Jos (17 jaar) heeft het goed bij zijn vader. Zijn vader heeft een nieuwe vriend en zijn moeder is nog erg boos over alles. Zij vertelt aan iedereen die het horen wil dat ze niet begrijpt dat "hij hen dit kon aandoen". Telkens als Jos vlak na de scheiding iets vertelde over hoe leuk het was bij zijn vader, snauwde zij: "Ja, nu heeft hij er wel tijd voor, dat was vroeger wel anders! Hij doet zeker ook leuke dingen met die vent van hem?" Jos vertelt haar niets meer. Hij ziet dat zijn moeder het moeilijk heeft en toch begrijpt hij het niet. Hij probeert zo min mogelijk met haar alleen thuis te zijn. Hij praat er ook niet meer met anderen over. Dat deed hij in het begin wel, maar hij wil niet steeds met hetzelfde aankomen. Van binnen doet het hem wel zeer, hij wil zijn moeder niet afvallen, maar nu vindt hij dat ze te ver gaat. Ze moet er maar eens overheen komen.

1.5.5 Onderzoek naar de gevolgen van scheiden

Amato (2006) en Dykstra (2000) hebben onderzoek gedaan naar de gevolgen van scheiding voor kinderen op de langere termijn. Zij ontdekten dat kinderen na scheiding aan het eind van hun schoolloopbaan een lager eindniveau hebben dan kinderen uit intacte gezinnen. De kinderen krijgen daarnaast te maken met minder inkomen van hun ouder(s). Ook hebben zij een groter risico op het ontwikkelen van een depressie. De band met hun ouders is op de lange termijn minder goed. Hierdoor krijgen zij in hun volwassenheid minder steun van hun ouders in vergelijking met kinderen uit intacte gezinnen. Bovendien hebben kinderen van gescheiden ouders een groter risico om later zelf te scheiden.

Gevolgen op de lange termijn
Wallerstein en Blakeslee (1989) beschreven dertig jaar geleden al de gevolgen van een scheiding op de lange termijn naar aanleiding van een tienjarig onderzoek en de uitkomsten van dit onderzoek zijn nog steeds actueel:
- Een scheiding is ontwrichtend voor veel volwassenen en voor bijna alle kinderen.
- Een scheiding is geen op zichzelf staande gebeurtenis. Het begint bij het verslechteren van de relatie, gevolgd door het uit elkaar gaan en de eventuele wettelijke scheiding, en dan neemt de periode met de gevolgen daarvan een aanvang.

1.5 · Gevolgen op de lange termijn

- De effecten spreiden zich uit over een lange periode en treffen vooral kinderen, door wat zij meemaken in hun vormingsjaren. Zo wordt de scheiding een onderdeel van hun innerlijk, hun visie op zichzelf en op de maatschappij.
- Een scheiding kan de ouders dan wel 'redden' uit een onverdraaglijke situatie, de kinderen blijven er de sporen van dragen.
- Bijna alle kinderen die betrokken waren bij het onderzoek ervoeren dat hun jeugd plaatsvond 'als iets' in de schaduw van de scheiding van hun ouders. Dat zij achteraf het scheidingsbesluit van hun ouders verstandig vinden, neemt niet weg dat zij eronder geleden hebben.
- De helft van de kinderen maakte nog een scheiding mee van één of beide ouders, de helft groeide op in gezinnen waar de ouders boos op elkaar bleven en twee op de vijf kinderen ondervonden hinder van de financiële achteruitgang. Drie op de vijf voelden zich zo afgewezen door een ouder dat zij het gevoel kregen dat zij 'een soort psychologische of economische bagage waren, die achtergebleven was na een betreurde reis'.
- Weinig kinderen kregen financiële steun van de ouders.
- Bijna de helft van de jongvolwassenen hadden veel zorgen, presteerden beneden hun kunnen, kleineerden zichzelf en waren soms boze jonge mensen. Sommigen voelden zich beroofd van ouderlijke bescherming, anderen voelden zich gebruikt in de oorlog tussen hun ouders. Er waren ook jongeren die zich uitgeput voelden aan het begin van de volwassenheid, door problemen en ervaringen als gevolg van de scheiding. Sommigen vermeldden dat zij zichzelf groot hadden gebracht, terwijl anderen daarbij ook nog de zorg voor een ouder op zich genomen hadden.
- Jongens hebben het door de jaren heen moeilijker met de gevolgen van de scheiding dan meisjes, maar dit verschil verdwijnt in de volwassenheid. Bij jonge vrouwen ontstaat soms plotselinge angst en schuldgevoel, waar zij mee worstelen als zij een liefdesrelatie aangaan. Er wordt gesproken van een sluimereffect als er aanvankelijk niets aan de hand lijkt te zijn, maar als er bij relatievorming in de adolescentie toch problemen opdoemen. Sommige jonge vrouwen lukt het niet met liefdesgevoelens om te gaan, waardoor zij impulsief reageren door bijvoorbeeld meerdere relaties tegelijkertijd aan te gaan of snel te trouwen en weer vroeg te scheiden.
- De adolescentie is voor jongeren van wie de ouders gescheiden zijn, een zeer risicovolle periode. Zij missen door de scheiding vaak ondersteuning, duidelijke richtlijnen en bescherming. Sommigen zoeken hun heil op straat. Veel jongeren in het onderzoek voelden zich in fysiek en emotioneel opzicht verlaten, wat ertoe leidde dat zij in deze kritieke fase te maken kregen met innerlijke twijfel en onzekerheid.
- Als jonge mensen die een scheiding hebben meegemaakt een vaste relatie aangaan en een gezin beginnen, is sprake van een kwetsbaar gezin. Het ontbreken van een voorbeeld van een liefdevolle, duurzame en deugdzame relatie tussen twee mensen roept angsten op die een goede relatie bedreigen.

> **Koos**
>
> Koos (inmiddels 37 jaar) is 14 jaar als zijn ouders uit elkaar gaan, wat in die tijd een schok voor hem is. Koos bemoeit zich in die periode niet zo met zijn ouders, hij speelt in een bandje en is veel weg. Op zijn achttiende hebben beide ouders een andere liefde en voelt Koos zich nergens meer echt thuis. Hij is in die tijd ook al heel zelfstandig, gaat zijn eigen gang en het gaat goed met hem. Op zijn negentiende gaat hij op kamers in Utrecht en met zijn studie gaat het goed. Hij is niet serieus in contacten met vrouwen en verliefdheid vindt hij maar niks. Maar met Anke is het anders. Hij ontmoet haar als hij 24 jaar is en hij vindt het spannend. Hoewel hij graag bij haar wil zijn, irriteert hem dat ook. Dat voelt voor hem alsof hij afhankelijk is en dat wil hij liever niet. Hij wil het ook graag goed bij haar doen, maar het lijkt haar niet zoveel uit te maken als er iets mis gaat. Als Anke een keer niet met hem mee wil op een korte vakantie, die voor hem belangrijk is, denkt hij dat ze bij hem weg wil. Dat idee is bij Anke niet opgekomen. Ondanks kleine strubbelingen, die hij lastig vindt en Anke nauwelijks opvallen, groeit de liefde. Zij genieten er allebei van. Koos blijft het ook spannend vinden. Bij onenigheid is hij snel bang dat die het einde van de relatie betekent. Door er met Anke over te praten, vermindert zijn angst. Zij wuift de problemen weg en dat steunt hem in zijn overtuiging dat hij niet zo moeilijk moet doen. Als hij 28 jaar is, gaan ze samenwonen en op zijn 32^e wordt hun zoon Allard geboren. Anke maakt kort na de geboorte een moeilijke tijd door, omdat ze ontslag krijgt. Koos ervaart in die periode veel spanning en is onrustig. Hij begrijpt niet goed wat hem overkomt.

Verstoringen in gezinsverhoudingen

- **Het overschrijden van grenzen binnen het gezin**

Boszormenyi-Nagy (2002) legt vanuit de systeemtheorie uit dat een gezin gezien kan worden als een gezinssysteem dat bestaat uit een afzonderlijk ouder- en kindsysteem, terwijl alle leden van dat gezin in nauwe verbinding staan met elkaar. Een gezinssysteem is zelf onderdeel van een groter (maatschappelijk) systeem. In een goed functionerend gezin mag ieder gezinslid er zijn in alle eigenheid, heeft elk gezinslid een eigen plaats in het geheel (ook diegenen die overleden zijn) en bestaat er een balans tussen geven en nemen. Bij het geven gaat het om liefde, aandacht en zorg. De ouders geven aanvankelijk vooral aan de kinderen, zodat zij als volwassenen zelf weer kunnen geven aan bijvoorbeeld hun kinderen en aan de ouders. Ook kunnen zij geven als deelnemer aan de maatschappij. Bij dat laatste kan gedacht worden aan het doen van zinvol werk, maar ook aan vrijwilligerswerk bij bijvoorbeeld een sportvereniging. Als er onduidelijkheid bestaat over de plaats die de gezinsleden innemen, ontstaan er problemen. Te denken valt aan iemand waar niet meer over gepraat wordt en daardoor geen plaats meer krijgt in het systeem, omdat bepaald gedrag veroordeeld wordt. Een ander voorbeeld is dat een kind de positie van een ouder inneemt en zich daarnaar gedraagt.

Teyber (2002) schrijft over dit soort gezinsverhoudingen in relatie tot scheiding. Kinderen die bijvoorbeeld tijdens de intacte relatie de mogelijkheid krijgen om invloed uit te oefenen op de relatie van hun ouders, gaan ervan uit dat dit ook na de scheiding kan. Een onschuldig voorbeeld is dat van een jong kind dat tussen de ouders in kruipt als zij elkaar een kus geven of elkaar omhelzen, of van een negenjarige die tijdens het gesprek tussen ouders de aandacht naar zich toetrekt voor een eigen verhaal. De meeste ouders begrenzen dit gedrag en plaatsen daarmee een kind in de positie van kind, of in het kindsysteem. De meeste kinderen accepteren het begrenzen en zullen zich (op den duur) anders gaan gedragen. Die begrenzing geeft veiligheid, al vindt een kind het ook wel irritant. Krijgt het de begrenzing niet, dan leert een kind dat het invloed kan uitoefenen en gebruikt het die invloed meestal voor het eigen gewin. Dat kan na een scheiding betekenen dat een kind bepaalt of het wel of niet naar een van de ouders gaat. Volgens Teyber is zoiets niet aan kinderen om te beslissen. Ouders leggen zich te snel neer bij een boze afwijzing van hun kind of accepteren respectloos gedrag. Kinderen proberen altijd hoever ze kunnen gaan. Dit doen zij ook als er na de scheiding nieuwe gezinsverhoudingen ontstaan. Ook dan is het normaal om hun gedrag te begrenzen.

Evert

Evert (16 jaar) heeft de rechtszaak van zijn ouders goed voorbereid. Hij heeft een mapje op tafel liggen en laat de berekeningen zien die hij gemaakt heeft van de inkomens van zijn ouders waarop de alimentatie is gebaseerd. Hij laat zien dat zijn vader een verkeerde en in zijn ogen gemene voorstelling van zaken geeft, want zijn vader werkt vaak 'zwart', en die inkomsten worden nu niet meegeteld. De moeder van Evert krijgt op basis van de berekeningen die er nu liggen misschien minder alimentatie dan op grond van Everts berekeningen. Evert zegt dat zijn vader voor hem nu nóg minder waard is dan hij al was. Als hij dat vertelt, is de spanning van zijn lichaam af te lezen.

- **Parentificatie**

Een vorm van verstoring in de gezinsverhouding is parentificatie (website NJi). Bij parentificatie geeft een kind op een ongepaste manier steun aan de ouder. Kamphuis (2015) maakt het onderscheid tussen praktische en emotionele ondersteuning van een kind aan de ouder. Een vorm van praktische parentificatie is dat een kind te veel huishoudelijke taken op zich neemt, de geldzaken regelt en te vaak de verzorging van broertjes of zusjes uitvoert.

> **Mo**
>
> Mo (12 jaar) plakt de band van zijn zusjes fiets. Hij wil een beetje opschieten, want hij moet ook nog wat boodschappen voor zijn vader doen, en hij heeft ook nog huiswerk. Sinds de scheiding doet hij extra klussen en dat wil hij ook graag. Met een angstig gevoel gaat hij de volgende dag naar school, omdat hij zijn huiswerk niet goed heeft geleerd. Hij had gewoon niet genoeg tijd. Mo weet niet goed hoe hij al dat werk voor school en thuis moet aanpakken. Maar het staat voor hem vast, dat hij in ieder geval een goede zoon wil zijn.

Bij emotionele parentificatie luistert een kind naar de problemen van de ouder en/of geeft advies.

> **Anita**
>
> Anita (17 jaar) is op school brutaal. Als de mentor hierover met haar in gesprek gaat, hoort hij over de scheiding. Anita vertelt dat zij laat naar bed gaat, omdat ze na een huilbui van haar moeder graag nog zelf even een filmpje kijkt. Haar moeder vertelt haar vaak hoe vervelend haar vader doet. Het ergst vindt Anita als haar moeder haar vraagt of zij zich dat ook herinnert. Anita vindt volwassenen stom en oninteressant.

Het is een natuurlijke reactie van kinderen om zorg te dragen voor een ouder als zij zien dat een ouder het moeilijk heeft. Dat moet echter niet te lang duren, want die zorg gaat ten koste van de eigen ontwikkelingstaken en dat heeft negatieve consequenties, die vaak pas op de lange termijn zichtbaar zijn. Dat komt omdat de emotionele behoeften van deze kinderen onvoldoende of niet worden vervuld. Die kinderen krijgen dan onvoldoende zorg. In het begin levert het voor een kind soms wat voordelen op in de vorm van aandacht van een ouder, maar op de lange termijn voelen deze kinderen zich vaak beroofd van hun jeugd en voelen zij zich gebruikt. Het risico bestaat dat zij problemen krijgen als zij zelf kinderen krijgen. De zorg en aandacht die zij dan aan hun eigen kind moeten geven, lijken niet beschikbaar, de balans tussen geven en nemen is verstoord. Er dreigt een repeterend patroon in een familie te ontstaan (Boszormenyi-Nagy 2002).

- **Beschermen**

Nog een andere vorm van verstoring in de gezinsrelaties is dat ouders hun kind te veel of te weinig beschermen bij de tegenslagen in het leven. Als ouders zien dat hun kind te lijden heeft, willen ze hun kind beschermen. Van Dale (1984) beschrijft de term beschermen als volgt: 'Voor alle kwaad behoeden'. Te veel bescherming zal het kind klein houden, waardoor het niet toekomt aan de psychologische taken bij scheiding en ontstaan er aanpassingsproblemen. Soms heeft een ouder daar baat bij. De moeilijkheden van een kind dienen bijvoorbeeld als bewijs voor de eigen problemen, in de trant van: "Niet alleen ik heb het zo moeilijk met vaders vriendin, maar ons kind ook. Die vrouw is gewoon een heks." De aanpassingsmoeilijkheden van kinderen kunnen ook door de ene ouder gebruikt worden in de strijd tegen de andere ouder om daarmee de

1.5 · Gevolgen op de lange termijn

eigen zin door te drijven. "Ze vindt het zo moeilijk bij haar vader, ze kan daar nooit een hele week wonen." In plaats van een kind te helpen de problemen te overwinnen, gebruikt een ouder deze problemen om het gelijk aan eigen kant te krijgen.

Lars

Lars (15 jaar) is een gevoelig kind. Zijn vader vindt hem soms kinderachtig en daar heeft Lars last van, dat is altijd al zo geweest. Sinds de scheiding, nu zeven jaar geleden, is zijn moeder nog vaak verdrietig en ze geeft de schuld ervan aan haar ex-partner. Moeder denkt dat Lars de gevoeligheid van haar heeft en vindt dat zijn vader niet goed met hem omgaat: "Precies zoals hij bij mij ook altijd deed." Zij wil er nu alles aan doen dat vader rekening houdt met de gevoelens van Lars en beter voor hem zorgt. Het contact tussen vader en zijn jongste zoon verloopt goed, daar heeft zij geen omkijken naar. Met Lars praat zij veel als hij terugkomt van zijn vader, over hoe het bij zijn vader was, welke problemen er weer waren en hoe dat voor Lars is. Lars trekt zich steeds meer terug van zijn vader en hij wil er niet meer naar toe. Hij is tenslotte al vijftien jaar en weet best wat goed voor hem is.

Interview met Mette

Mette (45 jaar) vertelt tijdens een interview over de scheiding van haar ouders.
I(nterviewer): "Hoe oud was jij toen je ouders gingen scheiden?"
M(ette): "Ik was 9 jaar."
I: "Merk jij nu nog, na al die jaren, iets van de scheiding?"
M: "Ja, ik merk er regelmatig iets van, maar natuurlijk niet meer zoveel als vroeger. Mijn vader is bijvoorbeeld pas overleden. Mijn moeder vond het onzin dat wij er als kinderen naar toe zouden gaan. Wij hebben al heel lang geen contact meer met hem en hij heeft een andere vrouw en met haar ook twee kinderen, die nu volwassen zijn. Toch wilden mijn broer en ik er naar toe. Dat was wel moeilijk hoor. Er werd tijdens de rouwdienst niets over ons gezegd. Het doet mij allemaal veel verdriet en er komen veel herinneringen boven. Ik praat daarover met mijn man."
I: "En met je moeder?"
M: "Nee, ik praat bijna nooit over de dingen van de scheiding. Zij zegt altijd rottige dingen over mijn vader en daar heb ik een hekel aan. Soms wil ik wel met haar praten over iets wat ik gehoord heb of gelezen. Laatst las ik iets over kinderen die belast worden als hun ouders hun problemen niet bij hen vandaan houden. Ik vertelde haar dat ik dat wel herkende. Ze wuifde het weg en zei: "Wees maar blij dat hij snel weg is gegaan, als hij er nog was geweest, had je echt niet zo'n fijne tijd als puber gehad hoor. Van hem mocht je niks. Ik hou dan maar mijn mond."
I: "Is dat niet gek, nu je al 45 jaar bent en nog zo met je moeder omgaat?"
M: "Nee, ik weet niet beter. Gelukkig kan ik het op andere momenten goed hebben hoor. Het is echt niet alleen maar ellende. Die komt pas als het over mijn vader gaat. Dus dat voorkom ik zoveel mogelijk."

De helft van vader en de helft van moeder

Het is beschadigend voor kinderen als ouders voortdurend en langdurend slecht over elkaar praten in het bijzijn van de kinderen. Voor een kind kan dat voelen alsof het ook voor een deel slecht is, omdat het verwant is aan die ouder. Kinderen weten meestal dat zij niet slecht zijn, maar het kan wel zo voelen. Daar praat een kind dan niet makkelijk over. Door de negatieve uitlatingen van een ouder wordt een deel van een kind ontkend en dit raakt de kern van een kind, waardoor zich een schadelijk patroon ontwikkelt. Als een kind ontdekt dat het een eigenschap heeft, bijvoorbeeld een uiterlijk kenmerk of speciale humor, die door een ouder negatief gewaardeerd wordt, zal het proberen deze bij die ouder niet te laten zien of zelfs die eigenschap proberen te onderdrukken. Dit is onnatuurlijk en ondermijnend; dit soort gevoelens manifesteren zich altijd in het leven van een kind, bijvoorbeeld in onzekerheid over het eigen gedrag.

Een kind ontdekt vaak pas op latere leeftijd dat negatieve eigenschappen van een ouder geproblematiseerd zijn en dat ze niet zo negatief zijn als gedacht of dat het er zelf geen last mee heeft. De documentaire van Frénk van der Linden, 'Verloren band' uit 2009 brengt dat mooi in beeld. Het kind, vaak al volwassen, ontdekt dat zo'n eigenschap vooral voor de andere ouder en het netwerk van die ouder problematisch is. Een kind kan zich volledig tegen de ouder keren die dat proces in gang zette (Teyber 2001). Voor een kind is dit net zo pijnlijk, omdat het proces zich dan in tegenovergestelde richting gewoon voortzet.

Loes

Loes (15 jaar) zegt niets tegen de mentor over haar problemen met de scheiding van haar ouders. Haar cijfers gaan achteruit en ze ziet er somber uit. Haar ouders hebben vier rechtszaken achter de rug. Loes maakt geen ijzige ruzies meer mee, want haar ouders spreken elkaar bijna niet meer. Haar vader noemt haar moeder onbetrouwbaar "en dat is ze eigenlijk altijd al geweest". Haar moeder zegt: "Je vader is een enorme slapjanus die niets voor elkaar krijgt, dus verwacht er maar niet te veel van deze zomervakantie." Loes wil niets meer verwachten. Zij lacht als ze terugdenkt aan wat de psycholoog tegen haar zei over de extra taken die ze te doen had: "Zich losmaken van het conflict van haar ouders." Dat heeft ze goed onthouden en ze is blij als ze weer buiten is met haar vriendengroep. Het maakt haar niet uit dat die blowen, dat doet ze zelf ook. Het helpt haar om alles te vergeten.

Nieuwe partner

Na het meemaken van de scheiding is een nieuwe relatie van de ouder vooral spannend voor kinderen, zeker als 'de date' groeit naar liefde en zij ermee te maken krijgen. Het kind ziet voor het eerst dat een ouder op geliefdenniveau contact heeft met een ander en moet zich daartoe verhouden. Sommige kinderen krijgen daar direct na de scheiding al mee te maken, andere kinderen later.

Verandering in partnerkeuze

Als een vader of moeder na de scheiding verandert van seksuele voorkeur door een relatie aan te gaan met iemand van hetzelfde geslacht of zelf van geslacht wil veranderen, kan het voor kinderen extra moeilijk zijn. Allerlei nieuwe vragen kunnen een kind bezighouden en het is vaak nodig dat daar aandacht en tijd voor is.

> **Vader met een lesbische ex-partner**
>
> Een vader vertelt aan de schoolmaatschappelijk werker dat hij graag hulp wil voor zijn dochter Olivia (13 jaar). Na de scheiding is zijn ex-vrouw gaan samenwonen met een vriendin. Zij is erg gelukkig en leeft helemaal op nu ze volop uiting kan geven aan haar liefde voor een vrouw. Zij praat hier regelmatig over met Olivia, omdat ze zich zo gelukkig voelt met haar keuze. Zijn dochter is echt blij voor haar moeder, maar wil niets weten van haar vriendin. Vader maakt zich daar zorgen over. Als de maatschappelijk werker met Olivia praat, blijkt zij zelf bang te zijn dat ze lesbisch is. Dat wil ze absoluut niet. Toch heeft ze al jaren een beste vriendin, waar ze heel veel mee optrekt. In de gesprekken die volgen, kan Olivia steeds meer afstand nemen van haar angst en van wat haar moeder heeft meegemaakt. Ze durft meer open te ontdekken wat zij fijn vindt aan vriendschappen. Het blijkt dat seksualiteit daarin nog geen grote rol speelt.

Nieuwe partners (sterk) afwijzen

Er zijn kinderen die een nieuwe liefde van de ouder sterk afwijzen. Dat komt vooral voor bij jongeren. De cognitieve aanpak van: "Dit is de liefde van mijn vader, ik heb er niets mee te maken", werkt slechts voor de korte termijn of helemaal niet. Kinderen kunnen nog te maken hebben met verlies en kunnen dan de komst van een nieuwe partner niet aan. Mogelijk wil een kind om die reden een ouder niet zien. Sommige ouders accepteren dat niet en praten erover met hun kinderen of zoeken hulp. Soms komt het een ouder goed uit. Een ouder ziet de afwijzing van een kind als een overwinning nu het kind die ouder 'ook' niet meer wil zien en beschouwt de afwijzing als bewijs voor het eigen gelijk.

De plaats van een nieuwe partner

De nieuwe partners die in het gezin komen, voegen zich in een eenoudergezin waarvan de gezinsleden zich meestal nog moeten herstellen van de praktische en emotionele gevolgen van de scheiding. Het vraagt van hen inzet om een plek in te nemen en zichzelf regelmatig aan de zijlijn te plaatsen. Bij de een gaat dat redelijk soepel en bij de ander is het een bijna onmogelijke opgave. Als een nieuwe partner bijvoorbeeld aardig doet tegen een kind, met een kleinigheidje komt of affectie wil tonen, kan dit precies goed zijn om toenadering te bewerkstelligen, maar evengoed weerstand oproepen en daarmee de afstand vergroten. Van de volwassene wordt gevraagd zich in te voegen, van het kind om de ander een kans te geven. De ouder van het kind kan helpen het gedrag van de nieuwe partner met een korreltje zout te nemen, in de trant van: "Nou, jij wilt niet met Erik een boekje lezen, ik zie het al. Erik, nu wil Wilma het niet."

De meeste ouders helpen mee bij het zoeken naar een nieuwe balans. De acceptatie van de andere ouder is daarbij praktisch onontbeerlijk, alleen al door te verwachten dat het kind respectvol met de ander omgaat. Ouders hebben niets te zeggen over de komst van een nieuwe partner in het andere gezin en hoe daarmee omgegaan wordt. Bij wederzijds respect tussen de ex-partners kunnen zij natuurlijk wel de situatie op elkaar afstemmen en onderling overleggen. Vanwege de scheiding hebben de ex-partners echter geen zeggenschap meer over elkaar.

Elin

Elin (4 jaar) is een verlegen meisje. Haar ouders zijn nog maar net gescheiden en haar vader heeft weer een vriendin. De vriendin wil met Elin koekjes bakken, om zo kennis te maken. De vader van Elin vindt dat een goed idee. Hij is blij dat zijn vriendin zo betrokken wil zijn bij zijn dochter. Als het zover is, pakt Elin haar knuffel en zegt dat ze buikpijn heeft. Ze doet niet mee. De vriendin bakt de koekjes samen met de vader en Elin kijkt vanaf een afstandje toe. Ze vliegt haar moeder in de armen als die haar komt ophalen. Als ze bij moeder thuis zijn, zegt Elin dat ze niet meer naar papa wil en geen koekjes wil bakken met zijn vriendin. Haar moeder luistert ernaar en zegt dat het fijn was dat de knuffel bij haar was. "Wat een goed idee was dat van jullie dat je gewoon ging kijken samen met je knuffel." De volgende keer heeft Elin bij vader het idee om samen naar de speeltuin te gaan en de nieuwe vriendin gaat mee.

- Liefdesbanden

Na een scheiding ontstaat er binnen een nieuw samengesteld gezin een andere dynamiek op het gebied van liefdesbanden. In het gezin van oorsprong bestond er meestal een liefdesband tussen de ouders onderling en vanuit elke ouder een liefdesband naar elk kind. De liefde voor elkaar is bijna als vanzelfsprekend aanwezig, ook al gaat het ook wel eens minder goed. Na een scheiding verbreekt de band tussen de ouders en blijft alleen de band tussen ouder en kind bestaan. De ouder krijgt vervolgens een nieuwe liefdesband met een partner, maar bij de kinderen ontstaat die band niet automatisch. Het is niet vanzelfsprekend dat een stiefmoeder veel van een kind van haar nieuwe partner zal houden en evenmin is het vanzelfsprekend dat een stiefvader de onhebbelijkheden van het kind van zijn nieuwe partner kan verdragen. Kinderen merken dat, voelen dat en weten dat. Binnen een samengesteld gezin brengt dit gegeven een eigen dynamiek met zich mee, waartoe kinderen zich (opnieuw) moeten verhouden.

Thera

Thera (9 jaar) woont met haar broertje de ene week bij haar vader en zijn nieuwe partner en de andere week bij haar moeder en haar nieuwe partner. De nieuwe vriendin van vader heeft twee kinderen uit een vorig huwelijk en de nieuwe vriend van moeder heeft drie kinderen. Thera is voortdurend hard aan het werk om te schakelen en in de smaak te vallen bij al die mensen. Ze maakt scherpe observaties die ze graag

> bespreekt met de meester op school. Zo vertelt zij dat ze bang is om de nieuwe vriend van haar moeder boos te maken. Ze wil het voor haar moeder niet bederven door bijvoorbeeld haar bord niet leeg te eten. Dat hoefde eerder nooit, maar 'hij' vindt dat wel belangrijk en haar moeder vindt dat nu ook.

Kinderen kunnen een goede band opbouwen met een stiefouder en eventuele kinderen van die stiefouder. Het vraagt van iedere betrokkene inzet om de verschillende overgangen goed te laten verlopen, want de situatie is complex. Om veranderingen op de juiste manier vorm te geven, moet iedereen zich bewust zijn van alle posities en de eigen positie correct innemen. De ouder uit het ene gezin is samen met de ouder uit het andere gezin verantwoordelijk voor de zorg en opvoeding van al hun kinderen. Dat geldt ook voor de nieuwe partner met een ex-partner, als zij kinderen hebben. De exclusiviteit van de band tussen kinderen en de eigen ouders dient erkend te worden. Ex-partners hebben vanwege de scheiding niets meer te maken met de nieuwe liefdes, ook niet als zij in beeld zijn bij de kinderen. Ouders hebben na de scheiding wel de plicht om de zorg voor en opvoeding van hun kind voort te zetten en bepalen zelf hoe zij dat doen. Er zijn kinderen die pech hebben, omdat het hen niet lukt om een goede band te krijgen met de stiefouder. Zij voelen zich als een vreemde eend in de bijt.

■ Samengestelde gezinnen

Er is veel meer te zeggen over kinderen uit samengestelde gezinnen en de onderlinge relaties als gevolg daarvan. Dat valt echter buiten de doelstelling van dit boek.

Taken van kinderen en jongeren bij scheiding

Samenvatting

▶Hoofdstuk 2 is complementair aan het eerste hoofdstuk. Het gaat ook over de gevolgen van de scheiding en is ook gericht op wat kinderen en jongeren te doen staat, maar nu gaat het vooral om de algemene ontwikkelingstaken van kinderen en om de extra psychologische taken waar kinderen mee te maken krijgen. Kinderen hebben hulp nodig van hun ouders en andere volwassenen om zich heen, om ondanks de scheiding, zo goed mogelijk te kunnen blijven ontwikkelen. De praktijkvoorbeelden dienen ervoor om de theorie te verduidelijken.

2.1   Inleiding – 48

2.2   Ontwikkelingstaken voor kinderen van nul tot achttien jaar – 48

2.3   Extra psychologische taken – 49
2.3.1   Taak 1. De scheiding begrijpen – 50
2.3.2   Taak 2. Losmaken van het conflict van je ouders – 52
2.3.3   Taak 3. Omgaan met verlies – 56
2.3.4   Taak 4. Oplossen van boosheid en (zelf)verwijt – 58
2.3.5   Taak 5. Accepteren dat de scheiding voor altijd is – 61
2.3.6   Taak 6. Een kans wagen in de liefde – 63

© Bohn Stafleu van Loghum is een imprint van Springer Media B.V., onderdeel van Springer Nature 2018
T. van den Berg, *Praten met kinderen en jongeren over scheiding*,
https://doi.org/10.1007/978-90-368-1894-0_2

2.1 Inleiding

Kinderen ontwikkelen zich in relatie met anderen (Kohnstamm 2002) en kunnen steeds meer verantwoordelijkheid nemen voor keuzes in het eigen leven. Ouders doen hiervoor hun uiterste best. Nieuwe ouders hebben informatie van anderen nodig over hoe die goede zorg te geven aan hun pasgeboren kind (Gerhardt 2004). De Amerikaanse ontwikkelingspsycholoog Havighurst heeft in 1948 al de term ontwikkelingstaken of ontwikkelingsopgaven gebruikt om in kaart te brengen wat een kind zich in de loop van de jaren eigenmaakt (Kohnstamm 2002). Als een kind afgestemde ondersteuning (opvoeding) krijgt bij het leren en uitvoeren van deze taken en het is in staat deze te ontvangen en er iets mee te doen, volgt over het algemeen een min of meer harmonieuze ontwikkeling. Bij kinderen met een lichamelijke beperking, een verstandelijke beperking of met een stoornis in de persoonlijkheidsontwikkeling verloopt de ontwikkeling anders (NCJ 2016). Ook dan proberen ouders of andere opvoeders de opvoeding zo goed mogelijk af te stemmen op de behoeften van een kind. Bij scheiding vraagt het begeleiden van deze kinderen extra inspanning en kennis van zowel de bijzondere ontwikkeling als van de gevolgen van de scheiding.

De ouder-kindrelatie is een unieke relatie, waarin altijd sprake is van wederzijdse beïnvloeding. Dit maakt het voor kinderen mogelijk om invloed uit te oefenen op de gebeurtenissen rondom de scheiding van hun ouders. Kinderen die weten wat hun extra psychologische taken zijn en met behulp daarvan reflecteren op hun persoonlijke situatie, kunnen zelf een bijdrage leveren aan het zo goed mogelijk doorlopen van het scheidingsproces.

2.2 Ontwikkelingstaken voor kinderen van nul tot achttien jaar

Kinderen hebben andere volwassenen en andere kinderen nodig om hun ontwikkelingstaken uit te voeren. ◘Tabel 2.1 geeft een overzicht van de samenhang tussen ontwikkelingstaken voor kinderen en wat daarbij van ouders verwacht wordt qua opvoeding. Gedurende de periode van nul tot achttien jaar speelt de kwaliteit van de ontwikkeling van de verschillende gebieden een belangrijke rol in het leven van een kind. De ontwikkelgebieden voor kinderen zijn:
1. lichamelijke ontwikkeling;
2. verstandelijke ontwikkeling;
3. sociale ontwikkeling;
4. emotionele ontwikkeling;
5. seksuele ontwikkeling.

De ontwikkeling stopt niet na het achttiende jaar; een mens blijft zich ontwikkelen en vormen (Lievegoed 2010; Weisfelt 2002). De indeling in ◘tab. 2.1 suggereert dat er kennis is die het domein van ontwikkeling en opvoeding volledig omvat. Ramaekers en Suisse (2012) plaatsen daar vraagtekens bij en nodigen de lezer uit tot kritische reflectie.

Tabel 2.1 Ontwikkelings- en opvoedingsopgaven. (Bron: Nederlands Centrum Jeugdgezondheid. Richtlijn Opvoedondersteuning. ▶ www.ncj.nl 2016)

periode	ontwikkelingsopgaven	opvoedingsopgaven
baby	lichaamsbeheersing veilige hechting dag-nachtritme ontwikkelen	soepele verzorging responsiviteit voorspelbare omgeving
dreumes/peuter	exploratief spel autonomieontwikkeling uitdrukken door taal grenzen accepteren	veiligheid in huis bewaken emotionele basis bieden regels introduceren praten/benoemen taal- en spelstimulering
schoolkind	sociale vaardigheden omgang met leeftijdgenoten positief zelfbeeld actieve leerhouding schoolse vaardigheden moreel besef zelfredzaamheid	positieve stimulans omgang met leeftijdgenoten bevorderen sociaal gedrag stimuleren onderwijsondersteunend gedrag uitleg en instructie eigen taken geven
puber	emotionele zelfstandigheid omgang met andere sekse seksuele identiteit eigen waardensysteem school- en beroepskeuze probleem oplossen	enige tolerantie voor experimenten toezicht houden emotionele steun bieden leeftijdsadequaat grenzen stellen

2.3 Extra psychologische taken

Wallerstein en Blakeslee (1989) beschrijven de psychologische taken voor kinderen en ouders die zich aandienen bij scheiding. Deze taken komen bovenop de normale opgaven. Het uitvoeren van deze taken helpt kinderen actieve en kritische deelnemers te worden in het proces van scheiden, waardoor zij het scheidingsproces op een positieve manier kunnen beïnvloeden.

De psychologische taken voor kinderen zijn:
1. de scheiding begrijpen;
2. losmaken van het conflict van je ouders;
3. omgaan met het verlies;
4. oplossen van boosheid en zelfverwijt;[1]
5. accepteren dat de scheiding voor altijd is;
6. vertrouwen in de liefde.

Bij de training '!JES het brugproject (8–12 jaar)' en bij '!JES jongeren (12 +) & hun ouders' worden de psychologische taken als uitgangspunt gebruikt (Berg en Wilbrink 2006).

---

1 Taak 4 en 5 uit de oorspronkelijke tekst zijn hier samengevoegd in taak 4 in navolging van het trainingsprogramma '!JES het brugproject'. Zie voor afbeeldingen van deze taken bijlage 1.

2.3.1 Taak 1. De scheiding begrijpen

De eerste etappe

De eerste taak, zie ◘fig. 2.1, bestaat uit twee etappes. De eerste etappe houdt in dat kinderen weten wat een scheiding is en wat die concreet voor hen betekent. De meeste kinderen horen hierover tijdens het paraplugesprek, zoals beschreven in ▶H. 1. Als zo'n gesprek goed wordt voorbereid en er aandacht is voor de kinderen, noemen Pinedo en Vollinga (2014) dit een 'goed rotgesprek', omdat voor bijna alle kinderen de boodschap pijnlijk is. Dat is niet te voorkomen, hoe ouders het ook doen. Er zijn meerdere gesprekken nodig om te begrijpen wat een scheiding inhoudt en wat de consequenties zijn, zelfs na goede informatie en uitleg (Delfos 2002). Ouders die met zekere regelmaat met hun kind praten, geven het de kans vragen te stellen, ervaringen te delen, te vertellen wat er goed gaat en oplossingen te zoeken voor ongemak of problemen. Dit geldt voor jonge kinderen en voor jongvolwassenen.

- **Informatie en contact**

Het zal per kind verschillen welke informatie het wil hebben en op welke manier het deze informatie goed kan ontvangen. De ouder stemt de informatie af op de leeftijd en mogelijkheden van het kind. Door een goed begrip van de scheiding en doordat het kind steeds beter zicht krijgt op de consequenties van de scheiding, kan een kind stilstaan bij de eigen behoeften, hier aandacht voor vragen en eventuele oplossingen afstemmen op de behoeften van anderen. Als een kind dat leert, heeft het een goede basis voor het uitvoeren van de andere psychologische taken.

Voor ouders is het belangrijk contact te blijven houden met de kinderen en hen de kans te geven om op hun eigen manier te reageren op de aankondiging van de scheiding. Zoals eerder gezegd, houden sommige kinderen zich stil, omdat ze de ouders willen sparen of zelf overdonderd worden door gevoelens. Dat een kind zich stilhoudt, heeft meestal niets te maken met het wel of geen vertrouwen hebben in de ouder(s). Een kind dat bijvoorbeeld nog weinig hobbels is tegengekomen in het leven, heeft geen idee waarom 'praten over iets' helpt en heeft vaak nog geen woorden voor wat hem of haar overkomt. Het praten over de scheiding is in het begin lastig en hoogstwaarschijnlijk pijnlijk. Een kind ervaart al snel dat erover praten moeilijk is en het zich daarna ook nog verdrietig voelt. Het is begrijpelijk dat kinderen dan vinden dat praten niet helpt en dat zij praten willen vermijden. Kinderen die niet praten over wat zij denken, voelen en ervaren, lijden vaak in stilte. Zij maken zich bijvoorbeeld zorgen over: "Hoe moet het nu met het geld nu papa geen werk heeft?"

> **Olga**
>
> Olga (7 jaar) is erg verdrietig in de weken nadat haar ouders haar geïnformeerd hebben over hun scheiding. Haar moeder praat er nog een keer over en vraagt haar wat ze onthouden heeft van het vorige gesprekje. Olga zegt huilend: "Dat papa en jij elkaar nooit meer willen zien en daar wil ik niet over denken!"

◘ **Figuur 2.1** Taak 1 voor kinderen

- **Informatie verwerken**

Informatie die veel indruk maakt en gevoelens oproept, veroorzaakt spanning en wordt niet volledig gehoord of zelfs verkeerd begrepen. Dat is ook een reden om tijdens meerdere momenten met kinderen te praten over de scheiding. Er zijn kinderen die graag met iemand willen praten over hun ervaringen, ook met hun ouders of met de leerkracht. En toch lukt dat soms niet. Veel volwassenen vinden het zelf moeilijk om met kinderen te praten over pijnlijke gebeurtenissen of pijnlijke gevoelens. Meestal kunnen zij er niet tegen om een kind verdrietig of boos te zien. Sommigen denken bovendien dat ze het verdriet van kinderen met praten verergeren. Soms willen kinderen graag met een buitenstaander praten, bijvoorbeeld om 'hun hart te luchten', maar ook om een probleem aan te pakken.

- **Ouders met grote (onderlinge) problemen**

Ouders, die aan het begin van het scheidingsproces grote conflicten hebben en zich vooral daarmee bezighouden, hebben meestal weinig of geen oog voor hun kinderen. De kinderen van deze ouders zijn vaak slecht geïnformeerd. Kinderen die weinig of niets te horen krijgen over de betekenis van de scheiding en over de gevolgen ervan, vullen zelf de ontbrekende informatie in. Zij bedenken redenen of argumenten voor iets wat ze niet goed weten en gebruiken hier informatie voor die ze zijdelings meekrijgen van de ouders, van familie of van de andere kinderen uit het gezin. De manier waarop een kind de ontbrekende informatie invult, verschilt per kind en is afhankelijk van onder andere de leeftijd van het kind en van wat het kind al heeft meegemaakt. Veel kinderen weten te weinig over wat de scheiding inhoudt, en wat ze wel weten, klopt niet altijd, waardoor ze zich lange tijd onnodig zorgen maken.

> **Elin**
>
> Elin (7 jaar) praat niet veel over de scheiding, ze weet er ook niet veel van. Ze zegt tegen haar vader en moeder dat het goed met haar gaat en tegen de juf vertelt Elin over de ruzies van haar ouders. Elin vertelt aan haar oma dat zij daar nooit zoveel last van had, zij deed gewoon haar dekens over haar oren en hield haar konijn bij zich als papa en mama schreeuwden. Dat is nu over, want papa is nooit meer thuis. Op school vertelt Elin aan haar vriendinnetje dat haar ouders gaan scheiden, omdat papa heel ver van zijn werk woont en daarom altijd te laat thuis is en niet mee kan eten. "Hij wil graag ergens anders gaan wonen, dichter bij zijn werk." De juf vangt het gesprekje toevallig op.

De tweede etappe

De tweede etappe komt meestal later, in de (jong)volwassenheid, als meer nuance en begrip mogelijk zijn voor datgene wat geleid heeft tot de breuk tussen de ouders. Daar is afstand voor nodig. Doordat jongeren zelf intieme relaties aangaan, krijgen zij zicht op de complexiteit van dergelijke relaties en kunnen ze beter begrijpen waarom hun ouders voor de scheiding hebben gekozen. Kinderen die zelf inzet geworden zijn van het conflict van hun ouders en ook vanuit het conflict reageren op de scheidingssituatie, krijgen dit begrip meestal niet en daarmee ook niet de rust en ontspanning die dit begrip met zich mee kan brengen.

2.3.2 Taak 2. Losmaken van het conflict van je ouders

> » Kinderen en adolescenten moeten zo gauw mogelijk na de scheiding doorgaan met hun leven, om hun normale activiteiten op school en in het spel te hervatten.
> (Wallerstein en Blakeslee 1989, pag. 334)

Het is normaal en waardevol dat kinderen zich iets van de scheiding aantrekken, dat zij bezorgd zijn en meeleven met hun ouders. Een kind doet voor de ouders wat het kan en dat is goed. Een sensitieve reactie hierop van ouders versterkt het gevoel van eigenwaarde en het zelfvertrouwen. Deze sensitieve reactie kan bijvoorbeeld inhouden dat een ouder laat merken dat het waardeert wat een kind doet en daarbij ook als grens aangeeft dat een kind niet voor de ouder kan zorgen. Het is belangrijk dat een kind zich vooral weer bezig kan houden met de dingen van zijn eigen leven. Daarbij leert het ook rekening te houden met anderen. De conflicten, problemen en gevoeligheden van de ouders vallen onder de verantwoordelijkheid van de ouders en niet onder die van de kinderen.

Kritisch nadenken

Om zich los te kunnen maken van het conflict van hun ouders, is het belangrijk dat kinderen kritisch leren denken over hun situatie (◘fig. 2.2). Dit is belangrijk om hen weerbaar te maken tegen eventuele kwade bedoelingen van de ouder(s). Te denken valt aan het sluipende proces van oudervervreemding (Baker en Fine 2014). Kinderen die niet kritisch leren denken, kunnen onjuiste uitspraken van een ouder voor waar aannemen. Langdurig bestookt worden met deze onjuistheden voert de druk op deze kinderen te hoog op, waardoor zij de loyaliteit voor één ouder laten ondersneeuwen om van die problemen af te zijn. Gardner (1998) heeft dit destijds beschreven als het *Parental Alienation Syndrome* (PAS). Zoals Gardner het beschrijft, is het nog steeds een omstreden syndroom, hoewel veel professionals het proces van oudervervreemding herkennen.

Hulp van ouders

Ouders kunnen helpen bij deze taak door kinderen af te schermen van hun ouderlijke problemen, emoties en gekwetstheden. Kinderen kunnen zelf moeite doen om zich los te maken van het conflict van de ouders door zich er niet mee te bemoeien. Het is onvermijdelijk dat kinderen weten van het bestaan van ouderlijke problemen. Zij kunnen zich er echter actief tegen beschermen. Doen zij dit niet, dan is dat uit liefde en zorg voor de ouders. Het kan dan ook een hele opluchting zijn als zij van een professional horen dat het juist goed is om zich buiten het conflict te houden.

Gesprekje moeder en zoon

Gesprekje tussen moeder (M) en zoon (Z) van 6 jaar.

Z. "Ik word zo boos als jullie ruzie maken. En ook verdrietig. Daarom schreeuw ik dat jullie op moeten houden."

M. "Dat dacht ik al. Wat is dat naar voor je zeg. Wij moeten dat ook niet doen als jij in de buurt bent. Het is heel akelig."

Z. "Ik wil dat jullie weer lief doen tegen elkaar."

M. "Ja, dat proberen we ook en nu lukt het nog niet goed. Dat verandert vast wel weer hoor. Wij moeten daar ons best voor doen. Jij kunt daar niets aan veranderen. Papa en mama moeten nog problemen oplossen. Jij kunt dat ook niet voor ons."

Z. Luistert aandachtig.

M. "Nu papa en ik nog allebei hier wonen, zal het toch nog wel eens gebeuren dat wij ruzie krijgen. Dat weet ik bijna zeker. Nu weet ik van jou hoe akelig dat is. Wij doen heel erg ons best dat het niet gebeurt. Toch wil ik samen met jou iets bedenken wat je kunt doen als het niet lukt. Heb jij een idee?"

Z. "Nee, jullie moeten het niet doen."

M. "Daar heb je gelijk in. Wij doen ons best. Toch wil ik iets voor jou bedenken als het ons niet lukt. Bijvoorbeeld dat je naar Marjan kunt gaan."

Z. (Denkt na.) "Ja, dat kan ik doen en dat wil ik wel. Ik kan ook eerst mijn knuffels tegen mijn oren doen en kijken of jullie snel stoppen. Als het lang duurt ga ik dan naar Marjan."

M. "Dat is een goed idee. Zullen we dat uitproberen? Ik hoop dat het niet nodig is, omdat wij zullen proberen geen ruzie te maken als jij erbij bent."

◘ Figuur 2.2 Taak 2 voor kinderen

■ **Ouders met blijvende conflicten**

Ouders die conflicten houden, vragen veel van kinderen. In die situaties raken kinderen snel overbelast. Deze kinderen krijgen te weinig of geen hulp van hun ouders. Dan is professionele hulp noodzakelijk.

> **gesprek mentor en leerling**
> Gesprek tussen docent-mentor (D) en een leerling (L) van 14 jaar.
> D. "Wij hebben elkaar pas gesproken en jij vertelde toen dat je ouders gaan scheiden. Ik weet dat dit voor veel jongeren ingrijpend is. Hoe is dat nu voor jou?"
> L. "Ach, ze hadden altijd al veel ruzie. Ik vond het wel een goed idee."

2.3 · Extra psychologische taken

> D. "Oké, jij vond het wel een goed idee. En nu? Wat vind je er nu van?"
> L. "Het is nu echt klote, sorry voor het woord hoor, maar het is echt zo! Zij maken nog meer ruzie en ook veel erger."
> D. "Ja, dat is rot zeg."
> L. "Ik probeer er wel op te letten hoor, dat ze het niet doen. Mijn spullen opruimen, even vragen of ik een boterham zal klaarmaken voor mijn moeder, zodat ze niet met mijn vader in de keuken moet zijn. Maar ik word er gek van. Het helpt ook niet."
> D. "Man, wat probeer je je best te doen. Wat denk je?"
> L. "Nou, dat ze dan misschien stoppen met ruzie maken. Op z'n minst."
> D. "Ja, dat kan ik mij voorstellen. Ik hoor het ook van andere jongeren dat ze er moeite mee hebben. Toch weet ik ook dat kinderen niets aan de problemen van de ouders kunnen doen."
> L. "Dat klopt ook wel. Het helpt niet echt. Maar ik heb er wel genoeg van."
> D. "Precies! Dat hoor ik ook vaak. Weten je ouders dat?"
> L. "Nee, ik praat daar echt niet met ze over hoor."
> D. "Waarom niet?"
> L. "Ik ga niet aan hun hoofd zeuren. Straks zitten ze te bekken op mij."
> Het gesprek gaat verder en uiteindelijk wil de leerling toch proberen om met zijn ouders te praten.

Sommige kinderen vinden het een opluchting om te horen dat zij voor zichzelf kunnen opkomen en dat dit geen uiting is van 'brutaal-zijn'. Zij kunnen hun last kenbaar maken en leren dat zij invloed kunnen uitoefenen op het gedrag van de ouders. Kinderen ervaren wat die beïnvloeding met hen en met hun ouders doet (Sabine Braake 2016) en ontdekken zo hun mogelijkheden om voor zichzelf op te komen en rekening te houden met anderen uit het gezin. Andere kinderen zijn sterk betrokken bij hun ouders en zijn ervan overtuigd dat hun inzet voor hen de enige juiste is.

Sharon

> Sharon (17) is begaan met haar vader. Zij maakt zich zorgen over hem. Het is in zijn huis vaak een troep. Heel vaak gaat zij op vrijdag snel naar de supermarkt om wat boodschappen te doen, omdat er dan niets te eten in huis is. Haar vader heeft het moeilijk met de scheiding en de veranderingen. Hij wilde niet weg uit zijn gezin en mist de gezelligheid. Sharon wordt boos als zij over deze taak hoort, ze heeft daardoor het gevoel dat ze niet voor haar vader kan doen wat zij wel wil en zegt: "Ik laat mijn vader echt niet in de steek."

De combinatie van een zorgzame en betrokken dochter en een vader die dat goed kan gebruiken, zorgt ervoor dat de ontstane situatie misschien langer in stand blijft dan goed is voor de ontwikkeling van Sharon. Zij kan hier zelf iets aan doen, bijvoorbeeld door met haar vader te praten over haar zorgen over hem. Rond een dergelijke casus kunnen er meer vragen ontstaan, zoals: "Zou haar moeder er ook bij betrokken moeten worden?

Of versterken dat de problemen van vader vanwege moeders mening ("vader is een lapzwans") en hoe beledigend is dat voor Sharon? Kunnen de ouders samen de verantwoordelijkheid nemen voor de moeilijkheden van vader die ontstaan zijn door de scheiding? Kan vader zelf oplossingen zoeken voor zijn moeilijkheden en moet hij daarop aangesproken worden door een professional?"

2.3.3 Taak 3. Omgaan met verlies

Bij een scheiding krijgen kinderen met verschillende soorten verlies te maken. Het verlies beïnvloedt het leven na de scheiding ingrijpend. Kinderen krijgen een flinke taak (zie ▶fig. 2.3) Zij krijgen als gevolg van de scheiding bijna altijd te maken met minimaal twee ingrijpende vormen van verlies. Ten eerste het verlies van het gezinsleven en ten tweede het verlies van de vanzelfsprekende aanwezigheid van beide ouders. De meeste kinderen wonen na de scheiding vooral bij hun moeder en hebben te maken met een omgangsregeling met hun vader. Volgens gegevens van het CBS (▶www.cbs.nl, 2016) heeft 45 % van de kinderen meerdere keren per week contact met hun vader. 14 % van de kinderen heeft zelden of nooit contact met hun vader. Bijna een kwart van de stellen kiest bij scheiden voor co-ouderschap, in 2015 was dat 22 %, dat is weer meer dan het jaar daarvoor; er is een stijgende trent te zien.

- **Verlies van de vanzelfsprekendheid van het gezinsleven**

Het gezinsleven biedt over het algemeen veiligheid. Allereerst in de vorm van bescherming die geboden wordt door *twee* mensen. Als ouders samen activiteiten ondernemen en samen de zorg dragen voor de kinderen, dan voelen kinderen die veiligheid en geborgenheid. Zelfs als één ouder minder of veel minder deelneemt aan het gezinsleven, doordat deze bijvoorbeeld veel werkt, dan nog ervaren kinderen het gevoel van samenzijn. Een ouder kan voor de scheiding de gezinstaken grotendeels alleen uitvoeren en op basis daarvan denken dat het verschil voor een kind na de scheiding niet zo groot is. In de praktijk blijkt dat een kind het verschil wel sterk ervaart, omdat het die taakverdeling tussen ouders als normaal heeft ervaren en nu papa of mama mist. Een papa en mama samen zijn gevoelsmatig sterker dan een papa en mama afzonderlijk. Na de breuk voelen kinderen zich onder andere hierdoor in eerste instantie dan ook minder veilig. Dat gaat vaak gepaard met gevoelens van angst en onzekerheid.

> **Han**
>
> Han (9 jaar) stapt bij zijn moeder in de auto. De bijrijdersstoel blijft leeg. Hij zegt tegen zijn moeder: "Nu mis je papa zeker wel, ons racemonster! Heb je de deur op slot gedaan?"

- **Verlies van de vanzelfsprekende aanwezigheid van ouders**

Behalve het verlies van de veiligheid van het gezinsleven, verliest een kind de vanzelfsprekendheid van de aanwezigheid van de ouders. Het kind mist altijd een

2.3 · Extra psychologische taken

● **Figuur 2.3** Taak 3 voor kinderen

van de ouders. Als zij leren wat hen op die momenten helpt, en als zij ervaren dat de ouders er ook in die situatie voor hen blijven, kan het gemis en verdriet of de boosheid erover verminderen. Door te ervaren dat zij zelf ook invloed kunnen uitoefenen op het contact met hun ouders, ervaren zij weer vertrouwen in de mogelijkheden en in zichzelf.

> **Inge en Peter**
>
> Inge (8 jaar) hoort tijdens het paraplugesprek dat zij haar vader na de scheiding één keer per maand kan zien. Zij is er verdrietig over. Haar broer Erwin (13 jaar) heeft er geen problemen mee. Hij vindt dat zijn vader er geen op recht heeft hem zo vaak te zien. De ouders praten met hun kinderen over de verschillen die er zijn en dat ieder kind anders reageert. De vader zal regelen dat hij Inge extra kan zien. Erwin krijgt begrip voor zijn boosheid op zijn vader.
> Peter (13 jaar) vertelt zijn mentor dat hij met zijn vrienden graag voetbalt. Tijdens het praten over deze taak zegt hij: "Ik laat ze echt niet merken dat ik mijn vader mis, ik praat er niet over." Hij heeft het idee dat zijn vrienden niet zoveel voor hem betekenen en dat vindt hij jammer. Tijdens het gesprek realiseert hij zich dat het voetballen hem helpt zijn verdriet en gemis even te vergeten. Hij kijkt nu anders aan tegen die vrienden en waardeert hen meer.

■ **Geen aandacht voor gevoelens**

Er is soms weinig of geen of aandacht voor gevoelens van verlies bij kinderen. De ouders praten er niet over en anderen in de nabijheid van een kind ook niet. Soms durft een kind zich niet te uiten, omdat anderen in het gezin dit soort gevoelens afwijzen.

Lia

Lia (8 jaar) ziet haar vader één keer per maand en zij mist hem vaak. Haar vader mist haar ook. Dat vindt Lia zielig. Daar praat zij niet over. Haar oudere broer Delano van 13 jaar, denkt er niet over om vaker naar zijn vader te gaan. Hij vindt het "net goed voor zijn vader en zijn eigen schuld, had hij maar niet moeten frauderen in de zaak". Lia laat haar verdriet steeds minder zien. 's Avonds in bed huilt zij als haar moeder weer beneden is en niemand haar hoort.

2.3.4 Taak 4. Oplossen van boosheid en (zelf)verwijt

Een scheiding is het gevolg van een vrijwillige beslissing van minimaal een van de ouders om de partnerrelatie te beëindigen. Het is een gevolg van moeilijkheden van en tussen ouders die zij niet (kunnen) oplossen. Scheiden komt bij kinderen over als iets dat ouders in de hand hebben, waar hun ouders invloed op hebben en dat hun ouders dus ook hadden kunnen voorkomen. Zij voelen zich boos over wat hen overkomt en wat hen 'aangedaan' wordt. Zij beschouwen de ouders als schuldigen, of op zijn minst een van hen. Soms denken kinderen dat zij zelf de schuldige zijn. Het is belangrijk dat deze begrijpelijke gevoelens op den duur verminderen en het liefst oplossen (zie ◘ fig. 2.4.).

Jort en Gerard

Jort (8 jaar) denkt dat het zijn schuld is. Hij was altijd boos op zijn vader, omdat zijn vader veel drinkt en veel bezig is met gamen. Jort dacht toen wel eens: als papa nu maar weg was, dan is het weer gezellig thuis. Op een dag gaat papa inderdaad weg, omdat het huwelijk hem te veel stress geeft. Jort krijgt hierover geen achtergrondinformatie. Zijn ouders zeggen alleen tegen hem dat zijn vader ergens anders gaat wonen. Na twee weken weet Jort zich geen raad met zijn gevoelens; hij mist zijn vader erg. Hij praat erover met zijn juf en zij helpt hem om met zijn ouders te praten, zodat hij weet dat hij niet schuldig is.

Gerard (8 jaar) heeft, net als Jort, ook gedacht dat het goed zou zijn als zijn vader weg zou zijn. De laatste tijd wordt Gerard namelijk erg boos op zijn vader als deze weer eens teveel heeft gedronken. Ook Gerard hoort op een bepaald moment van zijn ouders dat zij gaan scheiden. Zij vertellen hem tijdens een parapluegsprek dat ze niet meer bij elkaar willen wonen, omdat ze niet meer van elkaar houden. Zijn vader vertelt dat hij er verdrietig van is en de laatste tijd te veel heeft gedronken. Hij zegt tegen

 Figuur 2.4   Taak 4 voor kinderen

Gerard dat hij de fles zal laten staan als Gerard komt. De eerste keer dat Gerard naar zijn vader gaat, is het spannend voor hem. Zijn ouders zien dat en vragen hem hier allebei afzonderlijk naar. Die gesprekjes zijn voldoende voor Gerard om te ontspannen en hij slaapt die eerste nacht bij zijn vader goed.

- **Hulp van ouders**

Boosheid vermindert of lost zichzelf op als ouders vanaf het begin verantwoordelijkheid nemen voor het feit dat het hen niet gelukt is om de relatie in stand te houden. Schuldgevoelens of zelfverwijt verdwijnen ook als ouders beiden openlijk de verantwoordelijkheid nemen voor hun aandeel in het verbreken van de relatie.

- **Verwerken van gevoelens**

Veel kinderen 'kiezen' ervoor om hun boosheid óf niet te voelen óf niet te uiten. Het verwerken van gevoelens is een proces en dat vraagt tijd. Soms tot in de volwassenheid. Veel kinderen leren pas na verloop van tijd dat hun ouders ook fouten maken en krijgen pas later begrip voor de scheiding.

Erin

Erin was vijftien toen haar ouders scheidden. Haar moeder verliet het gezin om een ander leven te leiden, omdat ze haar huwelijk een vergissing vond. Dat is inmiddels 23 jaar geleden, en haar eigen kinderen zitten al op het voortgezet onderwijs. Toch is het Erins vader nog steeds niet gelukt om een eigen leven op te bouwen. Erin staat hem zoveel mogelijk bij. Met haar moeder heeft zij nauwelijks contact. Zij voelt zich nog steeds boos. Er is ook bijna geen contact tussen de kleinkinderen en hun oma. Dit verandert als de moeder van Erin ernstig ziek wordt. Het zien van het broze lichaam van haar moeder vermindert Erins boosheid. Er komen herinneringen boven aan de tijd dat ze jong was en dat ze het goed had met haar moeder.

■ Erkenning en vergeving

Kinderen die van hun ouders erkenning krijgen voor het leed dat hen is aangedaan, kunnen hun ouders vergeven (Hellinger 2010), waarmee ze respect aan hun ouders tonen voor de keuzes die zij in hun leven maakten. Kinderen kunnen op latere leeftijd dankbaar zijn voor datgene wat ze van hun ouders geleerd hebben en met deze kennis beslissen hoe zij dit soort dingen in hun volwassen leven zelf willen doen. Dit laatste kan vooral als iemand kan accepteren dat mensen fouten maken. Als die acceptatie ontbreekt, ontstaat er krampachtigheid in het gedrag (Claassen 2015). Boosheid oplossen lucht vooral op. Een belangrijk gevolg van het verminderen van de boosheid op een of beide ouders, is dat een kind zich bevrijdt van identificatie met een ouder als de boosdoener en/of het slachtoffer. Door afstand te nemen van het leven van de ouder als boosdoener en/of slachtoffer en zich daarin niet te mengen, krijgt een kind de mogelijkheid een eigen leven te leiden, in plaats van in de voetsporen van de ouders te treden.

■ Blijvende ernstige conflicten van ouders

Als de ouders ernstige conflicten houden en hun kinderen daarvoor niet afschermen, raken de kinderen betrokken bij of ingezogen in het conflict van de ouders. Kinderen die een van de ouders actief van zich afhouden, ondervinden daarvan zelf ernstige problemen. Die problemen erkennen zij niet op dat moment, maar pas later, als zij meer nuances kennen en de problemen van de ouder(s) beter kunnen begrijpen. Sommige kinderen blijven hun ouders 'straffen' voor hun daden. Dit doen zij bijvoorbeeld door de ouder niet meer te willen zien of door voortdurend te letten op wat niet goed gaat bij die ouder. Hellinger (2010) schrijft dat kinderen zich niet dienen te mengen in zaken van ouders.

> » […], anders worden ze heimelijk rechter over hun ouders en daarvoor bestraffen ze zichzelf enorm, dat gaat tegen alle ordening in. Dat gaat kinderen niks aan. De schuld van ouders gaat de kinderen niks aan. Het is moeilijk voor kinderen om zich daarin terughoudend op te stellen, omdat ze misschien heimelijk de schuld voor hun ouders willen dragen. Maar dat is de aanmatiging die tot tragedies leidt. (pag. 33)

Hellinger wijst hier op de verantwoordelijkheid van kinderen om hun eigen positie in het gezin in te nemen. Dit kunnen zij pas als zij goed geïnformeerd zijn over dit soort processen en daarop kunnen reflecteren.

Nol

Nol was dertien toen zijn ouders scheidden. Er kwamen rechtszaken aan te pas en er was veel strijd. Hij was woest op zijn moeder, die het gezin verliet en met haar nieuwe man elders ging wonen. Nol hielp zijn vader als oudste van de vier kinderen zoveel mogelijk. Rond zijn achttiende zoekt hij opnieuw contact met zijn moeder. Zij heeft nog twee kinderen gekregen en die vinden Nol als grote broer erg leuk. Het gaat steeds beter in het contact tussen Nol en zijn moeder, maar dat duurt niet lang. Als er spanning in het gezin van zijn moeder ontstaat omdat de nieuwe echtgenoot ontslagen wordt en het gezin gedwongen moet verhuizen, begint zijn moeder weer drugs te gebruiken, een verslaving die ook speelde toen ze met Nols vader getrouwd was. Dat roept enorme woede op bij Nol en hij wil de nog jonge kinderen beschermen. Hij wordt door zijn moeder terechtgewezen en zij vertelt hem dat hij zich er niet mee te bemoeien heeft. Dan neemt Nol een definitief besluit: hij wil zijn moeder nooit meer zien. Dit houdt hij vol en hij gaat ook niet naar haar begrafenis. Nol is inmiddels 47 en begint aan zijn derde relatie. Met geen van zijn kinderen uit zijn vorige relaties heeft hij nog contact.

2.3.5 Taak 5. Accepteren dat de scheiding voor altijd is

Kinderen ervaren in het dagelijks leven al snel de gevolgen van een scheiding. De ouders verdelen de bezittingen, ze praten anders met en over elkaar, een van de ouders zoekt een ander huis, enzovoorts. De signalen zijn duidelijk: de veranderingen zijn definitief. Kinderen die de juiste informatie krijgen van hun ouders, zullen gaan beseffen dat de scheiding voor altijd is (zie ◘ fig. 2.5). De veranderingen waarmee zij te maken krijgen, zijn blijvend. Door te ervaren dat zij daaraan wennen en te merken dat het na verloop van tijd ook weer beter gaat, kunnen ze het definitieve karakter van de scheiding accepteren. Een kind dat de scheiding geaccepteerd heeft en de ruimte krijgt om ervaringen te delen, zal dat doorgaans graag doen. Het vertelt open over wat goed gaat en wat kan verbeteren, en zoekt daarbij actief naar oplossingen.

> **Kadar**
>
> Kadar (14 jaar) weet niet veel meer over de scheiding, nu tien jaar geleden. Zijn ouders zijn zonder veel problemen uit elkaar gegaan en ze kunnen nog best met elkaar opschieten. Kadar denkt de laatste tijd meer over de scheiding na. Hij vindt zijn ouders samen best een leuk stel en hij denkt na over waarom ze eigenlijk zijn gescheiden. Tijdens een mentorgesprek praat hij erover. De mentor laat hem verschillende taken zien die jongeren te doen hebben bij een scheiding en vraagt Kadar hoe dat bij hem is gegaan. Hij vertelt dat hij het gek vindt dat hij zijn ouders weer bij elkaar wil zien. Hij praat erover met zijn ouders en voelt zich verdrietig. Zijn ouders waarderen het dat Kadar met hen praat en helpen hem door te luisteren naar wat hem verdrietig maakt en wat hij nu lastig vindt aan de scheiding.

■ **Hopen op het ongedaan maken van de scheiding**

Niet alle kinderen lukt het om het definitieve karakter van de scheiding te accepteren. Zij hebben herenigingsfantasieën als manier om de werkelijkheid te vermijden. Soms houden kinderen de hoop op het ongedaan maken van de scheiding levend door de veelheid of felheid van hun gevoelens te onderdrukken. Door bijvoorbeeld de schuld

Figuur 2.5 Taak 5 voor kinderen

van een scheiding op zich te nemen, kan een kind blijven geloven dat het invloed heeft op de scheiding en die dus ook weer ongedaan kan maken. Deze kinderen lopen vast in de uitvoering van deze taak. Kinderen die na langere tijd nog bezig zijn met de scheiding of er moeite mee hebben, zijn bijna altijd verstrikt geraakt in hun proces. Meestal zijn er nog problemen tussen de ouders. Als tijdens een gesprek hun mening gevraagd wordt over de omgangsregeling antwoorden zij snel: "Ik weet het niet", "Het maakt mij niet uit" of "Het heeft toch geen zin."

- **De ouder helpen**

Sommige kinderen accepteren de scheiding niet als definitief om daarmee de andere ouder te helpen (Hellinger 2010). Dit is altijd onbewust. Bijvoorbeeld het kind van een moeder die niet kan accepteren dat haar man bij haar is weggegaan en haar leven niet kan oppakken. Die moeder wijst haar kind steeds op tekortkomingen van de vader. Haar kind kan als steunbetuiging meegaan en de vader ook als slecht afschilderen. Het kind gebruikt dan vaak dezelfde bewijzen als zijn moeder. Dit geeft bij het kind een gevoel van zorg voor de moeder. Meestal beschouwt een kind de ouder waarvoor het dit doet, als een zwakke of zielige ouder. Deze kinderen wijzen dan één ouder hardnekkig af en zijn daar vasthoudend in.

Lena

Tijdens de intake vertelt moeder dat Lena (10 jaar) niet meer naar haar vader wil. Zij heeft het er niet naar de zin. Moeder benadrukt dat Lena van haar altijd naar haar vader mag en dat ze dit aan Lena zelf overlaat. Het blijkt echter ook dat moeder veel kritiek heeft op haar ex-partner, als man en als vader. Zij vindt hem een vader 'van niks.'
Lena vertelt tijdens een begeleiding dat zij het niet prettig heeft met haar vader. Zij vertelt dat ze van haar moeder naar haar vader moet, maar dat het nooit leuk zal worden met hem. Zij zegt: "Hij is geen echte vader voor mij." Lena voelt zich door

hem gekwetst. Zij is ervoor te motiveren om dit met haar vader te bespreken. Tijdens dat gesprek is er aandacht voor de gekwetstheid van Lena en ook voor de goede ervaringen met haar vader. Er wordt een volgend gesprek afgesproken. Lena zegt het gesprek echter af en opnieuw zegt zij dat het nooit beter zal gaan tussen haar en haar vader en dat begeleiding voor haar geen zin heeft. Haar moeder bevestigt dit en zegt dat het precies zo gegaan is als zij al dacht: "Die man is geen knip voor de neus waard."

2.3.6 Taak 6. Een kans wagen in de liefde

- **Moed en inspanning**

Kinderen hebben moed nodig en moeten extra inspanning leveren om opnieuw open te staan voor liefde en trouw. Hoeveel moed er nodig is, is mede afhankelijk van het proces van de ouders. Het is spannend om te ervaren dat ouders uit elkaar gaan en de liefde voor elkaar verloren zijn. Als dit tussen ouders kan gebeuren, dan zou het, in de redenering van kinderen, ook kunnen gebeuren dat ouders de liefde voor hun kinderen kwijtraken. Meestal is dat niet zo, maar kinderen moeten dat vertrouwen eerst wel weer ervaren. Als dat vertrouwen door heftige gebeurtenissen beschadigd is, vraagt deze taak extra inspanning en mogelijk begeleiding. Kinderen die het gelukt is om de eerste vijf taken uit te voeren, beschikken over een basis om ook deze taak tot een goed einde te brengen (zie ◘ fig. 2.6).

Daphne

Daphne (9 jaar) is teleurgesteld in haar vader. Zij heeft zich zorgen om hem gemaakt, omdat hij zomaar weg was. Ze is boos op hem geweest, omdat hij niet bij de uitvoering van het toneelstuk was op school. Een half jaar na de scheiding hebben haar ouders samen met haar gepraat over deze gebeurtenissen en haar uitgelegd dat ze begrijpen hoe rot het voor haar is geweest. Daphne herhaalt haar klachten nog een keer duidelijk en dat lucht op. In de maanden erna verbetert het contact met haar vader.

- **Liefdesrelaties van de kinderen van gescheiden ouders**

Vaak vraagt de taak om te vertrouwen op de liefde van ouders voor henzelf opnieuw aandacht als kinderen zelf liefdesrelaties aangaan. Ondanks alles wat het leven gebracht heeft en ondanks alles wat een kind in de wereld van volwassenen heeft gezien, zal het kind de liefde toch een kans geven.

◘ **Figuur 2.6** Taak 6 voor kinderen

Lieke

Lieke (17 jaar) woont na de scheiding bij haar vader. Haar moeder is acht jaar geleden naar Spanje geëmigreerd en Lieke ziet haar weinig. Ze heeft er ook geen behoefte aan, ze vindt haar moeder egoïstisch en na al die jaren zit ze er niet meer mee. De scheiding ligt ver achter haar en ze heeft wel andere dingen aan haar hoofd. Jort, een jongen uit haar klas, is verliefd op haar. Ze vindt hem wel leuk, maar ze weet niet goed wat ze ermee moet. Haar vrienden begrijpen er niks van. Die vinden verliefdheid juist leuk en Lieke doet er alleen maar moeilijk over.

■ **Extra problemen bij ouders**

Voor kinderen van wie de ouders met elkaar in conflict blijven, vraagt deze taak extra inspanning. Als kinderen betrokken zijn bij of ingezogen zijn in het conflict van de ouders, blijft het conflict ook hen beïnvloeden. Zij hebben niet geleerd om genuanceerd tegen problemen aan te kijken of om de mening van een ander als even waardevol mee te laten wegen als die van henzelf. Wantrouwen speelt een grote rol in het dagelijks leven en dan is het moeilijk om gebruik te maken van kansen die zich aandienen.

Seth

Seth (inmiddels 36 jaar) heeft niet veel geluk in de liefde. Hij vindt zichzelf zo langzamerhand iemand die steeds het verkeerde meisje aantrekt. Hij heeft een goede baan, een mooi huis en hij is een aardige vent. Dat zeggen zijn vrienden tenminste over hem. Laatst had hij een gesprek met een collega en hij vertelde iets over de scheiding van zijn ouders. Zijn vader heeft hij nooit meer gezien en zijn moeder heeft na de scheiding de ene man na de andere gehad. Niemand bleef langer bij haar dan twee jaar. Ook al zo'n pechvogel volgens Seth. Hij maakt er een grapje van en zegt dat hij het van haar heeft. De collega toont begrip en zegt dat dit vast moeilijk voor hem zal zijn. Hij wuift het medeleven weg en zegt dat hij daar al lang geen last meer van heeft.

Praten met kinderen: attitude en technieken

Samenvatting

Praten met kinderen betekent *doen* met kinderen. Hoe jonger de kinderen, hoe vaker de professional iets met hen doet. Het handelen van de professional vloeit voort uit een visie en dit hoofdstuk geeft handreikingen voor het ontwikkelen of aanscherpen van die visie. De spelmaterialen en technieken in dit hoofdstuk bieden keuzes om een kind of jongere uit te nodigen zich te laten horen en zien. Zij moeten eerst bij de professional merken: ik ben belangrijk, ik doe ertoe. Dat is de basis om te praten en te werken, zodat een kind kritisch kan, wil en durft te reflecteren op de eigen situatie. Door deze reflectie is het in staat beslissingen te nemen over wat in zijn leven van belang is en dit te verwoorden. De groep kinderen van gescheiden ouders is geen homogene groep. In dit hoofdstuk worden drie groepen kinderen onderscheiden, gebaseerd op de mate waarin hun ouders hen afschermen voor hun problemen, gevoeligheden en conflicten.

3.1   Inleiding – 69

3.2   Visie op scheiding – 69
3.2.1   Van onmacht naar nieuwe mogelijkheden – 69
3.2.2   Gelijkwaardigheid – 70
3.2.3   Machtsstrijd – 70

3.3   Visie op praten met kinderen en jongeren over de scheiding – 70
3.3.1   Normale hulp – 71
3.3.2   Preventief – 71
3.3.3   Kinderen zelf actief – 71
3.3.4   Ouderlijke problemen en kinderen – 72
3.3.5   Houding van professionals in het algemeen – 75
3.3.6   Gespecialiseerde hulp – 76

© Bohn Stafleu van Loghum is een imprint van Springer Media B.V., onderdeel van Springer Nature 2018
T. van den Berg, *Praten met kinderen en jongeren over scheiding*,
https://doi.org/10.1007/978-90-368-1894-0_3

3.4	**Het gesprek met kinderen en jongeren – 81**	
3.4.1	Woorden geven aan gedrag – 81	
3.4.2	Contact maken en duidelijkheid scheppen – 82	
3.4.3	Normale reacties op een ingrijpende gebeurtenis – 84	
3.4.4	Verwachtingen – 84	
3.4.5	Erkenning geven – 85	
3.4.6	Niet gehoord of onvoldoende gewaardeerd – 86	
3.4.7	Betrokken bij of ingezogen in het conflict van de ouders – 86	
3.4.8	Normaliseren – 86	
3.4.9	Ontspannen, maar niet neerleggen bij een ongezonde situatie – 87	
3.4.10	Slachtoffer – 88	
3.4.11	Herstel van veerkracht – 88	
3.4.12	Vergroten van weerbaarheid – 89	
3.4.13	Vasthoudend – 90	
3.4.14	Uniciteit – 90	
3.5	**Hulpmiddelen voor het praten over de scheiding – 91**	
3.5.1	Algemene materialen – 91	
3.5.2	Scheidingseducatie – 94	
3.5.3	Tekenen – 98	
3.5.4	Opstellingen – 103	
3.5.5	De verbinding tussen ouders en kind – 105	
3.5.6	Verhalen – 108	

3.1 Inleiding

Het uitgangspunt voor het werken met kinderen van gescheiden ouders wordt gevormd door de visie die de professional op scheiden heeft, en is belangrijker dan de middelen of de technieken die de professional ter beschikking staan. Uit de visie volgt de houding en de manier waarop een professional een kind benadert. De keuze voor materialen en technieken is daar dan weer een logisch gevolg van. In dit hoofdstuk wordt een visie op scheiding en een visie op begeleiden van kinderen van gescheiden ouders besproken, waarbij kinderen van ouders die een gecompliceerde of vechtscheiding doormaken, worden uitgelicht. Zoals in de inleiding al is genoemd, wordt er van uitgegaan dat professionals beschikken over basiskennis en -vaardigheden om te praten met kinderen. In dit hoofdstuk staan praten en werken met kinderen en jongeren van gescheiden ouders centraal.

3.2 Visie op scheiding

In ▶H. 1 is besproken dat het meemaken van een scheiding een ingrijpende gebeurtenis is in het leven van een kind. Een scheiding van partners die vanwege de komst van kinderen ouders zijn geworden, is meer dan het ontbinden van een huwelijk of het stoppen van een relatie. Het proces van ouders en dat van kinderen is tezamen het proces van de scheiding en is vanwege de veelheid aan factoren complex.

3.2.1 Van onmacht naar nieuwe mogelijkheden

Bij ouders die gaan scheiden, is de liefde kapot en verloren gegaan. Zij wilden samen oud worden en hun kinderen zien opgroeien tot zelfstandige volwassenen. Die intentie is niet verwezenlijkt. Dit is een stressvolle ervaring voor de ouders, waarbij in het begin gevoelens van schaamte, verdriet en boosheid op de voorgrond staan. Het besef van falen dringt vaak diep door in het leven van ouders en kan existentiële vragen oproepen. Met dit soort gevoelens, ervaringen en vragen starten zij het uit elkaar gaan: "Ik wil niet meer met jou." In het begin ervaren ouders onmacht, omdat het hen samen niet gelukt is de relatie te behouden, onmacht om alles wat praktische geregeld moet worden en ook onmacht om met de veelheid van emoties om te gaan, zoals die van zichzelf, die van de andere partner en die van de kinderen. Daarnaast hebben ouders te maken met de reacties uit de omgeving. Meestal compenseren ouders de onmacht door controle te willen houden of uit te oefenen op de situatie en op anderen. Hiermee komen zij weer 'in controle' en dat voelt beter. Als dat zonder al te veel conflicten lukt, maken deze ouders en hun kinderen een spannende en moeilijke tijd mee, maar komen ze daar met elkaar, zonder al te veel kleerscheuren, toch doorheen. Zij zijn in staat in de nieuwe situatie weer mogelijkheden te zien en de kansen die zich aandienen te benutten.

3.2.2 Gelijkwaardigheid

Ouders die gelijkwaardig zijn, zijn misschien wel gelijk 'aardig', in de zin van vriendelijk. Hiermee wordt de menselijke betekenis van gelijkwaardig aangeduid en niet de juridische, waarbij het onder andere gaat om de evenredige verdeling van financiën en zorg. De menselijke gelijkwaardigheid is van groot belang voor de besluitvorming bij het opvoeden en verzorgen van de kinderen. De ouders zijn de basis die kinderen nodig hebben om met de praktische gevolgen van de scheiding om te gaan. De meeste ouders regelen de scheiding op een goede manier. Zij doen dit zelf of met de hulp die zij geschikt vinden, met de bedoeling om als gelijkwaardige ouders hun kinderen ook na de scheiding op te voeden en te verzorgen.

3.2.3 Machtsstrijd

Er zijn ouders die elkaar niet als gelijkwaardig behandelen. Zonder gelijkwaardigheid ontstaat er machtsstrijd en die ligt vaak mede ten grondslag aan de complexe scheiding. De ene ouder maakt zichzelf machtig door bijvoorbeeld een nee uit te spreken en maakt daarmee de ander onmachtig. Om dat gevoel van onmacht te compenseren, zal de andere ouder, zodra de mogelijkheid zich voordoet, hetzelfde doen. Bijvoorbeeld de ouder die weigert een kind naar de verjaardag van 'de andere' oma te laten gaan tijdens een weekend dat het kind niet bij de ex-partner is. Vervolgens ligt de andere ouder volledig dwars als het gaat om de schoolkeuze van hun kind in groep 8 van het basisonderwijs. Het conflict bepaalt hun denken en gedrag en zij komen daarmee in het patroon van winnen en verliezen, waarbij het zelf winnen, en/of de ander in ieder geval laten verliezen, het voornaamste doel is. Het kind en de belangen van het kind worden wel ingezet, maar niet meer gezien. Het eigen gelijk wordt afgedwongen, vaak via rechtszaken. Hoe langer de conflicten tussen ouders blijven bestaan, hoe meer de kinderen daaronder lijden (Spruijt en Kormos 2014; Amato 1999). Cottyn (2009) spreekt over 'de helse spiralen van een conflict' waarin ouders gevangen zitten en waarop hun kinderen reageren.

3.3 Visie op praten met kinderen en jongeren over de scheiding

> **Visie op praten met kinderen en jongeren bij scheiding, door een professional**
> Kinderen (van gescheiden ouders) zijn zelfstandig denkende mensen in ontwikkeling. Zij oefenen invloed uit op hun ouders en op hun leefomgeving. Met behulp van professionals doen zij dit ook tijdens het proces van de scheiding.

3.3.1 Normale hulp

Ouders en professionals kunnen altijd met kinderen praten over gebeurtenissen, gevoelens en gedachten, ook na een scheiding. Dat soort gesprekjes helpen kinderen in het dagelijks leven. Het valt onder de normale hulp die alle kinderen krijgen tijdens hun ontwikkeling. Te denken valt aan het leren vertellen hoe een verjaardagsfeestje van oma was. Na een scheiding valt onder die normale hulp bijvoorbeeld het samen een koffertje inpakken om naar mama of papa te gaan. Normale hulp is ook dat ouders ervoor zorgen dat kinderen, al of niet onder protest, weer op tijd naar bed gaan als de vakantie is afgelopen. Na een scheiding is het normaal om ervoor te zorgen dat kinderen na een vakantie weer naar de andere ouder gaan, terwijl een kind niet veel zin heeft.

Als ouders of professionals twijfelen over hun aanpak kunnen zij advies of hulp vragen. Deze hulp is gericht op preventie, denk aan opvoedondersteuning of remedial teaching voor een kind. Voor kinderen van gescheiden ouders is er ook preventieve professionele hulp.

3.3.2 Preventief

Kinderen hebben vooral in het begin van het scheidingsproces hulp nodig. Het gaat om scheidingseducatie, om aandacht voor wat er bij hen gebeurt als de scheiding is aangekondigd en in de periode daarna. Met goede informatie kunnen ouders hun kinderen helpen. In het begin ontbreekt het daar vaak aan. Kinderen vragen juist in het begin weinig aandacht om hun ouders niet tot last te zijn. Familie, vrienden en buren houden zich meestal nog stil in afwachting van wat er gaat gebeuren. Het is daarom belangrijk dat professionals binnen de leefomgeving van een kind helpen door wel aandacht aan het kind te geven. Bij het scheidingsproces krijgen ouders namelijk aanvankelijk de meeste aandacht voor hun proces. Uit onderzoek blijkt dat ook kinderen baat hebben bij hulp (Spruijt 2014).

3.3.3 Kinderen zelf actief

Hoe eerder de veerkracht van kinderen na een ingrijpende gebeurtenis herstelt, hoe sneller zij hun weerbaarheid weer optimaal kunnen gebruiken. Dit is belangrijk voor hun eigen herstel, en om zich te beschermen tegen negatieve beïnvloeding door hun ouders of door anderen. Dit geldt voor alle kinderen, of hun ouders hen afschermen van ouderlijke problemen of niet. Als kinderen informatie krijgen over welke gevolgen de scheiding heeft voor henzelf en voor hun ouders, kunnen zij de verschillende processen onderscheiden. Met die kennis gewapend kunnen zij zich actief afschermen van de ouderlijke problemen en zich richten op hun eigen taken. Kinderen die direct hulp krijgen, kunnen leren voelen wat de gebeurtenissen met hen doen en deze gevoelens uiten,

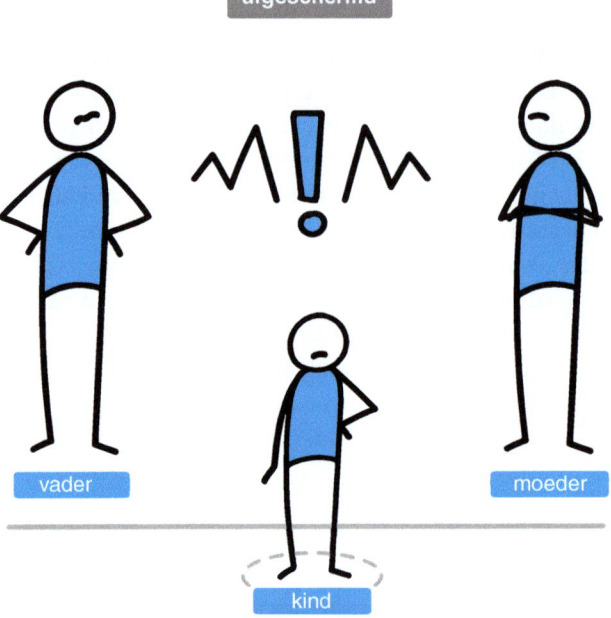

▫ **Figuur 3.1** Groep 1 Afgeschermd voor ouderlijke problemen

om vervolgens na te denken over hun situatie en hun mogelijkheden. Zij krijgen grip op de situatie en dat versterkt hun zelfvertrouwen. Door bij kinderen ook een beroep te doen op hun inlevingsvermogen leren kinderen voor zichzelf op te komen en daarbij tegelijkertijd rekening te houden met anderen.

3.3.4 Ouderlijke problemen en kinderen

Bij een scheiding zijn er grofweg drie groepen kinderen te onderscheiden. Dit onderscheid is gebaseerd op de mate waarin de ouders hun kinderen afschermen van hun ouderlijke problemen, hun gevoelens en hun gekwetstheden. Het is daarbij belangrijk om op te merken dat kinderen geen willoze slachtoffers zijn van datgene wat hun ouders doen. Er is sprake van wederzijdse beinvloeding tussen ouder en kind. Zo kan een kind bijvoorbeeld de ouder steeds uitnodigen en uitdagen om wel te vertellen over ouderlijke problemen. Een kind kan ook actief zijn in het napluizen van informatie over problemen, door bijvoorbeeld stiekum op de mobiele telefoon van de ouder te kijken.
1. Kinderen die door hun ouders afgeschermd worden van de ouderlijke problemen (zie ▫fig. 3.1). Deze kinderen ervaren veiligheid en bescherming van hun ouders, ondanks de problemen als gevolg van de scheiding. De ouders zeggen: "Wij hebben best vaak ruzie en het lukt ons niet om dat nu anders te doen. Jij moet je er niet mee bemoeien, wij lossen het zelf op. Wij kunnen het niet voorkomen dat jij er last van hebt. Wat kunnen wij voor jóu doen, zodat jij er zo min mogelijk last van hebt?" Kinderen van deze ouders kunnen zeggen: "Mijn ouders hebben best vaak

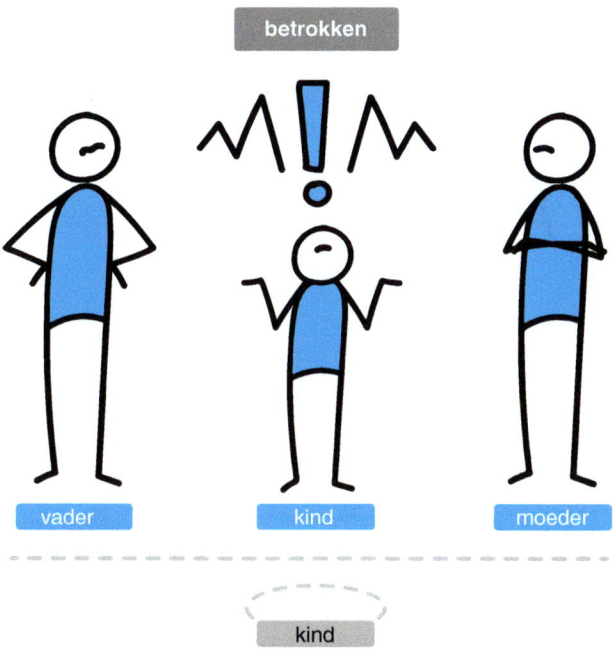

◘ **Figuur 3.2** Groep 2 Betrokken bij de problemen van ouders

ruzie en ze vinden het scheiden hartstikke moeilijk, maar ik denk dat ze het wel oplossen. Ze zeggen dat ik er niets aan hoef te doen en dat merk ik ook wel. Ze maken eigenlijk nooit ruzie als ik in de buurt ben. Pfff… opluchting!" De ouders van deze kinderen nemen hun ouderpositie in en nemen de verantwoordelijkheid om ervoor te zorgen dat hun kind de kindpositie inneemt.

Deze kinderen uiten openlijk hun gevoelens van loyaliteit. Signalen hiervan zijn bijvoorbeeld:
— Onbevangen aangeven van de eigen behoeften, ook als het kind weet dat een ouder daar moeite mee heeft. Het kind heeft besef van eigenheid en heeft ervaren dat er aandacht is voor zijn eigen perspectief, naast dat van de ouders.
— Vertellen wat het gedrag van de ouder oproept. Dit is een aspect van de weerbaarheid van het kind.
— Waarde hechten aan het contact met beide ouders en daar vorm en inhoud aan kunnen geven met beide ouders afzonderlijk. Er is sprake van een actieve en open ouder-kindrelatie.

2. Kinderen die betrokken worden bij de problemen van hun ouders (zie ◘ fig. 3.2). Deze kinderen horen van hun ouders hoe zij over de ander denken en houden daarbij onvoldoende rekening met de behoeften van een kind om liefdevol betrokken te zijn bij beide ouders. Een moeder kan bijvoorbeeld zeggen: "Je vader begrijpt er niks van, daar zal jij ook last van hebben. Ik heb me eigenlijk nooit begrepen gevoeld." Een vader kan bijvoorbeeld zeggen: "Je moeder wilde altijd al haar eigen zin hebben, dat verandert echt niet. Ze is nu eenmaal egoïstisch." Een kind van deze ouders kan zeggen: "Mijn ouders hebben steeds ruzie, het maakt

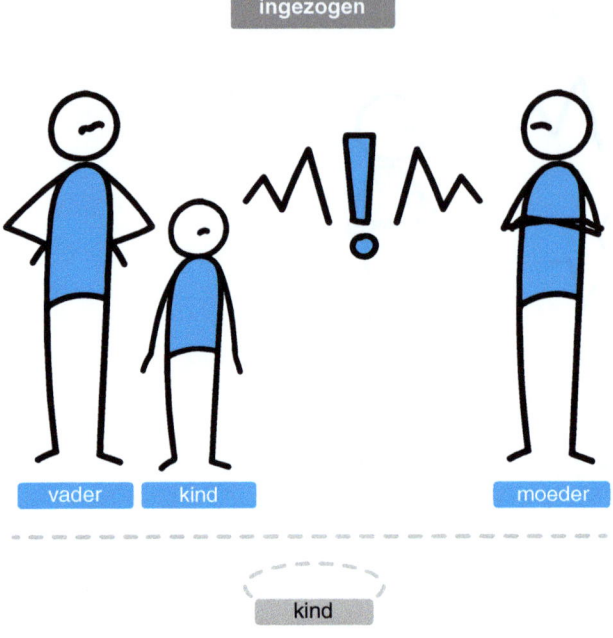

Figuur 3.3 Groep 3 Ingezogen in de problemen van ouders

niet uit wat ik ook doe." De ouders nemen de ouderpositie in en nemen hun kind daarin mee, waardoor het kind niet de kindpositie inneemt. Deze ouders overzien onvoldoende de consequenties van hun handelen en scheppen daarmee verwarring voor zichzelf en de kinderen.

Deze kinderen kunnen een loyaliteitsconflict ervaren, merken zelf dat ze er last van hebben en uiten dit niet altijd openlijk. De signalen hiervan zijn bijvoorbeeld:
– Geen eigen mening geven uit angst om ouders te kwetsen. Een kind wil de ouder(s) niet kwetsen en zegt daarom geen dingen waarvan het weet of denkt dat de ouder dat vervelend vindt. Het loyaliteitsconflict is een signaal van parentificatie en/of te weinig weerbaarheid.
– Niet tegenspreken. Een kind durft of kan de ouder niet tegen te spreken. Het heeft niet voldoende geleerd om tegen een ouder in te gaan of het is bang voor straf of afwijzing. Gevoelens van afwijzing kunnen in de periode van de scheiding als zeer bedreigend ervaren worden.

3. Kinderen die ingezogen worden in de problemen van hun ouders (zie fig. 3.3).

Deze kinderen horen van hun ouders hoe zij over de andere ouder denken, over hun gekwetste gevoelens. De ouder(s) zet(ten) hun kind zodanig in de strijd in, dat het zich gewonnen geeft. Een moeder kan bijvoorbeeld zeggen: "Hij indoctrineert haar helemaal, ik heb geen schijn van kans meer. Ik had het kunnen weten, hij is een laffe hond om haar zo te gebruiken." Een vader kan bijvoorbeeld zeggen: "Hoe zij doet, dat is niet normaal meer. Zeker haar taalgebruik staat mij erg tegen. Zo iemand kan toch niet zorgen voor mijn kind, dat is schadelijk voor haar ontwikkeling." Een kind van deze ouders kan zeggen: "Mijn moeder kiest alleen voor zichzelf, ze was er vroeger ook nooit voor mij. Ik hoef haar niet meer te zien en dat verandert echt niet meer." De ouders nemen hun ouderpositie in en tonen geen opvoedingsverantwoordelijkheid. Het kind is zodanig beïnvloed dat het een keuze heeft gemaakt voor een van beide ouders. Dit leidt tot ernstige problemen.

Deze kinderen ervaren een loyaliteitsconflict zonder openlijke lastervaring. Een signaal hiervan is bijvoorbeeld:

– Afwijzing van de ouder. Het loyaliteitsconflict is mogelijk een combinatie van parentificatie, weinig weerbaarheid bij het kind en kan wijzen op een verstoorde ouder-kindrelatie.

3.3.5 Houding van professionals in het algemeen

Praten met kinderen en jongeren van gescheiden ouders vraagt van professionals een voortdurende reflectie op eigen houding en gedrag. De volgende vragen zijn richtinggevend:

1. Kennen ouders mijn visie van waaruit ik werk met hun kind? Kunnen zij zich daarin vinden en mij daarin steunen?
2. Heb ik voldoende informatie over de leefsituatie van een kind om met het kind te werken?
3. Heb ik een duidelijk doel voor ogen bij het werken met dit kind? Staat het kind daarin centraal of staan anderen centraal?
4. Hoe zorg ik voor consensus over de doelen in de begeleiding?
5. Hoe werk ik zonder het gedrag van de ouders en/of het kind te veroordelen?
6. Hoe zorg ik ervoor dat ik een kind niets voorschrijf en niets opleg?
7. Helpt deze interventie bij een benadering waarin het kind geacht wordt autonoom en medeverantwoordelijk te zijn voor de relatie met de ouder(s)? Neem ik die verantwoordelijkheid misschien over?
8. Lukt het mij om rekening te houden met de behoefte van het kind zich niet geïsoleerd te voelen en het kind aan te spreken als lid van het gezin, en van grotere gehelen, zoals de klas, de school en clubs. Kijk ik voldoende naar de patronen, kaders en effecten die daar van belang zijn?
9. Houd ik het verlangen van een kind om zich te kunnen verbinden met vader en moeder en hun families voor ogen?
10. Wat kan ik betekenen met het oog op het contact tussen kind en ouder(s)?
11. Herstelt de veerkracht van een kind doordat het weerbaarder wordt?
12. Hoe help ik een kind bij het benutten van de mogelijkheden in het netwerk van het kind?
13. Hoe krijg ik zicht op eventuele vermijdingstrategieën van een kind?
14. Geef ik het kind voldoende erkenning voor de ervaren last?
15. Lukt het mij om het tempo van het kind te volgen?
16. Wat heb ik nodig om het werk met dit kind voort te zetten?

3.3.6 Gespecialiseerde hulp

Voor kinderen die betrokken zijn bij of ingezogen zijn in de problemen van hun ouders is altijd gespecialiseerde hulp nodig. Deze kinderen kunnen zich pas richten op het eigen proces als zij hun eigen kindpositie in het gezin innemen. Om kinderen hierbij te helpen, is kennis, aandacht en tijd van een professional nodig. Cottyn (2013, 2016) benadrukt het belang van de houding van de professional die werkt met kinderen van ouders met een scheiding vol conflicten en noemt aandachtspunten voor praten over de scheiding, die zij onontbeerlijk vindt binnen hulpverlening. Deze zijn hier vrij weergegeven:

1. Professionals reflecteren steeds op de eigen positie en erkennen het volgende:
   - Ik krijg onvermijdelijk te maken met mijn eigen partijdigheid als ik werk met ouders die conflicten hebben. Ik ben daar steeds alert op, zodat ik door mijn gedrag of interventies in ieder geval de strijd van deze ouders niet versterk.
   - Het conflict beïnvloedt op een destructieve manier het denken, voelen en doen van ouders. Ik realiseer mij dat en kies interventies waaruit erkenning blijkt voor de positie van de ouders en voor wat zij, gelet op hun ouderschap, voor hun kinderen moeten doen, ondanks hun conflict.
   - Ik ben mij bewust van het feit dat mensen die zich in een conflict bevinden kwetsbaar zijn, ook al is dat aan hun gedrag niet altijd te merken. Hun kwetsbaarheid resulteert vaak in onbegrijpelijke reacties naar de omgeving. Ik zoek steeds naar interventies die de transparantie vergroten, waardoor begrip ontstaat voor dit soort reacties en waarmee zicht komt op de effecten van die onbegrijpelijke reacties.
   - Conflictgedrag wordt veroorzaakt door een vernauwde blik. Ouders die in een conflict verwikkeld zijn, zoeken naar hun eigen gelijk. Hiermee zetten ouders elkaar, anderen en ook mij in ongewenste posities, bijvoorbeeld in die van een voor- of tegenstander. Zij betrekken mij in hun conflict. Door mij hiervan bewust te zijn, ben ik alert op het innemen van mijn positie.
   - Het is niet mijn taak om het conflict van ouders op te lossen. Ik kan hen wel een ander kader bieden om naar de meningsverschillen en conflicten te kijken. Dit kan ouders ontspanning bieden en hoop geven dat zij er in de toekomst toch uitkomen.
2. Professionals maken keuzes:
   - Ik kies ervoor om het conflict niet te bestrijden. Ik onderzoek wat het conflict doet, hoe het werkt bij deze ouders en welke effecten het op hen en hun kinderen heeft. Beckers (2016) adviseert dit ook te doen als anderen het (nog) niet doen. Het is een hulpmiddel om niet meegezogen te worden in het conflict en het niet te versterken. Ik kies hiervoor om de geestelijke gezondheid en het welzijn van ouders en kinderen te bevorderen. Dat is mijn taak. Het in stand houden van strijdpatronen is ongezond en iets wat niemand wil en waar iedereen last van heeft. Ik doe daar niet aan mee.
   - Ik kies ervoor om de ouders alleen nog aan te spreken als ouder. Hiermee zet ik ouders in hun eigen positie. Tijdens een scheiding kan het gedrag van een kind spanning oproepen bij ouders en daarmee ongewild en ongemerkt het conflict

in stand houden. Door deze last van ouders te erkennen, bied ik de ouders een opening om te kijken naar de eigen mogelijkheden en moeilijkheden. "Wat vraagt het veel van jullie om voor je zoon te zorgen nu hij zoveel kritiek heeft op zijn moeder/vader."

- Ik normaliseer het onvermogen van ouders om met elkaar te overleggen als een gevolg van het conflict. Het conflict zie ik niet als legitimatie om niet te kunnen overleggen. "Dat jullie niet met elkaar kunnen overleggen, dat is wel normaal. Dat komt voort uit een conflict. Ik wil met jullie liever nadenken over het vinden van een uitweg uit jullie strijd, die al zo lang duurt. Het zal niet eenvoudig zijn, maar ik nodig jullie uit."
- Ik gebruik in mijn werk met gescheiden ouders het ouderschapsreorganisatiemodel als werkmodel. Daarin staat centraal dat het ouderschap na de scheiding verandert, de ouders moeten het ouderschap reorganiseren. Hun rol als ouder verandert en dat is geen vrije keuze. Dat vraagt veel van deze ouders. Conflicten blokkeren het proces van veranderen. In het verlengde van dit werkmodel ligt dat kinderen na de scheiding verder opgroeien in twee afzonderlijke gezinnen.
- Ik kies ervoor om een kind van gescheiden ouders die langdurig conflicten hebben, te versterken in de positie van kind-zijn. Door te werken aan de sociale weerbaarheid van een kind, passend bij de leeftijd en ontwikkelingsfase, leert het om zelf bij ouders de zorg die het nodig heeft op te roepen. "Bespreek het maar met je vader, dan zie je direct wat het met hem doet als je zegt dat je geen extra nacht bij hem wilt slapen."
- Ik kies ervoor om mijn visie en doel in duidelijke taal te verwoorden. Dit doe ik naar ouders en ook naar kinderen en jongeren, bijvoorbeeld:
  - "Jij bent hier bij mij om te praten over de scheiding van je ouders. Ik wil het er graag met over jou hebben, hoe jij het ervaart."
  - "Jij bent hier bij mij om te praten over de scheiding van je ouders. Ze maken veel ruzie. Ik weet van kinderen dat zij graag meehelpen om die ruzies minder te maken en weer wat meer plezier thuis te hebben. Ik wil daar graag met je over praten, over wat jij kunt doen."
  - "Jij bent vanmiddag hier omdat je ouders mij gevraagd hebben om met je te praten. Ze hebben veel ruzie en komen er samen niet uit hoe ze de vakanties moeten regelen. Nu willen ze van jou horen wat jij ervan vindt. Ik zal ervoor zorgen dat jij geen beslissing neemt, want dat mag niet volgens de wet. Je mag wel je mening geven. Ik ben benieuwd naar jouw mening en of je die mij kunt vertellen terwijl er nu zoveel strijd is tussen jouw ouders."
- Ik kies voor duidelijke taal als er respectloos of denigrerend gepraat wordt over iemand. Ik leg die taal uit als iets dat voortkomt uit de strijd van de ouders, waarbij het kind betrokken is bij of ingezogen is in het conflict van de ouders, bijvoorbeeld:
  - "Dat zijn akelige woorden over je vader. Dat gebeurt bij een conflict. Het heeft vast te maken met hoe boos je op hem bent. Misschien heb je wel veel last van die boosheid."

3. Professionals gebruiken de volgende uitgangspunten:
   - In mijn werk met kinderen zijn boven alles de wettelijke rechten en plichten leidend. Ik confronteer ouders en kinderen met deze rechten en plichten. Het is volgens de wet bijvoorbeeld niet vrijblijvend of een kind wel of geen contact wil met een of beide ouders. In de wet is behoud van contact met de ouders het uitgangspunt.
   - Ik geef aandacht aan de lasten en het verdriet van kinderen, zodat een kind zelf leert te ontdekken wat de gebeurtenissen met hem of haar doen, waarna het kan onderzoeken welke invloed het kan uitoefenen. Een kind vergroot de eigen weerbaarheid, waardoor het ervaart iets zinvols te doen in plaats van machteloos en als slachtoffer de gebeurtenissen te ondergaan.
   - Kinderen van ouders met conflicten brengen de dynamiek van de ouders mee tijdens het praten over de scheiding. Het kind is onderdeel van het spanningsveld van de ouders en is er mogelijk bij betrokken of erin ingezogen. Het volstaat niet om uitsluitend de gedachtegang van een kind te volgen en er begrip voor op te brengen. Ik zie het als mijn taak om tijdens het werken met kinderen andere gezichtspunten in te brengen die mogelijkheden bieden tot verandering. Deze gezichtspunten kunnen nieuw zijn voor kinderen en weerstand oproepen.
   - Ik blijf, ondanks de weerstand van een kind of jongere, vasthoudend en standvastig in het innemen van mijn eigen positie om het kind te ondersteunen. Kinderen die betrokken zijn bij of ingezogen zijn in de conflicten en de problemen van hun ouders zijn fel in hun pogingen om de professional ook mee te voeren in hun kijk op de situatie. Zij demonstreren soms met verzet en boosheid hun onvermogen om het tragische in hun leven te aanvaarden. Zij verdragen geen andere kijk op hun situatie. Het verzet en de boosheid zijn uiting van de frustratie die zij niet kunnen verteren en daaronder ligt verdriet over wat hen overkomt. Ik zie het als mijn taak om draagkracht te creëren bij kinderen en jongeren, zodat zij dit soort moeilijke zaken onder ogen kunnen gaan zien.
   - Ik blijf kinderen ondersteunen, ondanks hun verzet en boosheid die mijn gezichtspunten kunnen oproepen. Dit kan bij mij machteloosheid oproepen, waardoor ik de problemen van een kind wil overnemen door bijvoorbeeld zelf bij de ouders orde op zaken te willen stellen. Daarmee help ik de kinderen uiteindelijk meestal niet. Door bij de ouders op te komen voor de kinderen, loop ik het risico partijdig te worden, waardoor de goede bedoelingen mislukken. Dit brengt de dynamiek van het conflict met zich mee. Een voorbeeld hiervan is de hulpverlener die de ouders uitnodigt voor een gesprek nadat hij heeft gemerkt dat de ouders geen aandacht besteden aan de bezwaren van een kind (13 jaar) om al op vrijdagavond naar de vader te moeten. Dit kind wil dat niet, omdat het iets met vrienden wil doen. Het kind heeft een poging gedaan om dit met zijn vader te bespreken, maar het is niet goed gegaan. De vader eist dat het kind toch bij hem komt op vrijdagavond. Tijdens het gesprek met de ouders vertel ik als hulpverlener hoe belangrijk het voor het kind is om met zijn vrienden iets te doen. Door deze mededeling voelt de vader zich niet begrepen, want hij heeft het idee dat de moeder hierachter zit en dat het helemaal niet gaat om wat goed is voor het kind. De boodschap

van de hulpverlener komt moeder goed uit, want ze vindt dat haar zoon zelf mag bepalen wat hij wil. Het gesprek stagneert en vader loopt boos weg.
- Ik beschouw de gevoelens, ervaringen en mening van het kind altijd als echt van het kind zelf. Het kind zegt precies wat het in de context waarin het leeft, kan, mag of moet zeggen. Een kind liegt daarom nooit. Als ik twijfel over het 'waarheidsgehalte' van wat een kind vertelt, wil ik reflecteren op mijn eigen handelen en/of aannames.
- Kinderen die ingezogen zijn in de strijd en daarin knel zitten, praten een of beide ouders naar de mond, richten hun boosheid of hun affectie op één ouder en proberen de omgangsregeling eenzijdig te bepalen. Hun doen en laten is bepaald door het conflict. Deze kinderen worden de baas van hun ouders en zijn daarin fel en dwingend. Het is mijn taak om hen aan te spreken op hun positie en de daarbij passende verantwoordelijkheden.
- Kinderen die ingezogen zijn in de strijd en daarin knel zitten, voelen daardoor soms de last van de strijd niet (meer). Zij zijn eraan gewend geraakt en die last is een deel van hun leven geworden. De pijnlijke gevoelens zijn verstopt en worden vermeden. Dat roept zorg op; die zorg is nodig en die zorg wil ik geven. Ik hoef een kind niet te redden. Kinderen hebben behoefte aan iemand die hen helpt om hun eigen gevoelens weer te onderkennen en te voelen. Daardoor kan een kind de eigen last ervaren in plaats van zich bezig te houden met een schuldige, bijvoorbeeld een vader of moeder. Alleen als het op de kindpositie staat, kan het onderscheid maken tussen het perspectief van de ouders en dat van zichzelf. Een kind heeft hulp nodig om daar te komen. Vanuit die positie kan een kind ook beoordelen wat nodig is en weerbaarheid inzetten of ontwikkelen om voor de eigen belangen op te komen. Pas daarna kan het aandacht hebben voor wat andere kinderen (uit het gezin) nodig hebben en wat die nodig hebben van hun ouders.
- Als er sprake is van (dreigende) mishandeling ben ik verplicht te handelen volgens de Meldcode Huiselijk geweld en kindermishandeling (zie geraadpleegde websites).

Liz

"Drie jaar geleden, toen ik zeventien was, liep het helemaal mis met mij. Ik ging niet meer naar school, blowde elke dag en dronk veel alcohol. Ik pikte het geld ervoor van mijn vader en soms van anderen. Mijn baantje bij de Plus-supermarkt raakte ik kwijt. Ik zag ook wel dat het zo niet door kon gaan, maar ik had geen idee wat ik eraan kon doen. De huisarts vroeg zich af of het met de scheiding van mijn ouders te maken had. Ik vond dat onzin. Toch ging ik maar naar een psycholoog, want ik was zo depressief als wat. Zin in mijn leven had ik echt niet meer. Je begrijpt wel dat die problemen niet zomaar opgelost waren, maar het ging na een tijdje toch weer beter. Gelukkig ging ik na een half jaar weer naar school. Dat was een hele belevenis. Ik kreeg tegen die tijd ook een vriend en dat heeft ook wel geholpen. Bij die psycholoog ging het natuurlijk ook over de scheiding. Hij vroeg mij of ik weer contact met mijn moeder wilde. Dat wilde ik wel, maar ze had mij zo vaak teleurgesteld. Ze keek gewoon nooit naar mij om. Toen ik twaalf was, ben ik zelf naar haar toe gegaan. Toen ik boos werd omdat zij ook haar kinderen van die andere man een harde tik gaf, zei ze dat ik mij nergens mee hoefde te bemoeien. Dus nee, echt zin had ik niet. Maar ergens trekt het toch. Het is wel mijn moeder hè? Dus met knikkende knieën belde ik haar en legde ik uit dat ik hulp had enzo, en dat ik graag met die hulpverlener een keer wou komen praten. Ze vond dat goed. Dat viel me nog mee. Ik met mijn psycholoog naar haar toe. Ik stond stijf van de zenuwen. Het gesprek was bagger. Ze luisterde niet naar mij en vertelde dat ze nu wel genoeg had van alle beschuldigingen. Ik kon mij nog net inhouden om niet te huilen. Terug in de auto dacht ik: nu heeft hij ook gezien wat een trut dat mens is! Maar het ging anders. Hij zei dat hij haar ook had zien luisteren en dat ze had verteld dat zij ook weer contact wilde, maar bang was dat het weer mis zou gaan. Ik kon wel uit mijn vel springen. Ik begreep er helemaal niks van. Ik wist van ellende niet wat ik moest doen, wilde weer blowen en heel veel zuipen. Zuipen tot ik erbij neer zou vallen. Ik had mij nog niet vaak zo alleen gevoeld. Die psycholoog vertrouwde ik, weet je. En toen niet meer. Ik stond helemaal alleen. Ik wilde er met niemand meer over praten. Ook niet met mijn vriend. Het heeft uiteindelijk wel twee maanden geduurd voordat ik weer een beetje op de wereld was. Ik wilde niet meer naar die psycholoog, want die begreep mij toch niet. Hij zei dat hij wel graag met mij wilde praten over de ervaringen en ook nu helpen. Gelukkig maar. Ik ontdekte dat ik tijdens dat gesprek met mijn moeder alleen nog maar op de rotdingen lette. Alles wat ze zei om mijn kijk te bewijzen, die hoorde ik. De rest niet. Ik ben er nog verbaasd over hoor. Dat zoiets kan! Maar goed, uiteindelijk heb ik een afspraak gemaakt alleen met mijn moeder. We zijn ergens wat gaan drinken. Toen ik na afloop met de auto wegreed zei ze: "Rijd je voorzichtig?" Ik heb de hele weg huilend achter het stuur gezeten, met een hallelujagevoel. "Mijn moeder die iets zorgzaams tegen mij zei!"

Praten met kinderen van ouders in een gecompliceerde of vechtscheiding vraagt van de professional extra reflectie, met vragen als:

1. Hoe ondersteun ik een kind als hulp is opgelegd en verplicht is? En betrek ik de ouders van deze kinderen erbij? Zo ja, hoe doe ik dat? Indien niet, hoe doe ik dan recht aan hun ouderschap?
2. Wat is mijn aandeel als professional in het wel/niet opvoeren van het conflict?
3. Kan ik de problemen en het gedrag van het kind zien als onderdeel van het conflict?
4. Hoe help ik een kind dat betrokken is bij of ingezogen is in de problematiek van de ouders, de positie van kind weer in te nemen, zodat het vanuit die kindpositie opnieuw kan beoordelen wat het wil en kan in het contact met de ouders?
5. Wat vraagt het van mij om vast te houden aan mijn visie en daarbij het kind niet te verliezen? Hoe waarborg ik dat voor een kind?
6. Wat doen gevoelens van onmacht met mij en welke gevolgen heeft dit voor dit kind en de ouders? Hoe ga ik met deze gevoelens om?
7. Heb ik voldoende back-up van mijn organisatie/steun/kennis/supervisie om deze problemen te begeleiden?

> **Hulpverlener**
>
> De hulpverlener heeft het gesprek goed voorbereid. Hij gaat iets nieuws uitproberen en is flink zenuwachtig. Hij zal met Joost (15 jaar) bespreken dat hij de angst van Joost als belemmerende factor ziet voor het contact met vader. Joost wil niet naar zijn vader, omdat hij gezien heeft dat die zijn moeder sloeg. Tot op heden heeft de hulpverlener zich er steeds bij neergelegd als kinderen in een dergelijke situatie niet naar een ouder willen, maar hij is hierover van mening veranderd. Daarom wil hij met Joost reflecteren op zijn situatie, en op die manier onderzoeken of er openingen zijn voor ander gedrag, bijvoorbeeld het verminderen van de angst.
>
> Na afloop van het gesprek is de hulpverlener blij dat hij het gesprek kan nabespreken met een collega. Hij is tevreden over zijn werk, maar er is ook nog onzekerheid. Joost werd eerst boos op de hulpverlener en wilde het gesprek stoppen; hij voelde zich niet begrepen. Dat gebeurde toen de hulpverlener wilde onderzoeken of misschien de angst het gedrag van Joost bepaalt. Normaal gesproken had die dan begrip getoond voor de boosheid van Joost en was hij misschien wel teruggekrabbeld, omdat hij bang was dat hij te veel had gevraagd, maar nu had hij dat niet gedaan. De boosheid van Joost verminderde en hij wilde tijdens het volgende gesprek wel bekijken wat er zou gebeuren als hij minder bang was. Wel benadrukte Joost dat dit niet betekende dat hij ook naar zijn vader toe zou gaan. Dat was voor de hulpverlener ook weer een spannend moment. Hij wilde bijna zeggen dat dit ook niet de bedoeling was en dat het niet hoefde. Dat deed hij niet. Hij vertelde dat hij daar als hulpverlener niets over te zeggen heeft: "Het is aan je ouders om te bepalen bij wie jij wel of niet woont, ik ga daar niet over, maar jij kunt hen wel duidelijk maken wat voor jou belangrijk is."
> De hulpverlener vond dat spannend om te zeggen. Als hulpverlener probeert hij juist vooral mee te leven met de gevoelens van zijn cliënt en erkenning te geven. Nu ligt de focus vooral op deze jongen helpen om kritisch na te denken.

3.4 Het gesprek met kinderen en jongeren

3.4.1 Woorden geven aan gedrag

Kinderen geven door middel van gedrag signalen af, omdat woorden dan ontbreken, de weerbaarheid onvoldoende is en de veerkracht niet voldoende is hersteld. Volwassenen die de signalen van kinderen opvangen en hierover met hen in gesprek gaan, helpen woorden te vinden die passen bij wat het wil uitdrukken in het gedrag.

> **Woorden die kunnen passen bij het gedrag van een kind**
> - Hoe moet ik omgaan met wat er nu gebeurt? Wie helpt mij? (boosheid of bijvoorbeeld niet naar school willen)
> - Ik wil wel heel graag naar mijn vader. Ik weet niet wat ik moet doen. (afkeer uitspreken over een nieuwe partner van een ouder)

- Ik word gek van al die gevoelens, wat moet ik ermee. Wie kan mij helpen? (lusteloos voor de tv hangen)
- Ik vind het zo moeilijk dat ik mijn vader zo weinig zie, daarom doe ik heel anders dan normaal. (veel gamen of steeds geïrriteerd zijn)
- Als ik bij mijn vader ben en mijn moeder er niet is, vind ik alles stom. Ik wil dat mama er is! Wat moet ik doen? (geïrriteerd zijn om kleinigheden, bang zijn in het donker)
- Het lukt mij echt niet om mijn hoofd erbij te houden op school, nu er thuis elke keer ruzie wordt gemaakt of wordt gehuild. En ik vond het al niet makkelijk in deze klas! (ongeconcentreerd gedrag vertonen, alles vergeten)
- Mijn vader en moeder doen zo raar, ze doen echt anders dan normaal. Ik weet niet wat ik moet doen, kan iemand mij helpen? (terugtrekken en zwijgzaam zijn)
- Ik vind het zo moeilijk om mijn moeder zo te missen dat ik steeds aan haar moet denken. Ook als ik op school zit. Nu lukt het steeds niet om die sommen goed te maken. (geen aandacht voor schoolwerk, slechte cijfers halen)
- Ik vind mijn vader enorm stom! Dat is een heel naar gevoel. Wat moet ik doen? (niet naar het huis van een ouder willen)
- Ik wil mijn moeder echt niet zien hoor, als ze met die rare gast gaat. Dat is zo bagger. Ik snap wel dat ik chagrijnig doe, laat mij met rust! (chagrijnig en geïrriteerd zijn)

3.4.2 Contact maken en duidelijkheid scheppen

Bij de start van een gesprek is het eerste contact belangrijk. De manier waarop professionals dit eerste contact vormgeven, is afhankelijk van meerdere factoren en zeker ook van de persoon zelf. Het belangrijkst is dat de professional afstemt op een kind en sensitief reageert. Dit is niets nieuws. Voor veel kinderen is een eerste gesprek met een onbekende spannend en dan is het belangrijk om veiligheid te ervaren. Dat geldt zeker voor kinderen in een scheidingssituatie, omdat veel vanzelfsprekendheden zijn weggevallen. Duidelijkheid en begrenzing bieden veiligheid. Voor praten met kinderen over de scheiding betekent dit in de eerste plaats werken met een duidelijke doelstelling, die transparant maken en vervolgens begrenzen.

- Juf van groep 3: "Vigo, ik wil graag even met je praten over de scheiding van je ouders. Het gesprekje duurt niet lang. Ik ben benieuwd hoe het nu voor jou is en of ik in de klas nog iets extra's voor je kan doen. Kom je even bij mij zitten?"
- Mentor klas 3 TL: "Merel, ik heb je gevraagd om met mij te praten over hoe het met je is. Ik heb er ongeveer een half uur de tijd voor, maar als je meer tijd wilt, zal ik dat regelen. Van je moeder hoorde ik dat je vader een rechtszaak heeft aangespannen. Volgens mij hebben ze het behoorlijk moeilijk met hun scheiding. Ik wil dit gesprekje gebruiken om te horen hoe het nu met jou gaat. Daarbij ben ik benieuwd of ik in deze periode iets voor jou kan betekenen."

- Mediator: "Mirjam, jij bent elf jaar en ik weet dat je ouders gaan scheiden. Zij vragen aan mij of ik met jou wil praten over de omgangsregeling als ze allebei in een eigen huis wonen. Daarom ben je hier. Ik ben benieuwd of jij er al over nagedacht hebt. Het is niet de bedoeling dat jij zelf kan beslissen, maar je ouders vinden jouw mening belangrijk. Aan het eind van dit gesprek, of misschien na de volgende keer, kunnen we bespreken hoe jij aan je ouders laat weten wat jouw mening is."
- Kindercoach: "Ellis, jij bent vanmiddag bij mij om te praten over de scheiding van je ouders. Ik wil het graag hebben over jou. De scheiding is nu twee jaar geleden en ik ben benieuwd naar jouw ervaringen van die periode."
- Maatschappelijk werker in het basisonderwijs: "Dag Emir, ik heb je even opgehaald uit jouw 'Dinogroep 2' om met je te praten over thuis. Ik heb van je ouders gehoord dat zij gescheiden zijn en dat ze veel ruzie maken. Ik zou graag van jou horen wat jij ervan merkt en wat je dan doet. Ik ben benieuwd of ik je nog ergens mee kan helpen."
- Psycholoog: "Siebe, jij bent vandaag bij mij omdat de huisarts zich afvraagt of het wel goed met je gaat. Je ouders zijn nu zes jaar geleden gescheiden, jij was nog maar twee jaar, en ze maken nog steeds veel ruzie. Jij wilt niet meer naar je moeder. Nu kunnen kinderen dat niet zelf beslissen en ik beslis daar ook niet over. Dat doen je ouders. Jij wilt de regeling die er nu is veranderen, daar wil ik met je over praten."

Tobias

Tobias (9 jaar) komt bij Erik (mediator) omdat zijn ouders graag willen dat Tobias zijn mening geeft over een paar punten uit het bruggesprek. Het lukt de ouders niet om dat zelf te doen, omdat ze veel strijd hebben. Als Tobias de kamer in komt, begroet Erik hem vriendelijk en vraagt of hij even rond wil kijken in de ruimte. Tobias heeft daar geen behoefte aan. Hij ziet er wat gespannen uit. Erik vraagt hem dan aan tafel te komen zitten en legt hem uit dat hij met Tobias wil praten over zijn ideeën over het wonen als zijn ouders allebei zijn verhuisd naar hun nieuwe huis, over de verjaardagen en over de vakanties. Tobias zegt dat hij het goed begrijpt en dat hij verder geen vragen heeft. Hij zit gespannen op zijn stoel. Erik stelt voor om eerst een tekening te maken. Tobias vertelt dat hij niet van tekenen houdt. Hij vindt het ook kinderachtig om met spelmateriaal te werken. Erik kiest ervoor om het over een andere boeg te gooien en zegt dat hij even naar buiten moet, om iets uit zijn auto te halen. Hij vraagt Tobias om mee te lopen. Als blijkt dat Erik een oude auto heeft, is het ijs gebroken. Tobias is gek op oude auto's en zijn vader heeft er ook zo een. Als ze in de auto zitten, zegt Erik dat dit natuurlijk erg leuk is en gezellig, maar dat hij toch echt met Tobias wil praten over zijn idee om te wonen. Dat blijkt geen probleem meer te zijn. Erik bespreekt alle onderwerpen die hij nodig vindt. In de auto.

3.4.3 Normale reacties op een ingrijpende gebeurtenis

In het begin van de scheiding is elke reactie erop als 'normaal' te beschouwen. Ook ongezond gedrag is in het begin normaal. Soms komt een kind of jongere er zelf achter dat het zo niet langer kan en verandert dit gedrag of kiest het kind er bijvoorbeeld voor om met iemand te praten. Vanuit de visie dat kinderen autonome mensen in ontwikkeling zijn, krijgen zij de kans te ontdekken hoe zij vinden dat ze het best kunnen omgaan met deze ingrijpende gebeurtenis. Hierbij krijgen zij, net als op andere ontwikkelingsgebieden, hulp van ouders en andere volwassenen. Op de lange termijn heeft een ongezonde manier van aanpassen negatieve consequenties voor de ontwikkeling en is het de verantwoordelijkheid van volwassenen om dit bespreekbaar te maken.

Ontwikkelingsproblemen zoals een stoornis in het autistisch spectrum (ASS) of aandachtsproblemen (*attention deficit hyperactivity disorder*, AD(H)D) ontstaan niet als gevolg van de scheiding. In de periode rondom de scheiding kunnen de problemen die bij de stoornis horen, er wel van verergeren doordat beschermingsfactoren wegvallen. Problemen als gevolg van spanning en trauma door ingrijpende gebeurtenissen (posttraumatische stressstoornis, PTSS) en problemen met de regulatie van emoties, kunnen wél ontstaan in deze periode.

3.4.4 Verwachtingen

Net als volwassenen verwachten kinderen soms een professional voor zich te krijgen, die hun vertelt 'hoe het moet'. Binnen dit verwachtingspatroon passen geen confronterende vragen. Sommige kinderen zijn het niet gewend om na te denken over zichzelf en hebben daar meer hulp bij nodig. Zelfs als er rekening gehouden wordt met het verwachtingspatroon, en mét hulp om na te denken over de eigen situatie, dan nog kan een kind boos en geïrriteerd reageren en teleurgesteld zijn in de hulp(verlener). De professional kan dit opvangen door te zeggen: "Nou, het valt niet mee merk ik wel als ik iets aardigs over je vader zeg. Jij hebt waarschijnlijk liever dat ik hetzelfde over je vader denk als jij. Wat kan ik voor je doen nu dit niet zo is?" Zo blijft de professional in contact met een kind en ook standvastig in het bieden van een andere kijk op de situatie. Kinderen willen een plaats hebben in hun eigen context en hebben een hekel aan een uitzonderingspositie (Boszormenyi-Nagy en Krasner 2002). Door opmerkingen als: "Het zal moeilijk voor je zijn dat je dit allemaal mee moet maken" en "Wat moeilijk voor jou, dat je ouders zoveel ruziemaken zeg!" raken zij geïsoleerd en afhankelijk van hulpverlening. Een kind in de context plaatsen, betekent het kind helpen met het eigen proces, door het een weg te helpen zoeken in de eigen leefomgeving en met de gebeurtenissen waarmee het daarin te maken krijgt. Een professional helpt door erkenning te geven (en geen medelijden) en ervaringen te normaliseren als dat kan (en niet te problematiseren), door het aanspreken van de weerbaarheid van het kind (en niet het slachtofferschap), door de uniciteit van een kind te zien (en het kind niet te zien als statistisch gegeven) en door het kind (weer terug) te leiden in het contact met de ouders.

3.4.5 Erkenning geven

Met het geven van erkenning wordt hier bedoeld:
1. Waardering uiten voor de inzet van het kind: "Jij doet je best zeg om bij je vader en ook bij je moeder goed te kunnen slapen."
2. Accepeteren van de gevoelens van het kind: "Ik zie dat je heel boos wordt als je moeder zo over je vader praat. Klopt dat?"
3. Woorden geven aan het leed dat het kind is aangedaan: "Alles is voor jou veranderd na de scheiding, dat is veel."
4. Waardering geven voor de persoon die het kind is: "Jij hebt nagedacht over de situatie van je ouders. Dat kun je goed!"
5. Aandacht schenken aan kleine ongemakken: "Ach ja, wat is het vervelend dat je steeds iets van jouw spullen vergeet mee te nemen naar je vader of moeder."

Alle kinderen zoeken na de scheiding van hun ouders een weg om met de gevolgen ervan om te gaan. Erkenning hiervoor kan hen helpen zich te uiten en anderen te betrekken bij hun ervaringen, gevoelens en gedachten. Het geven van erkenning houdt niet in dat de manier waarop een kind iets doet ook helpt of gezond is. Die vraag is in eerste instantie voor een kind niet zo belangrijk.

Jort

Jort (16 jaar) is boos en wil niet praten met de schoolmaatschappelijk werker. School maakt zich zorgen omdat hij lage cijfers haalt en somber is. Jort was nooit een lieverdje, maar dit gedrag is nieuw. De maatschappelijk werker legt uit dat zij tijdens dit gesprek van Jort zelf wil horen hoe het met hem gaat. Zij vertelt dat meerdere docenten zich zorgen maken en ook zijn ouders. Dat laatste wil Jort helemaal niet horen: "Laat zij zich lekker met zichzelf bemoeien!" De maatschappelijk werker onderzoekt wat Jort boos maakt en hierdoor ontspant hij. Hij vertelt dat zijn ouders veel ruzie maken en dat hij zich zorgen maakt over zijn zusje. "Gelukkig heb ik er nu niet zoveel last meer van, ik chill wel met mijn vrienden en het interesseert mij niks dat mijn cijfers slecht zijn."

Door de erkenning kunnen kinderen zich ontspannen en vertellen wat hen bezighoudt. De methodiek oplossingsgericht werken (Shazer 2009; Bannink 2008) is te gebruiken bij het geven van erkenning, doordat die methodiek uitgaat van de belevingswereld van een kind en het tempo van een kind volgt.

Esther

Esther (7 jaar) heeft haar duim in haar mond en heeft haar knuffel meegenomen naar de mediator. Die stelt allerlei vragen waar zij geen antwoord op weet en dat vindt ze vervelend. Gelukkig mag ze een tekening maken en ze krast hard op het papier. Als de mediator zegt dat zij een geweldige krasser is, laat Esther de knuffel op tafel liggen en vertelt ze dat ze boos is op haar mama.

3.4.6 Niet gehoord of onvoldoende gewaardeerd

Sommige kinderen of jongeren voelen zich niet gehoord of onvoldoende gewaardeerd. Zij kunnen dan gewoon wachten tot zo'n gesprek is afgelopen en helemaal niets zeggen over wat hen bezighoudt. Andere kinderen worden onverschillig en zeggen om die reden niets. Er zijn kinderen die net nog uitbrengen: "U begrijpt mij niet!" Soms is een dergelijke verstoring in het contact te herstellen door te erkennen dat er niet genoeg is stilgestaan bij een kind: "Nou, dat is akelig. Kom je hier voor hulp en ik begrijp je niet goed. Kun jij nog een keer duidelijk maken wat ik niet begrijp (of welk deel ik niet begrijp), dan doe ik beter mijn best."

3.4.7 Betrokken bij of ingezogen in het conflict van de ouders

Kinderen die betrokken zijn bij het conflict van hun ouders of daarin zijn ingezogen, willen soms ook niets meer zeggen. Zij hebben misschien te vaak ervaren dat er niets met hun mening gedaan wordt of dat hun mening gebruikt wordt om opnieuw ergens over te vechten. Soms hebben zij hun gevoelens weggestopt en zich zo sterk alleen maar gericht op hun ouders, dat zij echt niet meer weten wat er bij henzelf gaande is. Er kan dan toch een ingang gevonden worden door erkenning te geven: "Wat doet dat met jou als je niets meer weet over de scheiding?" Of: "Je bent bang dat praten weer niets zal opleveren, dat begrijp ik. Hoe is dat voor jou? Wat denk je dan over hulpverleners?"

3.4.8 Normaliseren

Het geven van erkenning is niet voldoende. Gedrag en situaties normaliseren biedt de mogelijkheid om geen uitzondering te worden. Normaliseren is het terugbrengen van gedrag tot de norm, tot wat normaal is. Dat geldt ook voor gevoelens of ervaringen die als 'erg' of 'abnormaal' worden beschouwd. Het gaat om subjectief beleefde normen en daarom is het belangrijk om erover in gesprek te gaan. De professional kan vanwege deskundigheid een andere kijk bieden en duidelijkheid geven. Het besef van normaal-zijn werkt ontspannend en helpt het kind om zich te richten op wat het te doen staat.

Voorbeelden van opmerkingen die normaliseren:
1. "Ja, dat herken ik wel. Dat hebben meer kinderen."
2. "De meeste kinderen hebben last van ouders die ruzie maken."
3. "Kinderen die zo boos zijn op een ouder, kiezen er soms voor om er geen contact meer mee willen. Dat gebeurt vaker."
4. "Ouders doen zo in het begin van hun scheiding, dat is normaal."
5. "Als je zo bang bent voor de nieuwe vriend van je moeder, zal het wel extra lastig zijn om daar naartoe te gaan. Hoe krijg jij dat voor elkaar?"

6. "Jouw ouders hebben erg veel strijd. Ja, dat zet een relatie met de kinderen wel onder druk."
7. "Het valt niet mee om tegen je vader te zeggen dat jij niet met hem mee wilt op vakantie en wel met je moeder. Dat zijn moeilijke dingen bij een scheiding, ze horen erbij. Er is geen ontkomen aan."

3.4.9 Ontspannen, maar niet neerleggen bij een ongezonde situatie

Het normaliseren heeft als doel dat kinderen zich ontspannen, maar niet dat zij zich neerleggen bij een ongezonde situatie. De gevolgen van de scheiding zijn pijnlijk voor kinderen en grijpen diep in op de ontwikkeling. Om hier toch zo goed mogelijk mee om te gaan, is normaliseren belangrijk. Alle kinderen hebben het na de scheiding van hun ouders moeilijk. Kinderen die tijdens hun proces van de scheiding niet van ouderlijke problemen worden afgeschermd, hebben het extra moeilijk. Het gedrag van de vechtende ouders wordt vaak door anderen, ook door professionals, als 'niet normaal' beschouwd of afgekeurd. Door gedrag van de ouders te veroordelen of af te keuren, ontvangt een kind de boodschap dat de ouders niet goed zorgen en dat iemand anders het beter weet of kan. Het is maar de vraag of dat zo is (Cottyn 2005). Een professional loopt daarmee het risico de taak van een kind over te nemen en daarmee het conflict te versterken. Meestal voelt een van de ouders zich gesteund en dat versterkt ook het conflict. Een kind zal afhaken, omdat het niet zal tolereren dat er slecht over de ouder wordt gedacht. Dat is een kenmerk van loyaal-zijn: iemand mag zelf wel iets vervelends over een ouder zeggen, maar als een buitenstaander dat doet, is het kwetsend. Er is veel kennis over wat een conflict doet met mensen. Zie bijlage 3 voor welk gedrag in conflictsituaties normaal is. Het helpt kinderen als zij begrip voor hun ouders krijgen en hun gedrag ook als normaal kunnen beschouwen. Hiermee is niet gezegd dat uitingen van conflict wenselijk of gezond zijn.

> **Gezinsvoogd Wim**
>
> Wim is gezinsvoogd en praat in die hoedanigheid met Jay van 13 jaar. Jay is boos op zijn vader en draagt allerlei argumenten aan waarom hij niet meer naar zijn vader wil. Het vervelende gedrag van de nieuwe vriendin van zijn vader is de grootste boosdoener. Wim begrijpt dit en zegt dat hij het er met de vader van Jay over zal hebben en dat doet hij ook. De vader van Jay wordt heel erg boos en zegt tegen Wim dat Jay volledig gehersenspoeld wordt door zijn moeder. "En haar vader, de opa van Jay, doet daar een schepje bovenop. Nee, ik denk niet dat ik ooit nog contact krijg met die jongen."
> Wim kan het ook anders aanpakken:
> Wim is gezinsvoogd en praat in die hoedanigheid met Jay van 13 jaar. Jay wil niet naar zijn vader. Wim zegt dat hij de tijd wil nemen om te onderzoeken wat er moeilijk gaat.

> Dat blijkt een hele lijst te zijn, met de negatieve invloed van de nieuwe vriendin van vader bovenaan. Wim beschouwt dit als een belangrijke lijst en deze blijft dan ook op tafel liggen. Wim informeert Jay erover dat hij niet mag kiezen of hij wel of niet naar zijn vader wil en dat Jay ook niet voor zijn vader kan beslissen welke vriendin hij heeft. Wim nodigt Jay uit om te kijken naar het contact met zijn vader nu deze een nieuwe vriendin heeft. Na een paar gesprekken voert Jay het eerste gesprek met zijn vader en ondertussen is ook duidelijk geworden dat de moeder van Jay steeds negatief praat over zijn vader en zijn vriendin. Jay moet ook met zijn moeder praten, zodat zij weet hoe vervelend dat voor hem is. Jay wil tegen zijn moeder zeggen: "Op die manier lukt het mij echt niet om gewoon te doen tegen mijn vader, als jij steeds maar moppert." Jay gaat nog een hele weg met zijn ouders en Wim helpt daarbij.

3.4.10 Slachtoffer

Volgens de definitie in Van Dale zijn kinderen het slachtoffer van een scheiding. Zij worden getroffen door een gebeurtenis, terwijl zij daar niets aan kunnen doen. Het overkomt hen. Mensen die slachtoffer zijn, voelen zelfmedelijden. Dat zelfmedelijden helpt in eerste instantie om de last te dragen en daar eventueel hulp bij te zoeken. Op de lange termijn leidt zelfmedelijden ertoe dat iemand verstrikt raakt in slachtofferschap.

Hellinger (2010) ziet een ander probleem in slachtofferschap. Hij zegt dat het een aanmatigende houding is, waarmee iemand zich boven de schuldige verheft en die persoon klein en slecht maakt. Slachtofferschap staat daarmee ook rouwen in de weg, omdat alle aandacht uitgaat naar de schuldige (ouder) en de problemen die deze persoon veroorzaakt. Vervolgens is er dan geen of onvoldoende mogelijkheid om zich vrij te richten op het leven (na de scheiding) en de uitdagingen die dat met zich meebrengt. De rol van slachtoffer houdt kinderen klein en staat herstel van veerkracht in de weg. Het is onder andere daarom onvoldoende om tijdens het praten met kinderen over de scheiding zich te beperken tot het geven van erkenning en tot het normaliseren van gevoelens, gedachten en gedrag.

3.4.11 Herstel van veerkracht

De veerkracht van een kind herstelt zich als de weerbaarheid vergroot. Door eerst stil te staan bij de gevoelens kan een kind ontdekken wat het ervaart.
1. Erkenning geven door waardering te uiten: "Jij doet je best zeg, om bij je vader en ook bij je moeder goed te kunnen slapen."
Eigen gedachten aanspreken: "Wat denk je over jezelf als het goed gelukt is?"
Reflectie: "Wie weten ervan dat jij zo je best doet? Wie zou je het willen vertellen? Stel je voor dat je dat zou doen, hoe voelt het dan voor jou?"
2. Erkenning geven door gevoelens van het kind te accepteren: "Ik zie dat je heel boos wordt als je moeder zo over je vader praat. Klopt dat?"

Eigen ideeën en gevoel aanspreken: "Kun jij er iets aan doen?" Hoe voelt het als je zelf iets zou kunnen doen?
Reflectie: "Hoe voelt het als je iets zou doen? Wie help je het meest als je dat doet?"
3. Erkenning geven voor het leed dat het kind is aangedaan: "Alles is voor jou veranderd na de scheiding, dat is veel."
Eigen beoordeling aanspreken: "Lukt het jou ermee om te gaan?" Hoe voelt het als het lukt of als het niet lukt?
Reflectie: "Wat denk je, zou je nog wat hulp kunnen gebruiken? Hoe voelt het als je hulp zou krijgen? Of als je het zelf doet?"
4. Erkenning door waardering te geven voor hoe het kind als persoon is: "Jij hebt nagedacht over de situatie van je ouders, dat kun je goed."
Eigen gedachten aanspreken: "Heb je ook nagedacht over jezelf?"
Reflectie: "Stel je dat je dat zou doen, waar zou je het eerst over nadenken?"
5. Erkenning door aandacht voor kleine ongemakken: "Ach ja, wat is het vervelend dat je steeds iets van jouw spullen vergeet mee te nemen naar je vader of moeder."
Eigen beoordeling aanspreken: "Ben je er al klaar voor om er een oplossing voor te zoeken of is dat niet nodig?"
Reflectie: "Wil je daar nog eens over nadenken?"

3.4.12 Vergroten van weerbaarheid

Het vergroten van de weerbaarheid is essentieel voor het herstel van de veerkracht. Nu is het zo dat veel, vooral jonge, kinderen nog moeten leren om weerbaar te zijn. Een scheiding meemaken vraagt extra inzet van een kind en van de omgeving. Een kind moet bijvoorbeeld extra uitleg krijgen over de basisemoties (bang, blij, boos en bedroefd) en heeft hulp nodig om vertrouwd te raken met wat het voelt en met manieren om die gevoelens onder woorden te brengen. Het aanspreken en vergroten van de weerbaarheid verloopt via het (leren) voelen en het reflecteren op de eigen situatie.
1. Erkenning geven door waardering te uiten: "Jij doet je best zeg, om bij je vader en ook bij je moeder goed te kunnen slapen."
Eigen gedachten aanspreken: "Wat denk je over jezelf als het goed gelukt is?"
Reflectie: "Wie weten ervan dat jij zo je best doet? Wie zou je het willen vertellen? Stel je voor dat je dat zou doen, hoe voelt het dan voor jou?"
Weerbaarheid: "Stel je voor dat je dat zou doen, hoe zou het dan gaan? Wil je het eens uitproberen?"
2. Erkenning geven door gevoelens van het kind te accepteren: "Ik zie dat je heel boos wordt als je moeder zo over je vader praat. Klopt dat?"
Eigen ideeën en gevoel aanspreken: "Kun jij er iets aan doen?" Hoe voelt het als je zelf iets zou kunnen doen?
Reflectie: " Hoe voelt het als je iets zou doen? Wie help je het meest als je dat doet?"

Weerbaarheid: "Als het jou goed helpt, wil je het eens proberen met je moeder te bespreken? Wil je het met mij nog oefenen? Hoe voelt het nu je dit geoefend hebt?"
3. Erkenning geven voor het leed dat het kind is aangedaan: "Alles is voor jou veranderd na de scheiding, dat is veel."
Eigen beoordeling aanspreken: "Lukt het jou ermee om te gaan?" Hoe voelt het als het lukt of als het niet lukt?
Reflectie: "Wat denk je, zou je nog wat hulp kunnen gebruiken? Hoe voelt het als je hulp zou krijgen? Of als je het zelf doet?"
Weerbaarheid: "Lukt het je deze week om die persoon te vragen? Vertel je mij de volgende keer of het gelukt is en hoe het ging?"
4. Erkenning door waardering te geven voor het kind als persoon: "Jij hebt nagedacht over de situatie van je ouders, dat kun je goed."
Eigen gedachten aanspreken: "Heb je ook nagedacht over jezelf?"
Reflectie: "Stel je dat je dat zou doen, waar zou je het eerst over nadenken?"
Weerbaarheid: "Ik denk dat het je helpt als je er ook met je vader over praat. Zou jij dat kunnen?"
5. Erkenning door aandacht voor kleine ongemakken: "Ach ja, wat is het vervelend dat je steeds iets van jouw spullen vergeet mee te nemen naar je vader of moeder."
Eigen beoordeling aanspreken: "Ben je er al klaar voor om er een oplossing voor te zoeken of is dat niet nodig?"
Reflectie: "Wil je daar nog eens over nadenken?"
Opnieuw beoordeling en reflectie: "Je vindt het niet nodig om een oplossing te bedenken. Voor wie is het prettig als er niets verandert?"

3.4.13 Vasthoudend

Een vasthoudende professional helpt een kind bij het creëren van draagkracht om naar de last van het kind te kijken. Deze hulp stelt kinderen in staat te ontdekken dat er meerdere manieren zijn om naar de werkelijkheid te kijken. Het zien van meerdere werkelijkheden, ook de pijnlijke, geeft vertrouwen en geeft het kind zekerheid, omdat het weet waar het aan toe is. Het biedt een uitweg uit de spanning en het conflict. Dat maakt het enerzijds aantrekkelijk om anders met de situatie om te gaan en anderzijds is het spannend, want hoe zal dat overkomen bij hun ouder(s). Hoe zullen zij erop reageren en wat gebeurt er dan? Kinderen zijn beducht voor nog meer heibel, dus de uitweg moet wel goed zijn. Als ouders meewerken aan de oplossingen die hun kind bedenkt en die het nodig vindt, voelt een kind erkenning.

3.4.14 Uniciteit

Het is steeds weer opmerkelijk wat kinderen zelf zeggen nodig te hebben. Kinderen die de kans krijgen te reflecteren op hun situatie en die hun veerkracht weten te herstellen, komen tot verrassende en vaak creatieve ideeën. Het is aan hun ouders en/of andere volwassenen om op die ideeën te vertrouwen. Als zij dat doen, ervaart een kind dat zijn mening er echt te doet en dat het er zelf toe doet. Als een plan van een kind niet of onvoldoende werkt, kan het worden bijgesteld. Een kind kan niet volledig overzien wat de langetermijngevolgen zijn van een keuze of beslissing en dat is ook niet nodig. Het is niet de bedoeling hen te overvragen.

> **Liam**
>
> Liam (9 jaar) maakt de moeilijke scheiding van zijn ouders mee. Zijn ouders zoeken elkaar steeds op en maken dan ruzie. Zij wonen dicht bij elkaar en bijna elke dag is er een confrontatie. Liam vindt het maar beter dat hij een tijdje bij zijn tante en oom gaat logeren, want daar is het gezellig.

3.5 Hulpmiddelen voor het praten over de scheiding

Spelmaterialen en technieken zijn hulpmiddelen om in gesprekken te gebruiken. Ze zijn in te zetten bij het praten met kinderen uit de eerder genoemde drie onderscheiden groepen:
1. kinderen van ouders die hen afschermen van hun ouderlijke problemen, gevoelens en kwetsuren;
2. kinderen van ouders die hen daarbij betrekken;
3. kinderen die ingezogen zijn in het conflict van hun ouders.

Dit boek reikt geen methodiek aan. De materialen en technieken zijn bedoeld om kinderen uit te nodigen tot praten over hun ervaringen, gedachten en gevoelens en te reflecteren op hun situatie. Kinderen houden daarbij van een speelse aanpak, van gekkigheid en van humor, ook bij serieuze zaken. Hoe meer er gelachen wordt, hoe makkelijker het voor een kind is om stil te staan bij de moeilijke gebeurtenissen, gevoelens of gedachten. Gekke tekeningen, grapjes, onverwachte wendingen bij een opstelling of stoeien zijn bijvoorbeeld mogelijkheden om aan die behoefte van kinderen te voldoen. Hetzelfde geldt voor de behoefte aan en het belang van bewegen. Als onderwerpen spannend zijn, is het ontladen ervan belangrijk en dat kan goed door bewegen, zoals een actief spel of een wandeling.

3.5.1 Algemene materialen

De volgende materialen zijn altijd te gebruiken bij gesprekken met kinderen en zijn ook behulpzaam bij gesprekken met kinderen van gescheiden ouders.

De pizzapunten (website van ninico, kindercoachmaterialen)
Dit zijn twaalf punten, die kinderen en jongeren direct herkennen als pizzapunten. De ene kant van een punt is groen, de andere kant rood.

◻ **Figuur 3.4**   Thermometer

▪ Werkwijze

De pizzapunten zijn op verschillende manieren te gebruiken. Bijvoorbeeld door te vragen: "Stel dat alles in jouw leven goed en prettig gaat, dan liggen alle punten met de groene kant naar boven. Bij veel kinderen gaat niet alles goed en prettig. Die leggen dan één punt, of meer punten met de rode kant naar boven. Hoe is dat bij jou?" Als een kind dan een punt omdraait kan eerst bekeken worden wat allemaal 'groen' is of er wordt direct gesproken over de rode punt en wat dat dan is. Een ander voorbeeld is: "Hoe denk jij dat het met de kinderen uit de klas gaat, waarvan de ouders ook gescheiden zijn? Hoeveel gaat er goed met hen (groene pizzapunten) en hoeveel last zullen ze ervan hebben (rode pizzapunten)?"

De thermometer

De thermometer (zie ◻fig. 3.4) kan ingedeeld zijn in getallen van 0–10 of van 0–100. Een driedeling waaraan kleuren gekoppeld zijn, kan ook. Het onderste deel blauw, het middendeel groen of geel en het bovenste gedeelte rood. Dit correspondeert met het concept van de *window of tolerance*.

▪▪ Werkwijze

De thermometer kan voor meerdere doeleinden gebruikt worden. Te denken valt aan het meten van boosheid of spanning. Dit maakt een kind soms bewust van het feit dat het bijvoorbeeld erg veel spanning heeft. Het kan ook motiveren om iets te doen aan de boosheid of spanning.

De window of tolerance of het weggetje

Dit is een metafoor voor het effect van spanning of emotie op handelingen. Het zogenaamde weggetje is een kindvriendelijke variant op de *window of tolerance* (Koster en Sterenborg 2017).

Werkwijze

Een kind of een professional tekent dwars over een vel papier een weggetje. Met behulp hiervan wordt met een kind besproken dat het soms dingen moet doen die spannend zijn of erge emoties oproepen. Dat kan alleen goed gaan als je op het weggetje blijft. Dat wil zeggen, als de spanning of de emotie beheersbaar is, want dan kun je optimaal gebruikmaken van het mensenbrein (Struijk 2016). Lukt het niet om op het weggetje te blijven, omdat de spanning of emotie niet beheersbaar is, dan worden de reactiepatronen *fight*, *flight*, actieve en passieve *freeze* en *submissie* geactiveerd. Met de thermometer is die spanning zichtbaar te maken.

Als de spanning of boosheid te erg is (rood op de thermometer), dan raak je aan de rechterkant van het weggetje af en lukt het niet om te doen wat je wilt (*fight, flight* en actieve *freeze*). Dan is het zogenaamde zoogdierenbrein in werking getreden; het mensenbrein is dan uitgeschakeld. Als een kind helemaal niets voelt bij een bepaalde handeling of bij het idee om iets uit te proberen (blauw op de thermometer), dan zal een kind het waarschijnlijk niet de moeite waard vinden om iets te doen. De spanning of emotie wordt sterk afgeweerd (*passieve freeze* en *submissie*). Dan is het reptielenbrein in werking getreden; ook dan is het mensenbrein niet actief. In termen van de metafoor schiet een kind in die gevallen aan de linkerkant van het weggetje af.

Deze metafoor kan gebruikt worden om er samen met het kind een inschatting van te maken of het kind in staat is om nieuw gedrag uit te proberen. Bij teveel spanning of als het kind te weinig gemotiveerd is, moet het eerst ander werk doen.

Schaalvragen

Met schaalvragen maakt het kind kind een inschatting van een bepaalde situatie. Deze vragen worden gebruikt bij oplossingsgericht werken. Schaalvragen helpen kinderen om bij bewustwording en bij het gemotiveerd raken om iets aan te pakken. Schaalvragen helpen kinderen ook om woorden te vinden voor wat zij beleven, voelen en denken.

Werkwijze

Voor jonge kinderen is het prettig dat de schaal inzichtelijk wordt gemaakt, op papier of op een bord. Er kan een lijn gezet worden met smilies aan de uiteinden. Links een sip gezicht, rechts een blij gezicht. Bij oudere kinderen kan links het getal 0 gezet worden en rechts het getal 10 en, indien nodig, het getal 5 in het midden. Sommige kinderen vinden het leuk om procenten te gebruiken. Links 0 % en rechts 100 %. Het is belangrijk dat het voor de kinderen helemaal duidelijk is waar het een inschatting over maakt en wat de aanduiding aan de linker- en rechterkant betekent. Dat is essentieel. Als dat duidelijk is, kunnen allerlei vragen gesteld worden, zoals: "Hoe blij ben jij als je bij papa bent? Hoe blij ben jij als je bij mama bent? Hoe blij ben jij als je bij oma bent?" Maar ook vragen als: "Op een schaal van 0 tot 10, waarbij 0 helemaal niet boos is en 10 zo boos als maar kan, hoe voel jij je dan als oma zoiets zegt over je vader?" De antwoorden geven handvatten om verder met een kind in gesprek te gaan.

Gedragsalternatieven en dieren

Voor het vergroten van weerbaarheid hebben kinderen er baat bij om zicht te hebben op verschillende gedragsalternatieven. Zo leren zij op welke manier zij bijvoorbeeld iets kunnen vragen aan de ouders, maar het is ook behulpzaam bij het onderhandelen.

- **Werkwijze**

Kinderen krijgen informatie over het verschil tussen gevoel en gedrag. Een kind kan zich verdrietig voelen, maar zich boos gedragen door te schreeuwen en te schelden. Een kind kan zich boos voelen en toch niets doen. Een kind kan zich bang voelen en dit tegen een volwassene zeggen. Bij eenzelfde gevoel kan het kiezen uit verschillend gedrag. Er wordt bijvoorbeeld onderscheid gemaakt in de volgende gedragsalternatieven:
1. Vechten. Als beeld kan het gedrag van de leeuw genoemd worden. Onder dit gedrag wordt verstaan dat een kind schreeuwt of scheldt, slaat of schopt of brutaal doet.
2. Wegkruipen. Als beeld kan het gedrag van een schildpad of een konijntje genoemd worden. Onder dit gedrag wordt verstaan dat een kind de ander niet aankijkt, niets zegt en/of wegloopt.
3. Aanpakken. Als beeld kan het gedrag van de trotse pauw genoemd worden. Onder dit gedrag wordt verstaan dat een kind op een rustige en duidelijke manier zegt wat het van iets vindt. Het komt voor zichzelf op en houdt daarbij rekening met de ander.

Het is belangrijk dat kinderen leren dat ze alternatieven hebben. Het is handig dat ze kunnen beschikken over elk soort gedrag, zodat ze het beste gedrag kunnen kiezen. Meestal is dat aanpakken, maar soms is het heel prettig om te vechten of juist weg te kruipen. Het helpt om beelden en materialen voor de gedragsalternatieven te kiezen. Daardoor kunnen ze ze beter onthouden en verlevendigt ook het gesprek. Er zijn prachtige dieren gemaakt door Schleich. Zie ▶www.schleich.nl. De meeste kinderen genieten ervan om de verschillende gedragingen op een ingetogen manier of juist uitbundig uit te proberen en te oefenen. Sommige (vooral jonge) kinderen moeten nog veel sociale vaardigheden leren. Hiervoor zijn verschillende trainingen ontwikkeld.

3.5.2 Scheidingseducatie

Scheidingseducatie is informatie over het proces van de scheiding, zowel over het proces van kinderen als over het proces van hun ouders. Het helpt kinderen om te gaan begrijpen wat een scheiding is, wat erbij komt kijken en om hier woorden aan te geven. Psycho-educatie helpt kinderen om afstand te nemen, waardoor ze ontdekken wat henzelf te doen staat en wat hun ouders te doen hebben.

- **Materiaal**

Er is een heel palet aan informatiemateriaal ontwikkeld, denk aan boeken en websites. Je kunt kinderen ook zelf materiaal laten maken, zoals werkboekjes, een powerpointpresentatie of een informatieboekje, maar ook een schatkistje of striptekeningen. Dat spreekt hen vaak aan. Omdat er zoveel te kiezen is, is het mogelijk om het aanbod af te stemmen op de behoeften en mogelijkheden van een kind en op de specifieke situatie. Wat kinderen maken, kan dienen als naslagwerk voor wat ze willen onthouden.

- Werkwijze

Scheidingseducatie is op elk moment te gebruiken, soms al tijdens het eerste gesprek, soms later, omdat eerst de werkrelatie aandacht vraagt. Ook is veel informatie uit dit boek te gebruiken als scheidingseducatie, afgestemd op de leeftijd, de positie en de situatie van een kind.

Alle scheidingseducatie dient steeds de kaders van de wet voorop te stellen.

De volgende informatie is bedoeld om de kaders van de wet bespreekbaar te maken, waarbij het gesprek uiteraard afgestemd dient te worden op de leeftijd en de mogelijkheden van een kind.

Waarom er wetten zijn

Wetten zijn gemaakt door mensen om goed met elkaar te leven. Elk land heeft eigen wetten. De wetten bepalen wat wel en wat niet mag, zodat mensen zo goed mogelijk met elkaar in het land kunnen leven. Een voorbeeld van zo'n wet is dat je op bepaalde wegen 130 kilometer per uur mag rijden en op andere wegen 120 kilometer per uur. De wet wordt ook gebruikt om te beoordelen of iemand iets heeft gedaan wat niet mag. Iemand die iets doet wat niet mag, krijgt straf. Nederlanders mogen elkaar niet straffen als ze de wet overtreden. Iedereen die in Nederland woont, moet zich houden aan de wet. Dat kun je niet kiezen, dat is je plicht. Sommige mensen zijn het niet eens met de wet en ook die mensen moeten zich aan de wet houden. In Nederland heb je ook rechten. Zo heeft een kind recht op onderwijs en recht op zorg. Dat lijkt gewoon, maar niet alle kinderen op de wereld hebben dat recht.

Het recht op scheiden

Ouders hebben in Nederland het recht om te scheiden. Iemand die weg wil bij zijn man of vrouw is volgens de wet niet schuldig. Die persoon krijgt daarom geen straf, ook niet als iemand tijdens het huwelijk verliefd is geworden op een ander. Ouders mogen elkaar daarvoor ook niet straffen.

Na de scheiding blijven zorgen voor de kinderen

Ouders hebben allebei de plicht en het recht om voor de kinderen te blijven zorgen en hen op te voeden, ook als zij gescheiden zijn. Na een scheiding kunnen ouders samen regelen hoe ze dat willen doen. Dat kan dus niet één ouder zelf beslissen. In de wet staat ook dat iedere ouder met gezag het recht en de plicht heeft om een kind *zelf* te verzorgen en op te voeden. De ouders hebben die plicht naar de kinderen en ook naar elkaar. Dit geldt ook na de scheiding. Voor kinderen betekent het dat beide ouders hen na de scheiding verzorgen en opvoeden. Dit doet iedere ouder afzonderlijk in de eigen nieuwe leefsituatie. Een ouder kan naar eigen inzicht de opvoeding verzorgen, waarbij het uitgangspunt is dat het gezag uitgeoefend wordt in het belang van het kind. In de praktijk betekent dit dat ouders regels op basis van waarden en normen in hun eigen huis zelf bepalen en dat een kind hiermee moet leren leven. Dit betekent niet dat ouders alles mogen doen met kinderen, zij moeten de belangen van hun kind en de ontwikkeling voorop stellen.

Rechten en plichten voor kinderen

Kinderen in Nederland hebben veel rechten en ook plichten. Eén zo'n plicht is bijvoorbeeld dat ze naar school moeten als ze vijf jaar zijn. Een andere plicht is dat zij moeten luisteren naar de beslissingen van hun ouders. De meeste ouders houden rekening met de mening van hun kind. Als ouders het niet met elkaar eens kunnen worden, moeten ze een oplossing zoeken. Een kind mag nooit moeten kiezen tussen de ouders, de wet zegt dat een kind dat niet kan. Een kind mag wel een mening geven en de ouders bepalen hoe zwaar de mening van een kind telt bij hun beslissing. De wet bepaalt dat hoe ouder een kind wordt, hoe zwaarder de mening telt. De mening van kinderen onder de twaalf jaar kunnen voor de ouders erg meetellen, maar niet altijd voor de wet. Ouders moeten al meer rekening houden met de mening van een kind ouder dan twaalf jaar. De mening van jongeren van zestien en zeventien jaar telt heel veel mee en zij mogen bijna helemaal bepalen wat goed voor hen is. Jongeren van achttien jaar zijn volgens de wet volwassen en zij mogen helemaal zelf bepalen wat zij willen, als zij zich maar aan de Nederlandse wet houden.

> **Maatschappelijk werkster**
>
> Een maatschappelijk werkster loopt tijdens haar begeleiding telkens vast als zij met jongeren praat die een van de ouders niet meer willen zien. Steeds merkt zij dat zij die jongeren goed begrijpt en tegelijkertijd vindt ze het belangrijk dat zo'n jongere wel contact heeft met zijn vader of moeder. "We weten toch allemaal dat contact belangrijk is", verzucht zij tegen haar leidinggevende. Tijdens een intervisie bespreekt zij haar probleem en daar hoort zij dat het wettelijk verplicht is dat ouders het elkaar mogelijk maken dat hun kind het goed heeft bij beide ouders. Als ouders beslissen dat een kind bij beide ouders moet wonen na een scheiding, dan moet een kind daarnaar luisteren. Dit is nieuwe informatie voor haar. Als zij deze informatie gebruikt tijdens een gesprek met een jongere, merkt zij tot haar verrassing een andere reactie van een jongere. De jongere moppert op 'die onnozele wet', maar gaat wel in op de uitnodiging te bekijken wat de wet voor hem in zijn situatie betekent.

Soms is de scheidingseducatie minimaal en zelfs tussen neus en lippen door te geven. Het is bijvoorbeeld voor kinderen belangrijk te leren omgaan met teleurstellingen en tegenslag. Dat kunnen de meeste kinderen leren. Omdat kinderen bij scheiding vaak zoveel tegelijk te doen krijgen, is het hen wel eens wat te veel. Het is goed om daar rekening mee te houden en toch ook van hen te verwachten om bijvoorbeeld de teleurstelling en tegenslag het hoofd te bieden en deze niet weg te houden of te vermijden. In deze steunende rol kunnen verschillende professionals iets betekenen.

> **Jort**
>
> Jort (14 jaar) wil graag meer bij zijn vader wonen, maar zijn ouders kunnen dat niet regelen vanwege hun werk. Hij klaagt erover bij zijn mentor. Die vraagt of er alternatieven zijn en als blijkt dat die er niet zijn, vraagt hij of Jort zich erbij neer kan leggen. De mentor vraagt na wat Jort meestal doet bij een teleurstelling. Jort vertelt dat hij dan wat vaker met zijn vrienden iets gaat doen, bijvoorbeeld crossen op de fiets. "Goed joh!" zegt de mentor en daarmee is het gesprek wel afgelopen.

De scheidingseducatie kan ook gebruikt worden om de situatie breder te bekijken en niet te beperken tot perikelen van de scheiding.

> **Sytse**
>
> Sytse (17 jaar) heeft moeite met zijn vader nu zijn ouders gescheiden zijn. Zijn vader heeft direct een relatie gekregen met een jonge vrouw en Sytse is daarvan in de war en hij veroordeelt zijn vader hierom. Hij praat erover met een psycholoog. Ze praten over relaties in het algemeen en het blijkt dat Sytse nooit problemen bij zijn ouders heeft gezien of gemerkt. Nadat hij hierover met zijn ouders heeft gepraat, begrijpt hij iets meer van hun scheiding.

Een belangrijk aspect van scheidingseducatie is dat kinderen te horen krijgen dat een scheiding bestaat uit een proces voor ouders en een proces voor kinderen. Hiermee worden zij in hun eigen positie als kind gezet en uitgenodigd om zich te richten op wat hen bezighoudt, welke betekenis zij daaraan geven en wat hen te doen staat.

Ouderlijke problemen

Voor kinderen die betrokken zijn bij of ingezogen zijn in de problemen van hun ouders is het innemen van de eigen positie een voorwaarde om zich weer te kunnen richten op het eigen proces.

> **Geke**
>
> Geke (15 jaar) praat met de vertrouwenspersoon op school. Zij woont afwisselend een week bij haar vader en dan weer bij haar moeder. Haar moeder is na de scheiding veel buitenshuis en de zorg voor haar zusje gaat niet goed. Geke doet haar best om de problemen bij haar moeder op te vangen en ze voor haar vader te verbergen. Tijdens de gesprekken blijkt dat ze veel verantwoordelijkheid op zich neemt, waardoor haar schoolresultaten verslechteren en haar sociale contacten eronder lijden. Zij bespreekt haar zorg met een hulpverlener en die helpt haar uiteindelijk bij het praten met haar moeder. Daarna besluit de moeder dat zij hulp voor zichzelf regelt. Dat vindt Geke spannend, omdat ze bang is dat haar vader boos wordt op haar moeder, er weer ruzie komt en dat zij en haar zusje dan niet meer zo vaak naar haar moeder mogen. De hulpverlener helpt haar ook daarbij en gesterkt in haar zelfvertrouwen door de goede

> afloop van het gesprek met haar moeder, praat zij ook met haar vader. Hij houdt zijn boosheid in en er verandert niets aan de omgangsregeling. Tijdens de volgende gesprekken blijkt dat Geke veel verdriet heeft van de scheiding en haar vader erg mist als zij bij haar moeder is.

3.5.3 Tekenen

Het maken van tekeningen helpt onder andere om contact te leggen met een kind. Het geeft een kind even de tijd om de kat uit de boom te kijken. Het geeft ook de professional gelegenheid om een kind tijdens het tekenen te observeren, zonder te praten. Een kind kan zich rustig bezinnen op wat het wil laten zien. Een tekening kan een complexe situatie inzichtelijk maken door bijvoorbeeld alle moeilijkheden te tekenen of door slechts één aspect eruit te lichten. De meeste kinderen vinden tekenen leuk, maar dat geldt niet voor alle kinderen en sommigen vinden het zelfs onaangenaam.

- Materiaal

Er zijn veel materialen beschikbaar en elk kind heeft eigen voorkeuren. Diverse materialen nodigen uit tot tekenen, te denken aan mooie kleurpotloden, waskrijt of verf en allerlei soorten papier. Kinderen vinden het leuk te kunnen kiezen.

- Werkwijze

Een tekening kan gebruikt worden als een vrije opdracht. Het kind kiest zelf wat het tekent en er kan een gesprekje ontstaan over de tekening, over wat het met het kind te maken heeft, enzovoorts.

Als het maken van een tekening een gerichte interventie is om over een bepaald thema met kinderen te praten, dan is een gerichte opdracht nodig, bijvoorbeeld: "Wil je een tekening maken over de scheiding van jouw ouders? Ik wil graag dat jij op die tekening staat, jouw ouders en je zusje." Sommige kinderen beginnen direct te tekenen, terwijl andere kinderen meer steun nodig hebben. Sommige kinderen beginnen niet met tekenen en dat is meestal een signaal dat ze niet goed weten wat verwacht wordt. Het stellen van vragen en doen van suggesties helpt: "Tja, een scheiding tekenen is ook niet zo simpel, waar denk jij aan bij de scheiding van je ouders? Oh, een donkere wolk. Zou je die kunnen tekenen?" En zo ontstaat al pratend de tekening. Hier volgen een aantal ideeën voor gerichte opdrachten en bijbehorende gespreksmogelijkheden over scheiding.

Buiten- en binnenwereld

Een kind dat zichzelf tekent, tekent de buitenkant. Jonge kinderen vinden het leuk om een omtrek van zichzelf te maken op een groot stuk papier en het daarna het gezicht en de kleding te tekenen en te kleuren. Bij jonge kinderen (vanaf ongeveer 6 jaar), is het mogelijk om de buiten- en de binnenwereld met elkaar te verbinden. Eerst voer je een gesprekje over de buitenkant door vragen te stellen over wat er te zien is op de tekening, bijvoorbeeld grote handen, of een lachend gezicht. Leg dan uit dat mensen de buitenkant goed kunnen zien en bekijk of er overeenkomsten zijn met anderen, in de trant van: "Jij hebt lange haren, ken je iemand bij wie dat ook zo is? Ken je ook iemand bij wie dat anders is?" Vertel daarna dat soms aan de buitenkant te zien is hoe een kind zich voelt. Voer hier een gesprekje over door vragen te stellen, bijvoorbeeld: "Kun jij aan een ander zien hoe hij zich voelt? Waaraan kun je dat zien? Hoe kun je dit bij jou zien op deze tekening? Kan de meester het in de klas aan jou zien of aan je vriendjes op het schoolplein? Kunnen je ouders aan jou zien dat je verdrietig/boos/bang bent?" Vaak hebben kinderen even de tijd nodig om een antwoord te geven. Wacht daarop of stimuleer hen om na te denken: "Zo, jij gebruikt de tijd om goed na te denken, ik wacht op je." Geef pas zelf voorbeelden en ideeën als een kind het niet weet. Vraag of het jouw voorbeelden herkent of vraag: "Of is dat bij jou nog weer anders? Ik merk vaak dat het bij ieder kind weer anders is. Hoe is dat bij jou?"

Daarna is kun je de daadwerkelijke overgang maken naar de binnenkant, ook aan de hand van de tekening. Soms zegt een kind iets over de organen, bloed en spieren. Soms vertelt een kind iets over voelen en denken, maar dat is niet altijd het geval. Vertel daar dan iets over als: "Ja, met de binnenkant bedoel ik hoe iemand zich voelt of hoe iemand denkt." Vraag of het kind voorbeelden over zichzelf kan geven. Nu kan ook weer de verbinding met anderen gemaakt worden door te vragen hoe een ander kan zien hoe iemand zich voelt, of hoe iemand daar achter komen en wat doet hij of zij als een ander het niet begrijpt. Daarna kan een kind bekijken hoe dat bij zichzelf gaat. "Kunnen anderen zien hoe jij je voelt of wat je denkt? Hoe laat jij dat weten?" Afhankelijk van je doelstelling kun je het gesprek richten op het contact met de vader of de moeder, of op anderen uit het gezin. Sommige kinderen moeten wennen aan dit soort vragen of vinden ze moeilijk. Als je dit merkt, kun je zeggen: "Ik stel misschien moeilijke vragen. Klopt dat? Vind je ze moeilijk of te moeilijk? Dat laat je goed zien. Doe dat maar, want dan help ik je gewoon."

Liesbeth

Een coach vraag aan Liesbeth (14 jaar) zichzelf te tekenen op een groot blad papier. Dat vindt ze leuk. Ze maakt er een kleurige tekening van en in haar hand tekent zij een mooie tas. Ze vertelt dat ze heel veel tassen heeft. Zij begrijpt snel het verschil tussen de buitenkant en de binnenkant. Zij vertelt dat de binnenkant er heel anders uitziet dan haar buitenkant. "Ik denk dat ik voor de binnenkant veel zwart moet gebruiken." Zij tekent ook haar moeder. Liesbeth zou graag meer van haar binnenkant aan haar moeder willen laten zien. Ze denkt dat haar dat wel lukt. Ze huilt als het over haar vader gaat. Hij begrijpt haar niet goed. Nu zegt haar oma steeds dat ze vriendelijker voor hem moet zijn, omdat hij het zo moeilijk heeft met de scheiding. Er is aandacht voor de gevoelens van Liesbeth en dat helpt haar. De coach bespreekt met Liesbeth hoe zij haar gevoelens aan haar vader kan laten zien, zodat hij haar beter begrijpt.

Gezinstekening maken

De gezinstekening is te gebruiken om zicht krijgen op de huidige leefsituatie van een kind. Het gesprek kan gaan over de persoon op de tekening, waardoor differentiatie kan ontstaan tussen verschillende personen en hun perspectieven. Dit helpt te verduidelijken dat de scheiding voor iedereen anders is en dat ouders en kinderen verschillende dingen te doen hebben. De tekening is aanleiding om te verhelderen wat een kind meemaakt door de scheiding, wat het voelt en wat het denkt en hoe de verschillende relaties in het gezin.

Het gesprek kan naar aanleiding van de gezinstekening ook gaan over praktische zaken zoals wat een kind overdag doet, zoals sport en hobby's. Dit helpt hen om duidelijk te krijgen wat hun mening of wensen zijn met betrekking tot regelingen in de omgang en de zorg.

Sommige kinderen antwoorden op de vraag wat ze voelen of vinden dat ze het 'gewoon' vinden. Dat kan komen omdat ze de vraag niet begrijpen, maar ook omdat ze onvoldoende kennis hebben van de emoties of omdat ze zelf niet goed kunnen onderscheiden wat ze voelen. Hier kan dan meer aandacht aan besteed worden. Een dergelijke antwoord kan ook te maken hebben met argwaan, wantrouwen of verwarring. Dit is te zien bij kinderen die betrokken zijn bij of ingezogen zijn in het conflict van de ouders. Zij hebben soms al geleerd om niet meer over zichzelf te praten. Ook bij deze kinderen is het nodig om stil te staan bij hun gevoelens en er woorden aan te geven. Door tijdens het gesprek de situatie te verbreden, ontstaan er andere openingen om gevoelens te bespreken en te onderzoeken, met vragen als: "Zijn er anderen in het gezin die zich verdrietig voelen, ergens last van hebben of iets moeilijk vinden? Wie zijn dat en waar hebben ze last van?" En: "Zo hé, en jij hebt er geen last van. Dat valt op, hoe doe jij dat, dat je er geen last van hebt? Zijn er nog mensen die niet op de tekening staan, maar wel last hebben van de scheiding van jouw vader en moeder? Hoe is dat voor jou? Zijn er misschien mensen die last hebben van jou en bijvoorbeeld boos op je worden? Zijn er misschien mensen die wel vinden dat jij verdrietig bent en er last van hebt, terwijl jij dat zelf niet zo vindt? Misschien zijn er mensen die het onzin vinden dat jij ergens last van hebt?" De antwoorden brengen misschien met zich mee dat er zicht komt op de verschillen tussen mensen en hun verschillende reacties.

> **Khalid**
>
> De mentor van Khalid (16 jaar) vraagt hem zijn familie te tekenen. Hij tekent schetsmatig vijftien mensen: zijn ouders, zijn broers en zussen en familieleden. Hij zegt dat hij er nog wel twintig bij moet tekenen als iedereen er op moet staan die last heeft van de scheiding van zijn ouders. Tijdens het gesprekje dat volgt, vertelt Khalid dat hij het heel prettig vindt dat er zoveel mensen betrokken zijn, want iedereen begrijpt hem goed. Hij kan altijd met anderen over zijn problemen praten.

Huizentekening maken

Het tekenen van huizen biedt kinderen de mogelijkheid met afstand te kijken naar de leefsituatie. Dit kan door één huis te tekenen, waarin van alles gebeurt, en het kan ook door meerdere huizen te tekenen, die elk symbool staan voor een woonplek.

Gerhard

Een creatieve therapeut vraagt Gerhard (7 jaar) een huis te tekenen. De therapeut wil zicht krijgen op hoe Gerhard de scheiding van zijn ouders ervaart. Gerhard vertelt allerlei dingen over het huis. Hij vindt de slaapkamer van zijn moeder niet meer prettig, omdat Peter er nu slaapt en niet zijn vader. Er is op de tekening geen plekje om het huis van zijn vader te tekenen. De therapeut onderzoekt met Gerhard zijn gevoelens van gemis en helpt hem deze te bespreken met zijn vader.

Een verbinding tussen de huizen tekenen

Als kinderen de twee huizen van hun ouders tekenen, kunnen zij een verbinding maken tussen die huizen. De verbinding symboliseert de overgang die de kinderen steeds maken tussen hun ouders, om in contact met hen te blijven en vorm te geven aan hun band. Die verbinding kan een weg, een brug of een ander symbool zijn. De manier waarop de kinderen deze verbinding vormgeven, is interessant om te zien. Kijk bijvoorbeeld naar hoe de verbinding zit aan de twee huizen vastzit, hoe stevig of wankel die verbinding is en of er kleur wordt gebruikt. Als er dingen opvallen, is het steeds goed om je idee erover te toetsen: "Hé, ik zie hier dat de brug niet echt vast zit aan het huis, zie jij dat ook? Ik denk er direct bij dat die brug nog wat onderhoud nodig heeft, wat denk jij? Is dat in het echt ook zo, gaat het niet zo makkelijk van het ene huis naar het andere huis of zit ik nu iets geks te bedenken? Kun je er iets over vertellen?" Een kind kan zelf beoordelen of het tevreden is over de verbinding. Sommige kinderen gaan over zichzelf praten en anderen blijven de metafoor van de brug of de weg gebruiken.

Tekenen binnen oplossingsgericht werken

Soms willen kinderen niet kijken naar en praten over de moeilijke dingen in hun leven. Het is stimulerend en helpend om aandacht te geven aan wat goed gaat. Vaak is het makkelijker om de goede dingen uit te breiden, dan om de moeilijke dingen te veranderen. Ideeën uit het oplossingsgerichte werken (Shazer en Dolan 2009) en uit het competentiemodel (Spanjaard en Slot 2015) zijn hierin ondersteunend.

Zo'n tekenopdracht kan ook aanleiding zijn om scheidingseducatie te geven over het leven in twee verschillende huizen. Bijvoorbeeld over de verschillen die er zijn, omdat elke ouder een eigen manier van verzorgen en opvoeden heeft, omdat de ene ouder iets anders belangrijk vindt als de andere ouder, of over hoe lastig het als kind is om te zeggen wat jij graag wilt, terwijl je weet dat je vader of moeder dat moeilijk vindt, maar je toch tegen die ouder in wilt gaan. Kinderen en jongeren kunnen bekijken hoe zij dat ervaren en waar zij tegenaanlopen.

Fijnste moment en/of moeilijkste moment tekenen

De opdracht om het fijnste of het moeilijkste moment te tekenen, helpt bij het reflecteren op gebeurtenissen tijdens de scheiden en daarmee ook op de relaties met anderen in het gezin. Vraag aan een kind een tekening te maken van het fijnste moment met (……) (vul in: vader, moeder, broer/zus, opa/oma enz.). Het is voor kinderen, en vaak ook voor jongeren, niet vanzelfsprekend hierover te praten. Door belangstellende vragen te stellen, ontstaat er mogelijk een gesprekje: "Heb je zulke momenten vaak? Wat maakte (gebeurde er, was er) dat het zo fijn voor je was? Wie zorgde ervoor dat het goed was? Hoe deed jij, hij of zij (wijzen naar het poppetje in de tekening, zonder een naam te noemen) dat? Zijn er voor jou genoeg van zulke momenten op een dag, in de week? Daarna kun je de overstap maken naar de relaties, in de trant van: "Wie is dat?" Vervolgens helpen vragen die verwijzen naar relaties, zoals: "Wat doe jij samen met die persoon? Hoe is dat voor jou? Praat je wel eens over wat voor jou belangrijk is? Wat vind je, wordt er goed naar je geluisterd, begrijpt de ander jou?"

■■ Moeilijk of moeilijkste moment tekenen

Daarna is het moeilijkste moment aan de beurt: "Kun jij een tekening maken van (……) (vul in: een moeilijk moment met vader, moeder, broer/zus, opa/oma, tante enz.)?" Er kan gekeken worden naar dat moeilijke moment en wat het voor het kind en voor de ander betekent: "Wat was er voor jou moeilijk aan, en voor de anderen? Wie waren er nog meer die niet op de tekening staan? Denk je nog wel eens aan die gebeurtenis? Wat doe jij als je iets moeilijk vindt? Was dit het moeilijkst of zijn er nog andere dingen gebeurd die nog moeilijker waren? Zijn er nu dingen die moeilijk voor je zijn, waar je verdrietig van wordt of waar je last van hebt? Helpt iemand jou daarmee? Weten je ouders daarvan? Zou je ze het kunnen vertellen?"

> **Murat**
>
> Bij een orthopedagoog tekent Murat (10 jaar) zijn moeilijkste moment. Hij tekent een bank waarachter een kind zich verschuilt, terwijl twee mensen schreeuwen en elkaar slaan. Het jongetje durft volgens Murat niets te doen, omdat hij bang is. Hij wil zijn moeder graag helpen, maar hij durft niet. De orthopedagoog bespreekt wat hij zou willen doen en onderzoekt wat hij zou kunnen doen. Hij wordt er verdrietig van als hij ontdekt dat hij niet veel kan doen voor zijn moeder. De orthopedagoog vertelt hem dat kinderen de problemen van ouders niet kunnen en ook niet hoeven op te lossen. Dat moeten ouders zelf doen. Het helpt wel als ouders weten wat hun problemen bij kinderen veroorzaken. Zo ontstaat een opening, waardoor Murat zelf voelt hoeveel last hij heeft van de ruzie van zijn ouders en daardoor kan hij erover praten, ook met zijn ouders.

Overige tekenideeën

Er zijn nog veel meer situaties waarover een tekening gemaakt kan worden, bijvoorbeeld:
- aan tafel, tijdens het eten, in contact met broertjes/zusjes/vader/moeder;
- een verjaardag, in contact met andere mensen die belangrijk voor je zijn;
- op het schoolplein, in contact met leeftijdgenoten en/of de leerkracht;
- fantasietekeningen over verschillende onderwerpen.

3.5.4 Opstellingen

Deze werkvorm is gebaseerd op de systeemtheorie (Slavernije et al. 2008) met als uitgangspunt dat in een gezond gezin iedereen een plek heeft, zijn eigen plaats inneemt volgens een vaste ordening, en dat er een balans is tussen geven en nemen. Het gezinssysteem is onderdeel van een groter geheel, waarvan onder andere familie, buurt en school deel uitmaken. Binnen het gezin hebben ouders hun plaats in het zogenaamde oudersysteem en de kinderen hun plaats onder de ouders in het kindsysteem. De ouders staan 'boven' de kinderen, vanwege hun ouderschap en hun opvoedingsverantwoordelijkheid. Het gegeven dat ouders boven hun kinderen staan, moet niet verward worden met een autoritaire opvoedstijl, waarbij de ouder het kind onvoldoende gelegenheid geeft een eigenheid te ontwikkelen, maar in plaats daarvan zich moet onderwerpen aan de waarden, normen en meningen van de ouder. Om deze werkvorm toe te passen is training nodig; ze vraagt specifieke deskundigheid van een professional.

- **Materiaal**

Voor het maken van opstellingen is divers spelmateriaal geschikt, van blokken tot poppen, van constructiemateriaal tot plaatmateriaal, van schelpjes tot stenen.

- **Werkwijze**

Een opstelling (Hellinger 2001) is een weergave van een (gezins)situatie, zoals de opsteller deze ervaart. Stel, een gezin bestaat uit een vader, moeder en twee kinderen, dan kiest een kind vier symbolen, bijvoorbeeld vier poppetjes en zet deze neer op de tafel of op de grond. Dit wordt de opstelling genoemd. De symbolen zijn te gebruiken voor personen en voor andere zaken, zoals een probleem, voor een oplossing, voor een last, enzovoorts. Daarna volgt een gesprekje aan de hand van vragen over wat er te zien is en/of wat er gebeurt als er iets verandert in de opstelling.

Het maken van de opstelling

Het maken van de opstelling zelf vraagt tijd en aandacht. Sommige professionals kiezen ervoor om het materiaal binnen een afgebakende ruimte te laten plaatsen, anderen geven hierin meer vrijheid. Nadat een kind het materiaal heeft neergezet, is het afhankelijk van het doel van het gesprek welke vragen er gesteld worden. Het kan gaan over de band tussen de ouder en het kind of de ouders onderling, over de eigen positie, over de zorg van een kind voor de ouders en ook over andere partners van ouders. De vragen die een professional zichzelf kan stellen bij het zien van de opstelling zijn bijvoorbeeld:
- Heeft iedere betrokkene bij deze scheiding ook een plaats gekregen?
- Zijn er overleden ouders en/of kinderen die een plek moeten hebben? Of anderen die buiten beeld zijn geraakt?
- Hoe is de ordening? Staan de ouders in het oudersysteem en de kinderen in het kindsysteem?

Gesprek over de opstelling

Tijdens het gesprek met het kind of de jongere is het mogelijk om aandacht te geven aan de balans tussen geven en nemen. Een kind kijkt met behulp van deze werkwijze vanuit een ander perspectief naar de situatie en krijgt daardoor vaak meer duidelijkheid. Deze werkwijze helpt te ontdekken welke belevingen, gevoelens of gedachten het kind heeft en geeft de mogelijkheid zich in te leven in andere betrokkenen, zodat bijvoorbeeld bij voorstellen over (omgangs)regelingen rekening gehouden wordt met het welzijn van alle betrokkenen.

Wesley

De spelbegeleider heeft Wesley (8 jaar) gevraagd twee huizen te bouwen, die van zijn vader en moeder. Wesley zet ze in de spelruimte neer en zet er poppetjes bij als symbool voor zijn ouders. De spelbegeleider vraagt aan Wesley wie er nog meer bij het huis van papa zijn en wie bij het huis van mama. Daarna kiest Wesley poppetjes voor zichzelf en zijn twee broers en zijn zusje. De spelbegeleider vraagt waar die komen te staan. Wesley kijkt verbaasd en weet eerst niet hoe dat moet. Dan plaatst hij de poppetjes precies in het midden. Hij vertelt daarbij dat hij net zo vaak bij mama is als bij papa. Hij kijkt naar de poppetjes in het midden en als de spelbegeleider vraagt hoe dat voor deze kinderen is zo in het midden, denkt hij lang na en kijkt naar de poppetjes. Dan zegt hij: "Dat is wel gek, mama en papa zijn heel ver weg." Hij zet de poppetjes bij het huis van zijn vader en dan komen de tranen in zijn ogen. "Nu is mama zo alleen."

Neutrale vragen stellen

In het begin worden de vragen gesteld vanuit de neutrale 'poppetjes', ook al representeert zo'n poppetje een kind, moeder of vader. Door te praten over 'dit poppetje', gaat het nog niet over het kind zelf. Deze afstand kun je scheppen door vragen te stellen als: "Hoe is het voor dit poppetje? Wat vindt dit poppetje ervan om bij dat huis te zijn?" Sommige kinderen hebben die afstand nodig, anderen niet. De kinderen die het niet nodig hebben, praten al snel over zichzelf: "Ik ben verdrietig als ik bij het huis van papa ben, omdat ik mama dan mis."

Neutrale voorbeeldvragen bij deze werkvorm zijn:
- "Hoe is het voor dit poppetje?"
- "Hoe is het voor deze papa als dit poppetje daar is? Wat voelt dit poppetje dan? Wat gaat er vervolgens gebeuren? Hoe is het voor dit poppetje als hij bij zijn vader is? Hoe voelt dat?"

Als dat goed gaat en het kind is betrokken bij wat er gebeurt met het spelmateriaal kun je proberen om iets te veranderen aan de plaats van een poppetje. Bijvoorbeeld: Kijk, nu probeer ik even wat uit. Ik zet dit poppetje op een andere plek, hier bij dit huis. Zie je dat?

- "Hoe is het nu voor dit poppetje, nu het bij het huis van zijn moeder is? Hoe is het als zijn broertjes en zusje nog bij zijn vader zijn?"
- "Wat is een fijne plek voor dit poppetje? En voor deze? Wil jij dat poppetje daar eens neer zetten? Hoe is het nu voor dit poppetje?"
- "Ken jij andere kinderen die dat ook hebben? Zijn er kinderen in jouw klas die het anders doen? Hoe is dat voor dit poppetje, zou hij/zij dat anders willen? Hoe zou jij dat doen?"
- "Ik ken kinderen die het nog weer anders doen." (Geef een voorbeeld en vraag: "Wat vind jij daarvan? Zou jij het ook zo kunnen doen of past dat niet bij jou?")
- "Laat mij eens raden! Ik praat vaak met kinderen van gescheiden ouders, dus wie weet raad ik goed! Ik denk dat jij vindt dat je vader veel te ver weg is. Klopt dat?"
- "Zullen we eens doen alsof (……) (bijv. moeder) dichterbij is? Wat verandert er nu voor jou?"

Mohamed

Iemand van het sociaal wijkteam werkt met Mohamed (14 jaar) aan een opstelling. Hij neemt thuis veel verantwoordelijkheid op zich en zijn moeder maakt zich zorgen. Mohamed ervaart zelf ook problemen en kiest als symbool daarvoor een steen. Die legt hij bovenop het blokje dat hij voor zichzelf koos en voelt de zware last. Nu hij dit voelt, wil hij dit probleem aanpakken en veranderen. Hij wil graag oefenen hoe hij dit met zijn ouders kan bespreken.

3.5.5 De verbinding tussen ouders en kind

Deze werkvorm is bijvoorbeeld te gebruiken om met kinderen te reflecteren op de relatie met hun ouders. Bijvoorbeeld als zij verandering willen in de bezoekregeling, maar ook als zij aangeven geen contact meer te willen met een ouder.

- **Materiaal**

Bij deze werkvorm is elk materiaal te gebruiken dat een verbinding kan verbeelden tussen ouder en kind. Te denken valt aan linten, repen crêpepapier, tekeningen, knutselwerk, verhalen, stenen, poppetjes, enzovoorts.

- **Werkwijze**

Bij deze werkvorm krijgen kinderen informatie over het verschil tussen de band van hun ouders onderling en over die van een kind met de ouders.

De band tussen de ouders

De band tussen de ouders kan verbroken worden, die tussen hen en hun ouders niet (Boszormenyi-Nagy 1973, 2010; Hellinger 2010). Je kunt dit bijvoorbeeld als volgt vertellen: "De band tussen ouders onderling is meestal ontstaan door liefde en door samen te leven. Ouders kunnen deze band verbreken en doen dat bij een scheiding." Met die informatie kijken kinderen naar de band tussen hun ouders en vertellen ze wat ze erover weten. Veel kinderen weten niet zoveel van de beginperiode van het contact van hun ouders en van hun verliefdheid. Als kinderen weinig weten, kunnen zij dat uit gaan zoeken. Als hun ouders hierover willen praten, kunnen zij met kinderen bijvoorbeeld oude fotoboeken of filmpjes bekijken. Veel kinderen genieten hiervan. Het komt voor dat er geen liefdesrelatie is geweest tussen de ouders. Dat is pijnlijk en belangrijk om met een kind (en de ouders) te bespreken en stil te staan bij wat dat betekent. Na het bespreken van de liefdesband tussen ouders is de scheiding onderwerp van gesprek, door bijvoorbeeld te vertellen dat de liefde tussen ouders is gestopt, kapot is gegaan. Sommige kinderen worden boos als ze horen dat het bij veel ouders gebeurt en daardoor ook 'normaal' is, in de zin dat het vaak gebeurt. Dat een scheiding normaal is, betekent niet dat het daarom makkelijk is om mee te maken. Het is te vergelijken met iemand die heel veel pijn heeft vanwege een beenbreuk, die pijn is normaal, maar niet echt leuk.

De band tussen ouder en kind

Vervolgens gaat het gesprek over de band tussen een ouder en een kind (Eerenbeemt 2003; Boszormenyi-Nagy 2010) en de verschillen tussen die band en de band tussen beide ouders. Om dit te verduidelijken, kan een vergelijking helpen: "Bijvoorbeeld de vergelijking van de band met een ouder en de kleur paars. Die kleur ontstaat door de kleuren blauw en rood te mengen. De kleuren, blauw en rood, symboliseren de ouders. Als ze samen gaan, krijgen zij een kind en dat is iets nieuws dat ontstaat uit de ouders. Dat is bijvoorbeeld bij de kleur paars ook zo. Die kleur paars kan nooit bestaan zonder de kleuren blauw en rood. De kleuren blauw en rood kunnen stoppen met het samengaan. De kleur blauw kan bijvoorbeeld met de kleur geel samen groen worden en de kleur rood kan met wit de kleur roze worden. De kleur paars blijft altijd bestaan uit rood en blauw. Ouders kunnen uit elkaar, maar de band tussen een kind en zijn ouders is uniek en stopt nooit, ook al zie je elkaar nooit meer en wil je niets van elkaar weten, omdat je heel boos bent (op elkaar). Die band met je ouders blijft je hele leven." Met behulp van deze informatie kijkt een kind naar de eigen band met de ouders. Bij kinderen die betrokken zijn bij de problemen van hun ouders of ingezogen zijn in het conflict tussen de ouders, roept dat veel emotie en spanning op, waardoor meer ontmoetingen nodig zijn om te ontspannen en te bepalen hoe het kind zelf verder wil met de ouder(s).

Said

Een psycholoog bespreekt deze informatie met Said (9 jaar). Said ziet zijn vader weinig en wil er het liefst niet meer naar toe. De psycholoog vraagt hem of hij andere kinderen kent die niet zo blij zijn met hun vader. Said heeft een vriendje dat zijn vader niet kent en dat vriendje zegt dat hij blij is dat zijn vader niet in Nederland is "omdat het geen echte vader is". De psycholoog vertelt Said over de wet en onderzoekt met hem of er nog goede herinneringen zijn aan zijn vader. Said herinnert zich mooie momenten tijdens het vissen met zijn vader. De psycholoog weet dat de broer (14) en zus (16) van Said niet meer naar hun vader toegaan. Dit bespreekt hij en dat blijkt voor Said lastig. De oudere broer en zus mochten zelf kiezen of ze wel of niet naar hun vader wilden. De ouders van Said vinden dat nu niet meer goed. Said mag niet kiezen en hij moet van beide ouders ook naar zijn vader. In een volgend gesprek vertellen de ouders dit aan Said. Hij vindt het heel moeilijk om zich erbij neer te leggen. De psycholoog nodigt hem uit om samen te onderzoeken hoe Said het contact met zijn vader zou willen. Dit wil Said. Als Said duidelijk heeft wat hij wil, bespreekt hij dit met zijn ouders, met een beetje hulp van de psycholoog.

De speciale band tussen ouder en kind

Tijdens de reflectie op de band met de ouder komt ook het onderwerp prettige eigenschappen en lastige of nare eigenschappen aan de orde. Het accepteren hiervan sluit aan bij de psychologische taak voor kinderen. Veel kinderen leren van hun ouders de verschillende eigenschappen in mensen te accepteren. Soms komt deze acceptatie tijdens een scheiding toch onder druk te staan, door nu net die eigenschap of manier van doen te bestempelen als slecht, onnozel of gemeen. Kinderen leren van hun ouders hoe zij mogen reageren op anderen, bijvoorbeeld door te schreeuwen tegen een ander als ze boos zijn, de ander te negeren of door nare dingen over iemand te zeggen.

Gedrag in relatie tot de band met de ouders

Tijdens het reflecteren op hun band kijken kinderen naar het gedrag van de ouders, bijvoorbeeld door te praten over de bedoelingen en de effecten van hun gedrag (Cottyn 2016). Iemand kan iets goed bedoelen, maar het kan verkeerd overkomen en daardoor zijn er misschien misverstanden ontstaan. "Stel je voor dat iets nu moeilijk is en dat dit komt door een misverstand, hoe kun je daar dan achter komen?" Het helpt kinderen onderscheid te maken tussen de persoon zelf en de band die een kind met die persoon heeft. Dan kun je zaken ook anders belichten: "Nee, dat heeft hij niet zo handig gedaan, maar wat betekent dat voor jullie band?" of "Ze komt ook vaak laat hè? Het lijkt wel of dat bij je moeder hoort. Ik ken wel meer mensen die dat hebben. Wat vind jij speciaal aan haar en wat merk je daarvan in de band die je met haar hebt?" Met deze vragen krijgt een kind de kans eventuele, voor het kind belastende, opmerkingen van de andere ouder los te laten en te ontdekken wat het zelf belangrijk vindt. Het kan dan bijvoorbeeld zeggen: "Pappa, mama wil heel graag dat jij op tijd komt, maar ik vind het niet erg om op je te wachten hoor." Sommige kinderen raken geïrriteerd door dit soort vragen. Dat is meestal het geval als zij ingezogen zijn in het conflict van hun ouders.

René

De mentor van René (15 jaar) praat met hem over de scheiding. Zijn moeder is anderhalf jaar geleden plotseling bij een andere man gaan wonen en nu is zij zwanger van een kindje van hem. Als de mentor hem vraagt wat hij daarvan vindt, roept hij verontwaardigd: "Ja, wat denk je nu zelf! Ze laat mijn vader stikken en hij moet nu alles alleen opknappen. Mijn moeder kijkt niet naar ons om! Ik vind het belachelijk dat ze

> dit doet!" René wil niet praten over de band met zijn moeder: "Hoe kun je zoiets nu vragen zeg! Ik héb helemaal geen band met mijn moeder en die komt ook niet meer!"
> De mentor zegt tegen René: "Zo, mijn vragen maken je kwaad zeg! Volgens mij ben je boos op meer dingen; misschien moet je er toch eens met iemand over praten.
> Ik krijg de indruk dat die boosheid jou nu niet echt verder helpt. Wil je er eens over nadenken?" René zegt dat dit niet nodig is, omdat er toch niks verandert. Hij hoeft geen hulp.

De band met andere belangrijke personen

Met behulp van deze werkvorm kunnen kinderen ook kijken naar de band met andere belangrijke personen, zoals met broers en zussen. Kinderen kunnen elkaar steunen in deze periode en kunnen dit zelf mobiliseren.

Bram

> Bram (9 jaar) kijkt enorm trots als hij van zijn broertje (6 jaar) hoort dat hij hem soms helpt bij de moeilijke dingen van de scheiding. Het broertje vertelt hem dat hij zo lief kijkt als hij verdrietig is en dan zo lief doet.

3.5.6 Verhalen

Bij deze werkvorm is er aandacht voor alle verschillende verhalen die betrokkenen hebben over de scheiding. Elk ouderpaar heeft een eigen verhaal over de relatie, over de andere ouder en ook over het uit elkaar gaan, net als familie of vrienden en andere betrokkenen een verhaal hebben.

Door kinderen te helpen hun eigen verhaal te vertellen, versterken kinderen hun positie en ontstaat er geen verwarring over: "Ik denk er anders over dan mijn ouders, maar dat is ook logisch. Ik ben niet met ze getrouwd geweest, het zijn gewoon mijn ouders." Kinderen hebben meestal zelf ideeën over de scheiding van hun ouders, ook jonge kinderen. Zij zijn direct betrokken bij alle gebeurtenissen.

Sommige ouders hebben één verhaal. Andere ouders hebben elk hun eigen verhaal. Kinderen willen die verenigen, ook als dit niet kan (Cottyn 1994, 1995). Zij raken in de war als dit niet lukt. Zij leren van de ouder(s) dat maar één verhaal de waarheid kan zijn. Het is een probleem als ouders, of mensen uit hun netwerk alleen maar accepteren dat hun manier van kijken naar een situatie klopt. Zij willen hun gelijk halen. Een kind mag weten dat dit door het conflict komt en dat het niet klopt. Met deze werkvorm krijgt een kind tijd en aandacht voor de eigen belevenissen en ideeën, voor het eigen verhaal.

Materialen

Bij deze werkvorm kunnen verschillende materialen gebruikt worden. Vooral bij kinderen tot ongeveer elf jaar is het aan te raden materialen te gebruiken, zoals bijvoorbeeld tekeningen of (lego)poppetjes. Jongeren kunnen gebruikmaken van tekst- of beeldmateriaal. Een kind kan bijvoorbeeld een tekst schrijven of typen of iets maken met behulp van tekeningen of plaatjes. Een kind kan ook een verhaal inspreken op een mobiel of een recorder als het zijn verhaal bijvoorbeeld aan anderen wil laten horen.

Werkwijze

De professional bespreekt met kinderen dat iedereen op een verschillende manier een gebeurtenis kan beleven. Het is meestal leuk om daarover te praten. Kinderen kunnen er voorbeelden van geven. Daarna kan de reden van de scheiding besproken worden: "Wat hebben je ouders jou verteld over waarom ze gescheiden zijn? Vinden ze allebei hetzelfde? Wat is volgens jou de reden? Weet je ook hoe je broer erover denkt, of je oma of opa?" Kinderen kunnen zelf op onderzoek uitgaan en verschillende mensen bevragen. Op deze manier zijn ook andere gebeurtenissen te onderzoeken, bijvoorbeeld een gebeurtenis waarover na de scheiding onduidelijkheid is ontstaan. De verschillen kunnen verwarrend zijn voor een kind en het verzamelen van verhalen vraagt daardoor goede voorbereiding.

> **Evy**
>
> De hulpverlener van Evy (13 jaar) heeft met haar de voorbereiding gedaan. Evy wil met haar vader en moeder praten en met haar opa's en oma's. Ze vindt het spannend om met de ouders van haar moeder te praten, omdat die boos zijn op haar vader. Ze begrijpt niet goed wat er is gebeurd. Opa en oma maakten altijd lol met haar vader en ze zeiden tegen haar moeder dat ze geluk had met zo'n lieve man. "Ik snap het ook niet", zegt Evy, "dat mijn vader bij mijn moeder weg wil, maar ik doe toch wel gewoon tegen hem."

Dit onderwerp kan een leerkracht of mentor ook aanpakken en een kind ernaar vragen: "Duidelijk joh, wat je vader over de scheiding denkt en je moeder heeft nog weer andere ideeën. Volgens mij is dat knap lastig. Wat is jouw idee eigenlijk? Ik ben daar wel benieuwd naar." Nadat een kind de verhalen heeft verzameld, is het vervolg afhankelijk van de ervaringen. De professional staat er samen met het kind bij stil en bespreekt wat het met het kind doet. Als de verhalen sterk verschillen, vraagt dit meer tijd. Het komt voor dat een kind zegt: "Ik heb hetzelfde verhaal als mijn moeder en een ander dan mijn vader." Dat kan spannend zijn en ook nu bespreekt de professional wat dit voor dit kind betekent.

> **Esther**
>
> De therapeut van Esther (17 jaar) praat met haar over verschillende waarheden. Esther vertelt dat zij echt niet begrijpt dat haar moeder zulke leugens vertelt. Zij weet heus wel hoe het in elkaar zit en haar vader vindt precies hetzelfde. Bij Esther gaat het er niet in, de informatie over verschillende verhalen en over haar positie. Zij begrijpt de problemen wel die haar vader met haar moeder heeft. "Zij houdt gewoon geen rekening met een ander." Esther wil het er niet meer over hebben, want ze weet heel goed dat dit nooit zal veranderen. De therapeut laat deze jongedame niet in de steek. Haar onmacht is duidelijk. Ze vraagt: "Hoe is het voor jou, dat je moeder geen rekening houdt met jou? Ik ben daar wel nieuwsgierig naar, want dat gaat over jouw gezondheid. Hoe is het daarmee?"

Kinderen die hun eigen verhaal ontdekken en vertellen over hun ervaringen, meningen en gevoelens, kunnen dit plaatsen naast die van anderen, waardoor zij erover kunnen praten. Het helpt hen ook om de gebeurtenissen te verwerken.

> **Nathan**
>
> Nathan (8 jaar) heeft zijn eigen verhaal leren vertellen. Hij heeft er een tekening van gemaakt: twee huizen met een kronkelweggetje ertussen. "Door deze weg met allemaal bochten duurt het veel langer voordat papa bij het huis van mama is en nu kan hij gewoon aardig doen tegen mama. Dat kon hij niet toen hij bij mama en mij woonde." Het kronkelweggetje helpt Nathan om minder bang te zijn. Hij neemt de tekening mee naar school en praat erover met zijn juf.

Praktische handreikingen voor speciale thema's

Samenvatting

In dit hoofdstuk staan speciale thema's rondom kinderen en scheiding centraal, met suggesties om deze met hen te bespreken tijdens individuele contacten. Het zijn niet de direct voor de hand liggende onderwerpen, maar wel de onderwerpen waar kinderen mee te maken krijgen of last van kunnen hebben. De gesprekssuggesties zijn bedoeld als leidraad om een ingang te krijgen bij kinderen en te horen of een thema leeft en hoe zij ermee omgaan.

4.1 Inleiding – 113

4.2 Uitzoeken wat er akelig is – 113
4.2.1 Eerste ingrijpende gebeurtenis – 113

4.3 Schuld – 114
4.3.1 Eigen schuld – 114
4.3.2 Schuld geven aan de ouders – 114
4.3.3 Ouderlijke problemen – 115
4.3.4 Vertrouwen – 115
4.3.5 Denkpatroon – 116
4.3.6 De 'schuldige' ouder – 116
4.3.7 De 'afwezige' ouder – 116
4.3.8 Moeilijk, maar onvermijdelijk – 117
4.3.9 Ouders die elkaar de schuld geven – 117
4.3.10 Goede en slechte eigenschappen – 118

4.4 Boosheid – 118
4.4.1 Emoties leren herkennen en uiten – 119
4.4.2 Niets zeggen en mokken – 119
4.4.3 Liever boos dan de werkelijkheid onder ogen zien – 120

© Bohn Stafleu van Loghum is een imprint van Springer Media B.V., onderdeel van Springer Nature 2018
T. van den Berg, *Praten met kinderen en jongeren over scheiding*,
https://doi.org/10.1007/978-90-368-1894-0_4

4.4.4 Haat – 120
4.4.5 Een ouder iets vervelends toewensen – 120
4.4.6 Boosheid van de ouders – 121
4.4.7 Ouders die lange tijd ruzie blijven maken – 121

4.5 Angst om er alleen voor te staan – 122
4.5.1 Oude angst – 122
4.5.2 Eén ouder niet of nauwelijks meer zien – 122
4.5.3 Angst om een ouder verliezen – 123
4.5.4 Angst om beide ouders te verliezen – 123

4.6 Liefde van een ouder – 124
4.6.1 Twijfel over de liefde van de ouder(s) – 124

4.7 Een gescheiden moeder en een gescheiden vader – 124
4.7.1 Verwennen – 125
4.7.2 Lastige dingen in het leven – 125
4.7.3 Samen gewone dingen doen – 125
4.7.4 Mama helpen – 126
4.7.5 Papa helpen – 126
4.7.6 Parentificatie – 127
4.7.7 De zoon – 127
4.7.8 De dochter – 128
4.7.9 Verstoring in geven en nemen – 128
4.7.10 Een scheve positie herstellen – 129

4.8 Een vervelende moeder, een leuke vader, of andersom – 129
4.8.1 Manipuleren en afdwingen – 130
4.8.2 Acceptatie – 130
4.8.3 Levenslessen – 131

4.9 Ouders die ineens onverstandige dingen zeggen – 131
4.9.1 Van het gezeur af zijn – 131
4.9.2 De metafoor van de helling – 132

4.10 Nieuwe vrienden en stiefouders – 133
4.10.1 Een nieuwe partner toewensen – 133
4.10.2 Nieuwe liefdes van de ouders – 134
4.10.3 Onbekend gedrag van ouders – 135

4.1 Inleiding

Kinderen van gescheiden ouders krijgen te maken met ervaringen die niet bepaald doorsnee zijn. Die roepen gedachten en vragen op en wakkeren twijfels aan. Kinderen weten daar niet altijd raad mee en praten er daarom niet over. De thema's uit dit hoofdstuk gaan over dit soort gebeurtenissen en ervaringen van kinderen (Gardner 1980). Een professional kan tijdens individuele contacten bepaalde gespreksthema's aansnijden waarvan hij of zij weet of vermoedt dat die aandacht verdienen en die een kind zelf misschien niet aandraagt. Het is niet de bedoeling om de thema's aan de orde te stellen als een soort controlelijstje, om af te vinken of er wel of niet iets speelt bij het kind. Het zijn thema's die vaak pijn en verdriet oproepen bij kinderen. Daar is dan aandacht voor en, indien nodig, kan (meer) hulp worden ingeroepen. De gespreksuggesties zijn algemeen en de professional moet de tekst aanpassen aan de leeftijd en mogelijkheden van het kind.

4.2 Uitzoeken wat er akelig is

De volgende tekst is te gebruiken om het onderwerp scheiden aan te snijden: "Kinderen die een scheiding meemaken, vinden dit bijna allemaal erg vervelend. Ze krijgen verdrietige, boze en bange gevoelens en dat wil niemand. Kinderen die iets naars meemaken, reageren daar verschillend op. Sommige kinderen zoeken uit wat er aan de hand is en andere kinderen doen dat juist niet. Zij doen er juist hun best voor dat anderen niet zien dat er iets vervelends is gebeurd. De meeste kinderen hebben geen idee dat ze er zelf iets aan kunnen doen en daarom doen zij hun best om hun gevoelens te verbergen. Meestal helpt het juist om uit te zoeken wat er zo akelig is. Dan kun je er meestal ook iets aan doen of er hulp bij vragen."

Nina

Nina (12 jaar) is sinds de scheiding van haar ouders teruggetrokken en haar beide ouders krijgen geen hoogte van haar. De schoolmaatschappelijk werker praat met haar en legt uit dat haar ouders en de leerkracht zich zorgen over haar maken. Het erop lijkt dat Nina de moeilijkheden van de scheiding verbergt. Nina haalt haar schouders op en zegt: "Mijn ouders zeggen dat het nooit meer goed komt, dus wat heeft het voor zin?" Dat biedt een opening om er verder met haar over te praten.

4.2.1 Eerste ingrijpende gebeurtenis

Voor veel kinderen is de scheiding hun eerste ingrijpende gebeurtenis in hun leven. Zij voelen zich overvallen door heftige emoties en weten niet wat zij daarmee aan moeten. Door met hen uit te zoeken hoe het voor hen is en wat er naar is, kunnen zij erover praten en beoordelen of ze er iets aan willen doen. Dit geldt ook voor jongeren, want ook voor hen is het niet vanzelfsprekend dat zij praten over wat hen bezighoudt.

Ezra

Ezra (16 jaar) merkt al een langere tijd dat het niet echt lekker loopt tussen zijn ouders, maar hij schrikt enorm als hij hoort dat zij gaan scheiden. Hij reageert er heftig op, vanwege zijn geloof vindt hij dat ouders niet mogen scheiden. Hij heeft geen interesse meer voor school, sport en vrienden. Hij zegt tegen iedereen dat er niks aan de hand is. De mentor op school vertelt hem dat het beter met jongeren gaat als ze praten over hun problemen, omdat die dan aangepakt kunnen worden. Ezra wordt boos op de mentor, omdat er volgens hem niets is op te lossen. De mentor zegt hem dat hij juist daarom met Ezra wil praten, om te horen hoe dat voor hem is. Wat mopperig vertelt Ezra over de scheiding van zijn ouders en hij vertelt zijn zorgen daarover. Na afloop merkt Ezra dat het gesprekje toch iets opgelucht heeft. Hij neemt zich voor er toch ook met een paar van zijn vrienden over te praten.

4.3 Schuld

4.3.1 Eigen schuld

Veel ouders en professionals weten dat kinderen de neiging hebben om de schuld van de scheiding bij zichzelf te zoeken. Dit voorkom je door daar duidelijkheid over te geven: "Een kind is nooit de schuld van de scheiding. Kinderen kunnen een scheiding niet veroorzaken en ook niet voorkomen. Er zijn kinderen die denken dat zij de schuld hebben aan de scheiding en ze verstoppen deze nare gedachten. Zij denken dat ze vervelend zijn geweest, niet goed hun best doen op school of hun spullen niet goed opruimen. Ze horen hun ouders er ruzie over maken en denken dat de scheiding hun schuld is. Dat is nooit zo. Ouders zijn zelf verantwoordelijk voor hun ruzie of voor hun problemen. Sommige kinderen denken dat als zij de schuld hebben, ze er ook iets aan kunnen doen. Dat gevoel is voor sommige kinderen beter dan het machteloze gevoel van niets te kunnen doen. Hoe is dat voor jou? Heb jij gedachten over schuld die je verstopt? Wil je er iets over vertellen? Denk jij dat je de scheiding nog kunt voorkomen of ervoor kunt zorgen dat je ouders weer bij elkaar komen?"

4.3.2 Schuld geven aan de ouders

Het gaat nog verder: "Kinderen geven soms de schuld aan hun ouders. Zij denken: "Dit mag je niet doen." of "Dit mag je mij niet aandoen." Die gedachten kloppen niet. Ouders bepalen zelf of zij gaan scheiden, daar hebben kinderen geen invloed op. De ouders moeten hun kinderen wel helpen als het moeilijk voor ze is. "Krijg jij genoeg hulp? Heb jij ook wel eens zulke gedachten? Hoe is het voor jou dat je niets kunt doen tegen de scheiding van je ouders?"

Esmee

Esmee (10 jaar) heeft veel verdriet van de scheiding. Zij ziet haar vader veel minder en zij waren altijd als twee handen op een buik. De ouders hebben nagedacht over hoe ze dit gemis zo goed mogelijk kunnen opvangen, omdat Esmee aan hen duidelijk maakt hoe moeilijk zij het heeft, ook nu nog, een jaar na de scheiding, en haar ouders zoeken hulp. Het blijkt dat Esmee haar moeder de schuld geeft van alle problemen. De hulpverlener legt uit dat er verschillende soorten schuld zijn. Dit gaat in de trant van: "Er is een ouder die een kind straf geeft voor iets wat het niet gedaan heeft. De ouder denkt bijvoorbeeld dat het kind geld heeft weggepakt, terwijl dat niet zo is. Het kind is boos en verdrietig. Als de ouder er achter komt dat hij het geld zelf ergens heeft neergelegd, dan vindt hij het heel vervelend. Die ouder gaat direct naar zijn kind en zegt dat het hem spijt en dat hij beter op zal letten. Deze ouder deed *per ongeluk* iets wat niet goed was. Een andere ouder geeft zijn kind ook straf en als hij er achter komt dat hij zelf niet goed op zijn geld heeft gelet, zegt hij eerst niets. Zijn kind komt er zelf achter en zegt dit. Die ouder zegt nu dat hij die straf dan wel ergens anders voor had verdiend. Deze ouder doet *expres* iets wat niet goed is. Ouders weten dat hun kind verdrietig wordt van de scheiding, dus dan lijkt het alsof de ouders het expres doen, maar dat is niet zo. Ze vinden het vervelend voor hun kinderen. Het helpt kinderen niet om hun ouders de schuld te geven voor het verdriet of de boosheid of de angst die zij hebben door de scheiding. Het helpt die kinderen wel om te kijken naar wat ze zelf moeilijk vinden aan de scheiding en hier oplossingen voor te zoeken." Voor Esmee is dit een moeilijke boodschap.

4.3.3 Ouderlijke problemen

Kinderen die vastzitten in bepaalde denkpatronen kunnen dwars overkomen en vertonen weerstand om op een andere manier naar hun situatie te kijken. Dit zijn uitingsvormen van de klem waar zij in zitten, bijvoorbeeld doordat zij betrokken zijn bij of ingezogen zijn in het conflict en de problemen van hun ouders. Deze kinderen zitten echt niet te wachten op een uitweg uit hun denkpatroon, maar willen bevestiging. En eisen dat soms. Dat denkpatroon helpt om de pijnlijke gevoelens eronder te houden, dat laten ze niet zomaar los.

4.3.4 Vertrouwen

Er is vertrouwen nodig en een gevoel van veiligheid om naar moeilijke gebeurtenissen te kunnen en durven kijken. Het valt niet mee om de pijnlijke gevoelens erover toe te staan. De professional die informatie geeft over een andere manier van kijken of denken heeft de positie van de boodschapper met de ongemakkelijke boodschap, die zeker in het begin niet gewaardeerd wordt en soms ook niet geaccepteerd. Een (dreigende) verstoring in het contact tussen kind en professional is altijd te herstellen met behulp van metacommunicatie in de trant van: "Zo, dit is iets waar je echt niet op zit te wachten, volgens mij. Misschien wil je dit helemaal niet horen. Toch vind ik het belangrijk dat je het weet. Hoe is dat voor jou?"

4.3.5 Denkpatroon

Het vastzitten in bepaalde denkpatronen wordt meestal ingegeven door de omgeving. Als ouders of familie, vrienden of buren praten over iemand die de schuld heeft van de scheiding, dan vangen kinderen daar meestal iets van op. Het is voor een kind extra moeilijk om met beide ouders om te blijven gaan als het steeds hoort dat een ouder de schuld heeft van de scheiding.

4.3.6 De 'schuldige' ouder

Voor kinderen is het soms moeilijk te begrijpen dat een scheiding veroorzaakt kan worden door iets waar ouders niets aan konden doen. Bijvoorbeeld bij een moeder die drugs gebruikt en daar niet mee kan stoppen, terwijl ze daar veel moeite voor heeft gedaan. Haar man wil niet langer met haar samenleven en wil scheiden. De familie zegt misschien dat het een slappe moeder is en dat ze wel kan stoppen, als ze het maar echt wil. De ouder wordt daarmee in een kwaad daglicht gezet. Professionals kunnen kinderen volledige en juiste informatie geven. In dit voorbeeld door te zeggen: "Het is voor sommige mensen niet te doen om ermee te stoppen. Een verslaving zorgt ervoor dat het niet lukt. Zelfs de liefde voor de kinderen is soms niet sterk genoeg om tegen de verslaving in te gaan. Misschien geven andere mensen jouw moeder de schuld, maar dat helpt helemaal niks. Stel je eens voor dat jij je moeder niet meer de schuld geeft, hoe zou dat voelen?"

4.3.7 De 'afwezige' ouder

Een ander voorbeeld van een beschuldiging is dat een ouder bijna nooit bij het gezin is. Sommige ouders betrekken hun kind bij hun problemen, bijvoorbeeld door te zeggen dat de andere ouder geen zin heeft om zich met het gezin te bemoeien en alleen aan zichzelf denkt. Die kinderen hebben het nodig om van een professional te horen dat het niet verstandig is om zo'n beschuldiging direct te geloven. De professional zoekt uit wat het kind er zelf van vindt en wat het wil in relatie met die ouder. Elke ouder is samen met het kind verantwoordelijk voor hun band. Het is voor sommige kinderen nodig om erbij stil te staan dat er ouders zijn die geen rekening houden met hun kinderen: "Zulke ouders gaan expres hun eigen gang en houden geen rekening met de gevoelens van een ander. Die ouder interesseert zich ook niet voor de eigen kinderen. Meestal is er meer aan de hand met die ouder. Het is voor kinderen moeilijk om daar begrip voor te hebben, maar het helpt niet om verdrietig of boos te blijven."

Ilse

Ilse (14 jaar) heeft twee moeders en de ene is altijd weg. Haar moeder, waarbij ze nu woont, zegt dat de andere moeder "alles achter zich gelaten heeft." Ilse vertelt dit aan haar mentor; hij toont begrip en laat haar vertellen over hoe dit voor haar is. Als hij een tijdje later opnieuw met Ilse praat, merkt hij dat het nog hetzelfde is. Zij denkt er veel over na en voelt zich vaak verdrietig en daarom wordt er samen met haar meer hulp geregeld. Dan hoort zij over ouders die geen zin hebben om voor hun kinderen te zorgen en dat dit nooit aan het kind ligt. Ilse zoekt uit welke belangrijke personen in haar leven wel aandacht voor haar hebben en waar zij leuke dingen mee kan doen. Het is voor haar een moeilijk proces, maar na verloop van tijd richt ze haar energie niet meer op haar moeder die is weggegaan, maar op andere mensen die belangrijk voor haar zijn.

4.3.8 Moeilijk, maar onvermijdelijk

Dit soort gesprekken vragen de volledige aandacht van professionals, willen zij goed af kunnen stemmen op het kind en sensitief kunnen reageren. Het vraagt ook van professionals om vast te houden aan de eigen visie en te reflecteren op de aannames. Kinderen kunnen zich door de opmerkingen van de professional gekwetst voelen en onbegrepen, waardoor de hulp niet wordt ervaren en zij die afwijzen. Toch is die vasthoudendheid nodig. Het is tevens direct erkenning voor de moeite die een kind met de scheiding kan hebben. Met het volgen van de verleiding om bijvoorbeeld mee te gaan in de verbittering van het kind of de andere ouder, wordt alleen maar meer van hetzelfde opgeroepen en krijgt een kind geen kans een andere manier te vinden voor het omgaan met het probleem. Hoe moeilijk dit soort thema's ook zijn, als zij zich aandienen, moeten ze besproken worden. Vermijden voelt voor een kind ten eerste als afwijzing van de ouder en daarbovenop de miskenning van anderen, zelfs van professionals. Er is geen kans te leren omgaan met het verlies van liefde van een ouder. Deze pijn raakt de bestaansgrond van een kind en kan de vraag oproepen: "Had ik er wel moeten zijn? Hoe moet ik onder dit soort omstandigheden verder?" Een kind heeft hulp nodig voor het vinden van antwoorden op zulke existentiële vragen.

4.3.9 Ouders die elkaar de schuld geven

Voor sommige kinderen is de volgende informatie belangrijk: "Er zijn behoorlijk veel ouders die elkaar na de scheiding de schuld geven van wat er niet goed is gegaan. Dat helpt nooit om beter om te gaan met gevolgen van de scheiding. Er zijn ouders die elkaar de schuld blijven geven van allerlei dingen die ze niet leuk meer vinden aan elkaar of waar ze last van hebben. Stel je voor, er is een vrouw die niet vaak opruimt. Haar man neemt haar dat niet kwalijk, omdat hij van haar houdt. Als zijn vrouw wil scheiden en hij niet, wordt hij boos en scheldt hij haar uit over maken van rommel. De liefde is kapot en hij vindt haar geen goede moeder meer, omdat ze zoveel troep maakt. Dat klopt natuurlijk niet. Kinderen die weten dat elkaar de schuld geven niet helpt, durven dat misschien ook tegen de andere ouder te zeggen. Dat is supergoed. Daardoor weten jouw ouders hoe jij erover denkt en soms stoppen ouders er dan mee."

4.3.10 Goede en slechte eigenschappen

Voor alle kinderen is het belangrijk dat ze weten dat alle ouders goede en slechte eigenschappen hebben. Deze kennis ondersteunt kinderen bij het doen van de vierde psychologische taak. Kinderen ervaren dagelijks dat hun klasgenoten leuke en minder leuke eigenschappen hebben en kunnen daarover vertellen. Soms zijn de minder leuke eigenschappen zelfs slecht te noemen. Dan is het volgende met kinderen te bespreken: "Het komt voor dat ouders denken dat je alleen van iemand kunt houden als iemand geen nare eigenschappen heeft of als iemand geen fouten maakt. Die ouders veroordelen iemand met slechte eigenschappen en doen hun best hun eigen slechte eigenschappen te verbergen. Maar ze vergissen zich. Iedereen heeft eigenschappen die slecht zijn of ongemakkelijk. Iemand kan een fout ook gewoon toegeven en de meeste mensen kunnen dat wel waarderen. Ook mensen die van elkaar houden, doen elkaar wel eens pijn en maken elkaar verdrietig. De liefde helpt om naar de goede dingen te kijken. Nu is het zo dat sommige kinderen ouders hebben met veel slechte eigenschappen, zoals ouders die vaak gokken, veel alcohol drinken of nooit thuis zijn en zich niet aan afspraken houden. Voor die ouders hebben die slechte eigenschappen meestal gevolgen voor de liefde die hun kind voelt en het kind zal die ouder waarschijnlijk minder waarderen." Deze informatie is te gebruiken om met kinderen te reflecteren op een situatie, door vragen te stellen zoals: "Hoe is dat bij jouw ouders, herken jij zoiets? Hoe praat jouw moeder over jouw vader? Merk je aan haar wat ze ervan vindt? Hoe is dat voor jou? Kun je er met je vader of moeder over praten? Herken jij het dat je vader je moeder niet waardeert vanwege vervelende eigenschappen? Hoe is dat voor jou om te merken? Wat denk je, kan dat veranderen? Kun jij daar iets aan doen? Hoe zou dat voor je zijn als het verandert?"

4.4 Boosheid

Kinderen van alle leeftijden krijgen te maken met boosheid. Dat hoort bij het natuurlijke proces van ontwikkelen. De volgende informatie is belangrijk: "Boosheid ontstaat als iets tegen zit. Dat kan van alles zijn, zoals niet krijgen wat je nodig hebt, niet krijgen wat je graag wilt of iets oneerlijk vinden. Je leert van je vader en moeder meestal hoe je met boosheid om kunt gaan. Overal is dat verschillend. Zo mogen kinderen in het ene gezin hun boosheid wel uiten en in het andere gezin niet. Zo wordt in het ene gezin het uiten van boosheid brutaal gevonden en in het andere gezin beoordeeld als voor jezelf opkomen en goed. Boosheid kan goed helpen om duidelijk te maken wat je belangrijk vindt, graag wilt of juist niet wilt. Met boosheid zet je kracht bij om er zeker van te zijn dat anderen je horen. Er zijn verschillende manieren voor het uiten van boosheid, bijvoorbeeld hard of iets harder te praten, schreeuwen, gewoon te praten en er boos bij kijken of heel rustig praten en iemand daarbij strak aankijken. Soms helpt boosheid om iets te bereiken, maar niet altijd. Het is altijd de moeite waard om het gevoel van boosheid te gebruiken en het niet weg te stoppen, want als je het wegstopt, verspeel je misschien een kans."

Eva

Eva (4 jaar) krijst en schopt als zij haar zin niet krijgt. Dat doet ze vooral als ze wisselt tussen de huizen van haar ouders. Op school begint ze dit ook te doen als ze haar zin niet krijgt. De juf bespreekt het met haar en ze leert snel wat ze nog meer kan doen als ze iets duidelijk wil maken. De leerkracht bespreekt het gedrag ook met de ouders, die dit herkennen van de overgang van het ene naar het andere huis. Beide ouders gaan haar helpen dat makkelijker te maken door een overgangsspelletje met haar te doen als ze van de ene naar de andere ouder gaat.

4.4.1 Emoties leren herkennen en uiten

Jonge kinderen leren nog over emoties en over de manier waarop deze gebruikt of geuit kunnen worden. Vanwege de scheiding wordt er opeens een beroep gedaan op vaardigheden die nog niet volledig ontwikkeld zijn en kinderen hebben daarbij extra hulp nodig. Oudere kinderen kunnen informatie krijgen over de gevolgen van hun gedrag: "Sommige kinderen hebben zoveel succes gehad met het gebruiken van hun boosheid door bijvoorbeeld hard te schreeuwen, dat ze bijna altijd schreeuwen om hun zin te krijgen. De meeste mensen vinden dat niet prettig, waardoor ze een hekel krijgen aan zo'n kind. Hoe laat jij merken dat je boos bent? Helpt het jou?"

4.4.2 Niets zeggen en mokken

Een kind kan boosheid ook uiten door niks te zeggen en te mokken. Daar kunnen de meeste mensen niet tegen, waardoor zij die kinderen hun zin geven.

Gerke

Gerke (13 jaar) moet na de scheiding van haar ouders de ene week bij haar vader en de andere week bij haar moeder wonen. Vanaf dat moment gaat het mis. Zij is bokkig en zit steeds op haar kamer. In het begin denken haar ouders dat het wel over gaat en dat het gewoon met de puberteit te maken heeft, maar na twee maanden is het nog hetzelfde. Met tegenzin gaat Gerke naar een coach, omdat het moet van haar ouders. Die besteedt eerst aandacht aan de verschillende levensgebieden van Gerke, zodat de aandacht niet alleen uitgaat naar de problemen, maar ook naar wat er goed gaat. Daarmee krijgt zij contact met Gerke. Daarna bespreekt de coach wat jongeren te doen hebben bij een scheiding en praat er met haar over. Als het gaat over het verminderen

> van boosheid vertelt de coach er de voordelen en de nadelen van. Ze vraagt Gerke na te denken wat ze wil bereiken met haar boosheid en of haar boosheid haar nu helpt. Dat blijkt niet zo te zijn, ze is juist verdrietig omdat alles zo anders is na de scheiding.

4.4.3 Liever boos dan de werkelijkheid onder ogen zien

Kinderen gebruiken hun boosheid om iets aan te pakken. Soms willen zij iets wat niet kan en boosheid lijkt dan te helpen. Ze willen bijvoorbeeld dat ouders weer bij elkaar komen: "Als mijn ouders weer bij elkaar zijn, dan is alles over." Zij zien de werkelijkheid nog niet onder ogen en blijven (liever) boos. Op de lange duur helpt het niet; er ontstaat frustratie en nog meer boosheid als de wens niet uitkomt.

4.4.4 Haat

Soms zijn kinderen zo boos, dat ze zeggen hun ouder(s) te haten. Dit is een sterk gevoel, dat afwijzing van de ouder(s) suggereert. Daaronder zit enorm verdriet en verlatenheid en deze is goed verstopt.

> **Dirk**
>
> Dirk (10 jaar) heeft geen goed woord over voor zijn vader. Hij praat tijdens de sessies met een orthopedagoog alleen maar over zijn boosheid. Pas na een maand kan Dirk iets vertellen over hoe het voor hem is dat hij zijn vader haat.

4.4.5 Een ouder iets vervelends toewensen

Boze kinderen kunnen een ouder iets vervelends toewensen, zoals een ongeluk of een ziekte. Dat is spannend, zeker als er echt iets gebeurt met die ouder. De volgende informatie is te gebruiken om dit onderwerp te bespreken: "Iedereen die boos is, kan lelijke dingen denken en iemand iets gemeens toewensen. De meeste kinderen schrikken van hun boosheid en de lelijke gedachten daarbij. Ze kunnen over zichzelf denken dat ze slecht zijn omdat ze zulke dingen denken, maar dat is niet zo. Kinderen mogen denken wat zij willen. Het is niet zo dat als je iets bedenkt, dat dat ook gaat gebeuren. Als dat wel zo is, is dat toeval. Kinderen mogen natuurlijk niet in het echt doen wat ze denken. Heb jij wel eens een kwade wens gehad? Wil je daarover vertellen? Hoe was dat voor jou? Heb je die wens nu nog?" Als een kwade wens van een kind uitkomt, is dat ingrijpend en het veroorzaakt angst.

4.4.6 Boosheid van de ouders

Veel kinderen krijgen vooral te maken met de onderlinge boosheid van hun ouders. In hun boosheid zeggen ouders dingen tegen elkaar die niet kloppen of die zij achteraf niet menen. Ouders die ernstige conflicten hebben met elkaar menen het vaak wel. Een suggestie om dit met kinderen te bespreken is: "Alle ouders zijn wel eens boos op elkaar. Als ze gaan scheiden is dat soms is zo erg dat een vader of moeder tegen een kind zegt dat de andere ouder een hekel heeft aan een zoon of dochter, of dat een ouder geen echte interesse heeft in de kinderen of geen echte vader of geen goede moeder is. Kinderen die dit steeds horen van een ouder, krijgen het idee dat die andere ouder een soort vijand is, ook voor het kind. Dit kind let na verloop van tijd vooral op de dingen die niet goed gaan bij die ouder en die vormen een 'bewijs' dat die ouder echt niet leuk is of gemeen, of echt geen interesse heeft. Een kind wordt daar bang van, omdat het denkt dat een vader of moeder expres gemeen wil doen. Kinderen die dit meemaken, moeten weten dat boze ouders nare en ook gemene dingen over elkaar zeggen die niet kloppen. Soms krijgen ze er later spijt van. Merk jij hier iets van? Hoe is dat voor jou? Weten jouw ouders dat?"

4.4.7 Ouders die lange tijd ruzie blijven maken

"Er zijn ouders die heel lang ruzie houden met elkaar en dat maakt het nog moeilijker voor een kind om te weten wie of wat ze moeten geloven. Door die ruzie letten zij op de nare dingen van elkaar en willen ze aan anderen en ook aan hun kinderen bewijzen dat de andere ouder echt gemeen of slecht is. Meestal is het niet waar. Het komt niet zo heel vaak voor dat een vader of moeder een hekel heeft aan een eigen kind. Hoor jij zulke dingen van je vader of moeder over de ander? Nee? Nou, dat is fijn, want het is echt vervelend als het wel zo is. Ja? Hoe is dat voor jou? Is het bij jou ook zo dat je het nu zeker weet dat je vader of moeder slecht is? Hoe is dat voor jou als je vader of moeder zo doet?"

Mats

Mats (17 jaar) vindt de nieuwe vriend van zijn moeder een veel leukere vader. Zijn eigen vader hoeft hij niet meer te zien. Hij heeft de verhalen van zijn moeder wel gehoord en ziet hoe ze nu 'stank voor dank' krijgt, na alle zorg die ze hem gegeven heeft. Zijn vader zoekt geen contact met hem en Mats vindt het best. Zijn moeder vindt dat hij met een psycholoog moet praten, vanwege alles wat hij heeft meegemaakt. De psycholoog is verbaasd als hij hoort dat zijn vader alleen maar vervelende eigenschappen heeft. Mats krabbelt wat terug en vertelt ook goede herinneringen, zij het met tegenzin. Hij heeft vooral een hekel aan zijn vader. Hierop reageert de psycholoog: "Jouw ouders zijn gescheiden en je moeder keurt de manier waarop jouw vader bij haar is weggegaan af. Merk jij dat ook? Ze heeft er moeite mee te accepteren dat haar huwelijk afgelopen is. Dat komt vaker voor en de meeste ouders lossen dat zelf op. Het lijkt erop dat jouw moeder boos blijft en dat het haar helpt dat anderen er net zo over denken als zij. Het liefst jij ook. Zij kan de band met je vader verbreken, jij niet. Wil je hier eens over nadenken?"

4.5 Angst om er alleen voor te staan

Jonge kinderen, zo rond de acht maanden, beginnen te merken dat de ouders er niet altijd zijn om aan hun behoeften te voldoen. Dat roept angst op en dat is een naar gevoel. Zij willen dat gevoel voorkomen door bij de ouder te blijven. Het kind heeft nog niet de ervaring dat het wel goed gaat en dat het de periode zonder de ouder of verzorger wel kan overbruggen. Normaal gesproken kan een kind die ervaring opdoen, en groeit het (zelf)vertrouwen.

4.5.1 Oude angst

Bij kinderen vanaf ongeveer drie jaar kan die oude angst opnieuw opgeroepen worden door bijvoorbeeld een ziekenhuisopname en ook door het meemaken van de scheiding. Opeens komt een ouder niet thuis zoals gewoonlijk of is de ouder niet meer beschikbaar op de vertrouwde momenten. Een kind heeft hier vaak weinig invloed op en dat kan angst versterken. Omgekeerd geldt het ook: een kind dat actief meedenkt in wat het wil en kan, zal minder angstig zijn.

> **Elke**
>
> Elke (4 jaar) begrijpt er niets van als haar ouders vertellen dat ze gaan scheiden en ze huilt veel. Pas als de ouders op een groot vel papier elke twee dagen een hokje maken en daarin laten zien bij wie ze is, wordt ze rustiger.

4.5.2 Eén ouder niet of nauwelijks meer zien

Kinderen die een van de ouders niet of nauwelijks meer ziet, kunnen extra angstig worden voor de gedachte dat er iets gebeurt met de ouder die als enige de nodige liefde en zorg geeft. Als het niet goed gaat met de zorgende ouder, is dat spannend voor een kind. De professional kan navragen bij een kind hoe die dat beleeft.

> **Berat**
>
> Berat (11 jaar) leeft bij zijn moeder en zijn vader woont in Turkije. Zijn Nederlandse moeder zegt dat hij zijn vader waarschijnlijk nooit meer zal zien. Berat mist zijn vader en heeft er verdriet van dat zijn moeder zo lelijk over zijn vader praat. Berat begint te huilen als hij op school vertelt dat hij zo bang is dat er iets met zijn moeder gebeurt, omdat zijn oom heel lelijk over zijn moeder heeft gepraat, hij heeft haar een "hoer" genoemd en gezegd "dat ze beter dood kon zijn". Doordat Berat erover praat, staat hij er niet meer alleen voor.

4.5.3 Angst om een ouder verliezen

Met kinderen die bang zijn om een ouder te verliezen na de scheiding is de volgende informatie te bespreken: "Sommige kinderen zijn bang dat zij een ouder verliezen na de scheiding, maar kinderen blijven altijd twee ouders houden. Dat verandert niet. Meestal kunnen beide ouders voor hun kinderen zorgen, maar dat kan niet altijd en dan zorgt één ouder voor een kind. Het gebeurt in de wereld vaak dat kinderen niet opgroeien bij beide ouders, bijvoorbeeld door de dood van een ouder of doordat een ouder ver weg werk gevonden heeft, of door oorlog en ook soms door een scheiding. Soms wordt ook die ene ouder ziek of gaat zelfs dood. Kinderen gaan dan bij familie of vrienden wonen. Ook al zijn de ouders niet in de buurt, een kind heeft altijd een vader en een moeder en er is altijd een volwassene die voor hem of haar zorgt. Denk jij hier wel eens over na? Wat denk je dan? Hoe is dat? Praat je er wel eens met je vader of moeder over?"

Adam

Adam (7 jaar) woont met zijn moeder in Utrecht. Nadat zijn ouders zijn gescheiden toen hij zes jaar was, is zijn vader doodgegaan bij een ongeluk. Kort daarna wordt zijn moeder ernstig ziek en zij zal niet lang meer leven. De moeder van Adam vertelt hem, samen met de huisarts, over haar ziekte en het doodgaan. Dit maakt Adam heel verdrietig en huilend vraagt hij even later waar hij dan moet wonen. Zijn moeder heeft met haar zus Karin geregeld dat hij bij haar kan wonen en vertelt hem hoe dat dan zal gaan. Adam is stil en luistert aandachtig. Zij vertelt dat kinderen het altijd het fijnst vinden om bij hun eigen ouders te wonen. Dat kan Adam straks niet meer, maar Karin kan goed voor kinderen zorgen en dat wil ze ook graag voor Adam doen. Adam kruipt tegen zijn moeder aan en zegt niets meer.

4.5.4 Angst om beide ouders te verliezen

Kinderen willen weten bij wie ze gaan wonen als er iets met hun ouders gebeurt. Sommige kinderen staan daar nooit bij stil, maar anderen wel. Het bespreekbaar maken kan in de trant van: "Ik hoor wel eens dat er kinderen zijn die zich zorgen maken over waar ze gaan wonen als er iets ernstigs gebeurt met hun ouders of als ze dood gaan. Denk jij daar wel eens aan?" Als een kind nee zegt, kun je antwoorden: "Oh, goed. Als je dat wel doet, dan is het goed om er met je ouders over te praten of met iemand anders." Als een kind ja zegt, kun je antwoorden: "Ik weet dat de meeste kinderen het dan wel fijn vinden om te weten wat er gaat gebeuren. Heb jij er wel eens met je ouders over gepraat? Misschien is het een idee om dat te doen, want het kan best belangrijk voor je zijn om dat te weten."

4.6 Liefde van een ouder

Kinderen groeien als zij liefde krijgen. Zij groeien er letterlijk door en ze worden er gezonde mensen van. Voor de meeste kinderen is het vanzelfsprekend, maar niet voor iedereen.

4.6.1 Twijfel over de liefde van de ouder(s)

De volgende informatie is te gebruiken in een gesprek met deze kinderen: "Sommige kinderen twijfelen of ze zelf wel goede kinderen zijn of twijfelen aan de liefde van hun ouders voor hen. Alle kinderen hebben dat wel eens. Kinderen uit gezinnen waar niet zoveel aan de hand is, hebben die vraag ook wel eens. Dan komt die vraag even op en verdwijnt ook weer, of een kind vraagt het aan ouders en dan hoort het dat ze wel van hun kind houden. Het overkomt ook kinderen van ouders die slecht voor hen zorgen, bijvoorbeeld als ouders hen slaan of op het gebied van seks dingen doen die niet mogen bij kinderen. Kinderen van gescheiden ouders hebben die twijfels ook wel eens. Kinderen die twijfelen, halen zich soms van alles in hun hoofd. Ook dingen die niet kloppen. Ik wil er met jou over praten hoe dat bij jou is."

Lucas

Lucas (11 jaar) is boos op zijn ouders, omdat ze gaan scheiden. Zij hebben het hem vorige week verteld. Sindsdien is hij erg onrustig in de klas en hij heeft geen zin in school, hij vindt het leren nu maar onzin. De meester kan goed met Lucas opschieten en besluit om met hem te praten en daar de tijd voor te nemen. Lucas moppert dat ouders die van hun kinderen houden niet gaan scheiden, hij hoorde zijn vader dat ook zeggen. Hij heeft zijn moeder horen schreeuwen tegen zijn vader dat hun hele huwelijk een vergissing was. Sindsdien denkt hij steeds na over hoe het nu met hem en zijn zus moet. Hij is bang dat zijn moeder niet meer voor hen zal zorgen. De leerkracht zegt dat het akelig moet zijn dat hij dat hoorde van zijn moeder. "Wat denk je, zou ze zoiets echt menen of zegt ze zoiets door haar boosheid?" Lucas weet het niet zeker en zal het bespreken met zijn moeder.

4.7 Een gescheiden moeder en een gescheiden vader

Het opgroeien in twee afzonderlijke eenoudergezinnen stelt aan kinderen specifieke eisen. Zij hebben te maken met twee ouders die hen na de scheiding afzonderlijk opvoeden. Kinderen moeten zich afwisselend aanpassen en afstemmen op het gezin van dan weer de vader en dan weer de moeder. Kinderen doen erg hun best, omdat ze het bijna allemaal echt fijn vinden om bij hun ouders te zijn. De meeste kinderen zijn flexibel en met hulp erbij lukt het wel, maar het lukt niet altijd.

4.7.1 Verwennen

Na een scheiding willen ouders hun kinderen vaak beschermen tegen nog meer ongemak. Ze verwennen hun kinderen. Soms deden ouders dat daarvoor ook, maar valt het na de scheiding op, omdat ze bijvoorbeeld niet allebei zo doen. De volgende informatie is te gebruiken om dit onderwerp met kinderen en jongeren te bespreken: "Er zijn ouders die hun kind verwennen, door ze vaak hun zin te geven, cadeautjes te geven, nooit tegen hun kind zeggen dat ze iets moeten doen of moeten laten en geen straf geven terwijl het nodig is om een grens te stellen. De meeste kinderen vinden dat verwennen wel leuk."

4.7.2 Lastige dingen in het leven

"Ouders zijn er echter niet alleen om leuke dingen te doen voor hun kinderen, zij moeten hen ook leren om te gaan met moeilijke en lastige dingen in het leven. Zij moeten hun kinderen leren wat wel en niet mag, daarin het goede voorbeeld geven en ervoor zorgen dat hun kinderen geen dingen doen die niet mogen. Alle kinderen moeten dat leren en dat is de taak van een ouder. Voor kinderen van gescheiden ouders wordt het lastig als zij bijvoorbeeld van één ouder steeds mooie cadeaus krijgen of vaak hun zin krijgen. Bij die ouder vindt zo'n kind het dan wel fijn en het merkt misschien zelf niet dat het iets heel belangrijks niet leert. Zo'n kind kan steeds vaker naar die ouder willen, waar het lekker verwend wordt en waar het zo makkelijk gaat in het leven. Dat kind wil overal verwend worden en overal alles zelf bepalen, ook bij de andere ouder en ook op school of bij vrienden. Dat lukt meestal niet, omdat veel ouders en andere volwassenen wel grenzen stellen. Stel dat zo'n kind z'n best gaat doen om toch zijn zin te krijgen. Het krijgt vaker ruzie, voelt zich tekortgedaan bij de andere ouder of vindt dat de leerkracht op school beter rekening met hem moet houden. Als zo'n kind klaagt bij de verwennende ouder, zal die het kind gelijk geven. Soms helpt die ouder om ook op andere plekken zijn zin te laten krijgen. Het leert dan niet om bijvoorbeeld samen te werken, op te ruimen, te delen en te luisteren naar anderen. Ik wil hier graag met jou over praten om te horen of jij hier iets van merkt bij jouw vader of moeder."

4.7.3 Samen gewone dingen doen

Voor alle kinderen is het goed om een balans te ervaren tussen leuke dingen doen en gewone dingen. De gewone dingen zijn belangrijk omdat ze 'gewoon leuk' zijn, bijvoorbeeld samen eten maken, een wandelingetje of een eind fietsen, schaatsen of vissen, iets opruimen in huis of de tuin onderhouden. Kinderen doen samen met hun ouders deze activiteiten, het wordt vanzelfsprekend en ouders en kinderen vinden dat plezierig. Tijdens die gewone dagelijkse activiteiten is er gelegenheid om met elkaar te praten, grapjes te maken en het gezellig te hebben. Er is tijd voor persoonlijke aandacht en dat vinden kinderen prettig. In veel gezinnen hebben de moeders het meest van dit soort contacten. Na de scheiding hebben kinderen deze behoefte bij beide ouders. Kinderen kunnen daar zelf iets aan doen. De volgende gesprekssuggestie is te gebruiken om het onderwerp te bespreken: "Vaak hebben moeders gesprekjes met de kinderen over van alles en nog wat en vertellen zij erover tegen de vader. Na de scheiding gebeurt dat meestal niet meer. Vaders moeten hun best doen om dit soort gesprekjes nu zelf te voeren. Een kind kan er zelf ook moeite voor doen. Zij kunnen er zelf voor zorgen dat ze vaker met hun vader een gesprekje voeren, ook als ze dat niet gewend zijn. Door het te doen, wordt het vanzelf normaal. Hoe gaat dat tussen jou en je vader? Misschien heb jij dit soort gesprekjes juist vaker met je vader en wil je ze ook met je moeder, zodat je je bij haar prettiger voelt?"

> **Nynke**
>
> Nynke (14 jaar) gaat meer niet zo graag naar haar vader toe, terwijl ze altijd goed met hem kon opschieten. Ze praat hierover met haar mentor, omdat het haar dwars zit. Nynke komt erachter dat ze eigenlijk weinig met haar vader praat. Met de mentor bespreekt zij wat zij kan doen en daar heeft ze wel ideeën over. Een paar dagen later vertelt ze tegen de mentor dat ze 'een gaaf gesprek' had met haar vader. Ze hebben afgesproken dat ze allebei wat meer moeite doen om elkaar iets te vertellen over wat ze gedaan hebben en wat hen bezighoudt. Het vraagt tijd om daaraan te wennen, maar Nynke gaat weer met plezier naar haar vader.

4.7.4 Mama helpen

Kinderen zien bij hun moeder allerlei dingen die ze nu alleen moet doen. Veel kinderen willen helpen, zeker als ze zien dat hun moeder het moeilijk heeft. Dat is normaal. Kinderen van gescheiden ouders helpen vaker met klusjes, zoals boodschappen doen, oppassen op een broertje of een zusje, dingen opruimen en met schoonmaken. Hierdoor leren ze mee te helpen en verantwoordelijkheid te dragen voor huishoudelijke taken.

4.7.5 Papa helpen

Vaders zijn tegenwoordig over het algemeen, meer dan vroeger, betrokken bij het gezin. Toch regelt de moeder veel in het dagelijks leven. Een vader die na een scheiding opeens een heleboel zelf moet regelen, kan dit als een belasting voelen. Het is plezierig als hij daar wat hulp bij krijgt en het is gezond dat de kinderen die hulp tijdelijk geven.

4.7.6 Parentificatie

Sommige ouders lukt het niet zelfstandig om hun leven weer op te pakken of hun huishouden goed te regelen. De oudste in het gezin heeft meer kans belast te worden, maar jongere kinderen overkomt het ook. Met de volgende informatie is dit te bespreken: "Sommige moeders hebben het moeilijk na de scheiding. Zij hebben hulp nodig als ze bijvoorbeeld verdrietig en somber zijn of ze hebben hulp nodig bij het regelen van het huishouden. Die hulp hebben zij nodig van andere volwassenen, zoals hun ouders of familie, buren en vrienden. Er zijn ouders die aan hen geen hulp vragen, maar wel aan hun zoon of dochter. Sommige hulp wil en kan een kind gewoon geven, dat merk jij misschien ook? Hoe is dat voor jou? Ik vind dat jij wel veel moet doen, maar vind jij dat ook? Zullen we het eens onderzoeken?"

> **Julian**
>
> Julian (15 jaar) woont na de scheiding bij zijn moeder. Zij maakt hem wakker als ze naar een feestje is geweest om te vertellen hoe het was. Ze wil ook dat hij mee gaat naar familie, terwijl hij zelf liever wil voetballen. Hij voert hierover een gesprek met een hulpverlener, die hem vertelt dat zij vindt dat hij erg veel moet doen voor zijn moeder. Dan begint Julian ook te beseffen dat hij het wel voor zijn moeder wil doen, maar er ook last van heeft. De hulpverlener helpt Julian om dit met zijn moeder te bespreken. Zijn moeder vertelt hem dat zij het niet gemerkt heeft en hoe rot zij het voor hem vindt dat het zo is geweest. Zij zegt dat zij het voortaan anders zal organiseren en zelf hulp zal gaan zoeken.

4.7.7 De zoon

Gesprekssuggestie: "Sommige jongens doen veel moeite om zich te gedragen als een volwassene. Zij willen de plek innemen van hun vader en zo veel voor hun moeder doen. Het is heel normaal dat een jongen zich soms gedraagt als een volwassene, maar als dat te vaak gebeurt, verliest hij contact met leeftijdgenoten. Heb jij dat ook? Hoe gaat dat bij jullie in het gezin? Zie je het bij je broer of zus? Hoe is dat voor jou? Weet je ook wat je broer of zus ervan vindt? Praten jullie daar wel eens over?"

Het zorgen voor een ouder heeft vaak voor beiden voordelen. De moeder krijgt hulp van haar zoon en voelt zich gezien en de zoon vindt het fijn dat hij iets kan doen voor zijn moeder. Soms krijgt een jongen privileges, zoals laat naar bed gaan, films kijken of extra geld. Als dit patroon in stand blijft, ontstaat er bij de zoon een verwrongen beeld van relaties, wat een eigen relatie in de toekomst kan schaden. Een moeder moet haar zoon begrenzen. Als zij dat niet doet, kan een jongen zelf zijn grenzen leren aangeven. Dit is een proces op zich en vraagt eerst om bewustwording bij een jongere om daarna de last ervan met de ouder te bespreken.

> **Jared**
>
> Jared (17 jaar) is veel bij zijn moeder en hij heeft het goed naar zijn zin. Hij houdt ervan om met haar bijzondere bloesjes te naaien. Hij helpt haar daarbij en zijn moeder helpt hem. Het komt steeds vaker voor dat hij niet met zijn vrienden op stap gaat, maar bij zijn moeder thuis is of met haar ergens iets gaat eten of drinken. Hij heeft het ook uitgemaakt met zijn vriendin, want die kon helemaal niet met zijn moeder opschieten en zijn moeder vond haar ook niet echt geschikt. De mentor op school merkt al een tijdje dat Jared minder betrokken is bij leeftijdgenoten. Hij lijkt ook zijn studie wat minder belangrijk te vinden. Als hij een gesprekje met hem voert, hoort hij dat Jared vindt dat het erg goed gaat. Jared geeft voorbeelden van wat hij allemaal doet en klinkt enthousiast. De mentor bespreekt zijn zorgen, die Jared van de hand wijst. Hij leert veel meer van zijn moeder dan van leeftijdgenoten. "Die doen zo stom met meisjes en alcohol." Als Jared een paar weken later met de mentor terugkomt op het vorige gesprek, zegt hij dat hij zijn vrienden wel mist, maar zijn moeder niet in de steek wil laten. Als er meer aandacht is voor de hinder die Jared ervaart, ziet hij kans dit met zijn moeder te bespreken. Het lukt hem om haar duidelijk te maken dat hij vaker bij zijn vrienden wil zijn, maar ook aandacht aan haar wil geven. Nu begrijpt zijn moeder het probleem van Jared. Doordat Jared op kan komen voor zijn eigen belang en daarbij rekening houdt met de belangen van zijn moeder is er een basis om veranderingen in gang te zetten die de ontwikkeling van Jared ten goede komen.

4.7.8 De dochter

Een zelfde soort patroon kan ontstaan tussen gescheiden moeders en hun dochters. Bij dit patroon maken moeders hun dochter tot een vriendin, door hen overal mee naar toe te nemen, te praten over hun problemen (met de ex-partner) en door sterk betrokken te zijn op het leven van hun dochters. Als een dochter bijvoorbeeld 's avonds uit wil gaan, probeert de moeder haar over te halen om gezellig thuis te blijven en samen een filmpje te kijken, of ze gaat mee uit. Hierdoor krijgt een dochter onvoldoende ruimte als kind en komt ze niet toe aan de eigen taken.

4.7.9 Verstoring in geven en nemen

Sommige vaders hebben extra hulp van volwassenen nodig, maar verwachten of krijgen die van hun kind. Het verstoort de balans van geven en nemen (Boszormenyi-Nagy 2002). In eerste instantie ondervindt bijvoorbeeld een dochter er geen nadelen van, want de balansverstoring kan ook voordelen hebben. Dit onderwerp is op de volgende manier te bespreken: "Ik hoorde dat je thuis bij je vader veel voor hem doet. Je doet de was en de boodschappen en je gaat met je vader mee naar feestjes. Dat zal hij vast prettig vinden, zo'n grote dochter. Sommige vaders praten met hun dochters ook over hun dates en hun problemen. Ze beschouwen hun dochter na de scheiding een beetje als een extra hulp, nu hun vrouw er niet meer is om te helpen. Voor veel kinderen is dat in het begin niet zo erg, maar als het lang duurt, heeft het vaak nadelen. Ik wil samen met jou kijken hoe het voor jou is."

> **Ellis**
>
> Ellis (15 jaar) kookt vanavond bij haar vader. Dit doet ze overigens bijna altijd als zij bij hem is. Haar moeder vindt dat niet goed, maar het maakt Ellis niet uit. Ze kan altijd kiezen wat ze kookt, want haar vader vindt alles goed en bovendien mag ze het geld dat ze over heeft van de boodschappen, zelf houden. "Mooie winst", vindt zij zelf. De maatschappelijk werker bespreekt met Ellis wat ze nog meer voor haar vader doet en er volgt een flink rijtje. Na de vraag: "Hoe is dit voor jou?" is Ellis stil. Haar stoere houding verandert eventjes. Daarna zegt ze dat ze echt geen andere oplossing weet, want haar vader is onhandig en ze wil hem helpen. De maatschappelijk werker bespreekt daarna regelmatig wat het voor Ellis betekent en na een half jaar lukt het Ellis om met haar vader te bespreken waar ze last van heeft.

4.7.10 Een scheve positie herstellen

Iedereen kent wel de pogingen van kinderen om in de positie van de ouder te komen, ook als er geen scheiding is. Misschien hoort het er wel bij om een beetje te proeven aan een positie die een kind in de toekomst zal krijgen. Zoals een kind dat op de voorstoel mag zitten in de auto tijdens een speciaal uitje. Na thuiskomst wil het graag die speciale behandeling houden, maar dan moet het zich weer voegen binnen het gezin. Als een kind bij een scheiding even in een volwassen positie heeft gezeten, lukt dat ook wel weer. Soms ontdekt een kind zelf dat het er geen zin meer in heeft, of wordt het erop gewezen door vrienden of door mensen uit het netwerk, waaronder ook professionals. Als een kind zelf geen last heeft van scheve posities vraagt het tijd en aandacht om het onderwerp te bespreken en te zien wat het met een kind doet en welke invloed het heeft op de andere kinderen in het gezin.

4.8 Een vervelende moeder, een leuke vader, of andersom

Kinderen van gescheiden ouders die bijvoorbeeld voor het grootste deel van de maand bij hun moeder wonen, krijgen wel eens het idee dat ze een fijne vader hebben en een zeurende moeder of een toffe moeder en een mopperige vader. De volgende informatie is te gebruiken om het thema te bespreken: "Als ouders samen zijn, regelen ze meestal de leuke dingen samen en ook de mindere of onaangename dingen, zoals het opruimen, en het ervoor zorgen dat de kinderen op tijd naar bed gaan als ze er nog geen zin in hebben. Ze geven complimentjes als hun kind iets goed doet en zeggen het ook als iets niet mag. Kinderen die na de scheiding grotendeels bij hun moeder wonen, merken dat hun moeder nu alles alleen moet doen en dat is moeilijker dan het samen te doen. Zij vragen meer hulp van hun kinderen en zijn ook wel eens sneller boos dan voor de scheiding. Kinderen vinden dat vervelend. Als die kinderen een weekend bij hun vader zijn, hebben ze er daar geen of minder last van. Die vader heeft meestal tijd om in ieder geval een paar leuke dingen te doen, en vraagt hen niet om allerlei klusjes te doen. Op tijd naar bed hoeft ook niet, omdat het weekend is. Sommige kinderen in die situatie vinden daarom hun vader aardiger dan hun moeder. Het is begrijpelijk dat kinderen zo redeneren, maar het klopt niet." Een professional kan deze informatie met een kind bespreken door te vertellen dat die moeder ook vaker aardig zou zijn als ze niet de hele tijd op alles moest letten en dat die vader ook vaker zou mopperen als hij meer dagen per week verantwoordelijk zou zijn. Voor een kind is vooral het grote verschil lastig. Misschien moet er iets aan de situatie veranderen, maar voor een kind is begrip soms al voldoende.

Daven

Daven (15 jaar) wil bij zijn vader wonen. Hij heeft genoeg van de controle van zijn moeder over zijn kamer opruimen en huiswerk maken. Hij bespreekt dit met een vriend. Die zegt dat het waarschijnlijk niks uithaalt. Hij heeft dat ook gedaan en nu zeurt zijn vader erover. Nou ja, iets minder misschien, maar achteraf gezien vindt hij het geen verbetering.

4.8.1 Manipuleren en afdwingen

Sommige kinderen willen bepaalde dingen bij hun ouders afdwingen, bijvoorbeeld dat ze meer aandacht aan hen besteden of stoppen met schadelijk gedrag, zoals drugs gebruiken of te veel drinken. Een kind kan de ouder beïnvloeden, maar niet altijd op de manier zoals een kind dat wil. Het helpt om met kinderen of jongeren hierover te praten en de volgende informatie kan een begin zijn: "Alle kinderen hebben het te doen met hun ouders. Ze hebben die niet te kiezen. Hoe beter een kind kan accepteren hoe ouders zijn, hoe meer ontspannen de relatie is. Kinderen die nog van alles van hun ouders willen en soms zelfs eisen, moeten nog ervaren en aanvaarden dat dit in werkelijkheid niet altijd kan. Ik ben benieuwd hoe dat bij jou is. Kun je er iets over vertellen?"

4.8.2 Acceptatie

Voor kinderen kost het tijd om te accepteren dat een ouder niet altijd zo is zoals een kind dat wenst. Het is voor een kind moeilijk om zich neer te leggen bij een situatie en te erkennen dat het weinig of geen invloed kan uitoefenen. Door de sterke betrokkenheid en vanwege de ontwikkelingsleeftijd roept ongezond gedrag van de ouders sterke emoties op. In het voorwoord van het boek van Alon en Omer (2005) schrijft de Dalai Lama dat, als er sprake is van intense emoties, er een discrepantie ontstaat tussen hoe mensen situaties of gedrag beleven en hoe die in werkelijkheid zijn. Voor kinderen van gescheiden ouders kan dit ook gelden. Accepteren dat een ouder niet altijd zo is zoals een kind dat wenst, kost tijd.

> **Jurgen**
>
> Jurgen (17 jaar) heeft een moeilijke tijd achter de rug vanwege de scheiding van zijn ouders. Die hadden veel ruzie, waarbij zijn vader regelmatig zijn moeder sloeg, ook waar Jurgen bij was. Hij krijgt hulp om deze gebeurtenissen te verwerken. Jurgen heeft veel baat bij de therapie en het gaat steeds beter met hem, totdat hij een keer binnenkomt met een hoogrood gezicht. Het huilen staat hem nader dan het lachen als de therapeut vraagt hoe het met hem is. Hij schreeuwt boos: "Slecht! Mijn moeder heeft een vriend, een vervelende man, en ik begrijp er niks van!" De spanning van alle veranderingen en daarbovenop deze verandering, is veel gevraagd van Jurgen.

4.8.3 Levenslessen

Sommige kinderen komen op jonge leeftijd voor moeilijke levenslessen te staan. Als zij te maken krijgen met ongeremde boosheid en wreedheid, en daar zelfs getuige van zijn geweest, is het pijnlijk om de werkelijkheid onder ogen te zien van mensen die elkaar erge dingen aandoen. Zij voelen zich machteloos, omdat zij bijna nooit bescherming kunnen bieden aan volwassenen die dit overkomt. Jurgen moet bijvoorbeeld onder ogen zien dat hij zijn moeder niet kan beschermen tegen mannen met slechte bedoelingen en hij heeft te aanvaarden dat zijn moeder, ondanks haar slechte ervaringen, toch de liefde zoekt van een man.

4.9 Ouders die ineens onverstandige dingen zeggen

Deze informatie is te gebruiken: "De meeste ouders zijn verstandige mensen en dat lijkt te veranderen als ze over hun ex-partner, over jouw vader of moeder praten. Ze worden boos en gespannen, en ze zeggen dingen die niet helemaal waar zijn of die op zijn minst waardeloos zijn voor hun kinderen. Ouders die voor de scheiding al snel boos of verdrietig waren, doen na de scheiding meestal nog moeilijker. Die zeggen bijvoorbeeld, waar hun kind bij is, dat hun ex-partner helemaal niet goed kan zorgen voor de kinderen, omdat hij ze bijvoorbeeld niet elke dag onder de douche zet of niet elke dag groente voor ze maakt bij het eten. Ze zeggen dit soort dingen over de ander, terwijl de kinderen zoiets helemaal niet erg vinden of vinden dat het niet klopt. Herken jij dit? Maak je zoiets wel eens mee? Hoe is dat voor jou?"

4.9.1 Van het gezeur af zijn

Kinderen hebben informatie nodig om dit te begrijpen. Dat kan in de trant van: "Soms geven de kinderen zo'n moeder maar gelijk, om van het gezeur af te zijn. Want die ouders willen echt hun gelijk hebben, daar doen ze veel moeite voor. Ja, vanwege hun conflict doen ze zo. Herken jij dit? Doe jij dat ook wel eens? Kun je er iets over vertellen? Hoe is dat voor je?" De meeste kinderen hebben daar een beeld bij, zij ondervinden er soms dagelijks de gevolgen van.

4.9.2 De metafoor van de helling

Het is niet zo eenvoudig om te begrijpen wat een conflict met ouders doet en hoe dit hun gedrag beïnvloedt. Een gesprekssuggestie: "Het conflict en de ruzie is geen excuus voor ouders om irritant en soms gemeen tegen elkaar te doen, maar als je weet wat een conflict met mensen doet, is het wel beter te begrijpen waarom ze dat blijven doen en kun jij misschien beter beoordelen wat jij kunt doen. Ouders die gaan scheiden zijn daardoor flink geraakt en daarbij moeten ze nog van alles regelen. Dat is een opgave."
Je kunt daarvoor de metafoor van de helling gebruiken.

> **Metafoor voor het scheidingsproces van ouders**
>
> De scheiding is te vergelijken met een steile helling, met onderaan prikkeldraad. Ouders staan bovenop die helling en moeten beneden zien te komen zonder in het prikkeldraad te belanden. Daarna moeten ze ook weer boven zien te komen. Er zijn twee opties, en ze moeten kiezen: gaan ze met de trap, of gaan ze via een zeepbaan?

Ouders die de trap nemen

Ouders die de trap gebruiken, hebben de tijd om op elke trede even stil te staan en na te denken over hoe ze het best verder kunnen. Ouders die voor de trap kiezen, hebben de tijd om samen te werken met hun ex-partner, ook al zijn ze boos op elkaar of in elkaar teleurgesteld. Zij begrijpen dat ze de helling af moeten zien te komen, en dat willen ze dan maar zo goed mogelijk doen ook. Doordat ze steeds even stilstaan, hebben ze tijd om op de kinderen te letten en hen te helpen. Ze zullen ook niet zomaar in het prikkeldraad terechtkomen. Voor het zover is, klimmen ze al weer naar boven. De kinderen zien hoe hun ouders het doen en krijgen er steeds meer vertrouwen in dat ze, als ze het een poosje moeilijk hebben gehad, en dus de trap aflopen in deze metafoor, weer bovenop de helling weten te komen.

Ouders die de zeepbaan gebruiken

De andere manier om de helling te bedwingen is via de zeepbaan. Dat gaat heel snel, maar de helling is wel erg glad, en eenmaal beneden is het moeilijk om weer boven te komen. Ouders glibberen alle kanten op en hebben al hun aandacht nodig om zelf koers te houden. Daardoor kunnen ze niet goed op de kinderen letten of hen helpen. Ze kunnen bijna niet samenwerken met hun ex-partner of elkaar helpen. Ze duwen elkaar meestal weg om snel van de ander af te zijn en dit maakt hen weer boos en wantrouwig. Dat wordt erger als ze dichter bij het prikkeldraad komen. De kinderen maken dat allemaal mee.

Hebben de ouders een keuze?

De vraag is of ouders kunnen kiezen hoe ze de helling afgaan, met de trap of via de zeepbaan. Sommige ouders vertellen dat het voelt alsof ze niets te kiezen hebben en al op de zeepbaan zitten voordat ze het merken. Ze hebben soms de indruk dat hun ex-partner hen erop geduwd heeft. Dat voelt extra wreed voor hen. Sommige ouders zien de trap pas als ze al in het prikkeldraad liggen en zich erg pijn gedaan hebben, maar ze kunnen dan wel naar boven. Er staan altijd mensen bij de zeepbaan die ouders en kinderen willen helpen, maar de ouders moeten zelf beslissen of ze met de trap willen. Soms kiest een ouder ervoor om van de zeepbaan af te gaan om dan later alsnog de trap te nemen, en dat helpt al.

"Wat denk jij hoe jouw ouders het doen? Nemen ze de trap of glijden ze van de zeepbaan af? Hoe is dat voor jou? Weten je ouders hoe het voor jou is? Praat je er wel eens met hen over? Nee? H'm, dat hoor ik vaker, kinderen denken dat ze lastig zijn en dat willen ze helemaal niet. Is dat bij jou ook zo?" Het is belangrijk dat kinderen weten dat er ouders zijn die elkaar pijn doen tijdens hun scheidingsproces. Kinderen kunnen dat niet oplossen. Zij kunnen wel bekijken wat zij zelf kunnen doen om niet mee te doen aan de strijd van hun ouders."

Guus

Guus (6 jaar) is in de war als zijn ouders gaan scheiden. Hij wil niet meer naar school en hij slaapt slecht. De ouders horen van de leerkracht dat zij zich zorgen maakt, maar het lukt haar niet om er samen met de ouders over te praten, omdat de ouders alleen maar ruzie maken met elkaar en elkaar zwart maken. De juf zegt dat die ruzies nu juist voor Guus een probleem zijn. Na verloop van tijd merkt de juf dat het gedrag van Guus verandert. Hij ziet er nog wel sip uit, maar niet meer zo erg. Hij vertelt haar dat zijn ouders niet meer zo erg ruzie maken nu zijn vader in zijn eigen huis woont. Hij vertelt ook dat hij met zijn ouders gepraat heeft over hoe bang hij wordt als zij tegen elkaar schelden. Guus glimlacht als de juf hem vertelt dat ze het goed van hem vindt dat hij dat tegen zijn ouders gezegd heeft.

4.10 Nieuwe vrienden en stiefouders

4.10.1 Een nieuwe partner toewensen

Kinderen wensen hun ouders soms al snel een nieuwe partner toe. Deze wens is sterker als een andere ouder al een nieuwe partner heeft. Kinderen hebben er geen invloed op. Met de volgende informatie is dit onderwerp te bespreken: "Kinderen kunnen denken dat een ouder weer gelukkig wordt als er een andere partner is. Het is inderdaad prettig als je vader of moeder weer blij is. Jij hoeft er dan misschien niet zo op te letten. Misschien heeft ze dan ook meer aandacht voor jou, of durf je makkelijker aandacht te vragen. Dat doen kinderen niet zo snel als ze zien dat een ouder het moeilijk heeft. Sommige kinderen vinden het zelf ook wel fijn als er weer een als er weer iemand bij hun vader of moeder is. Kinderen die dat vinden, proberen hun ouders wel eens een beetje te dwingen om een nieuwe partner te vinden. Een kind kan dat niet bepalen. Dat zijn zaken die je vader of moeder zelf moeten regelen. Praat jij er wel eens over met je vader of moeder? Heb jij dat ook, dat je wilt dat je vader of moeder een nieuwe vriend of vriendin krijgt? Hoe is dat om te horen dat jij daar niets over te zeggen hebt? Wat is er voor jou belangrijk aan dat je vader of moeder een vriend of vriendin krijgt? Welk probleem is daarmee voor jou opgelost? Zouden er ook nog andere manieren zijn om dat op te lossen?" Door het onderwerp te bespreken, komt er aandacht voor onderliggende gevoelens bij een kind, zoals de druk van de zorg, de behoefte aan contact met de eigen vader of moeder of de moeite die het heeft met het zien van een ongelukkige vader of moeder.

4.10.2 Nieuwe liefdes van de ouders

Ouders krijgen na een scheiding nieuwe liefdes. Voor iedereen in het gezin brengt dit nieuwe ervaringen met zich mee. De liefde die normaal in het gezin met elkaar gedeeld wordt, is niet meer vanzelfsprekend. Kinderen kunnen nog bang zijn door wat zij hebben meegemaakt tijdens de scheiding en vragen hebben als: "Zal het nu wel goed gaan? Is deze man lief voor mijn moeder? Wat vindt mama van de nieuwe vriendin van papa? Zal zij aardig blijven voor mij?" De veranderingen zelf, als gevolg van een nieuwe partner naast hun vader of moeder, roepen ook weer onzekerheid op. De volgende suggestie is te gebruiken om het onderwerp te bespreken: "De meeste ouders vinden na de scheiding weer iemand anders die ze leuk vinden. Ze leren elkaar eerst beter kennen en soms zien de kinderen zo iemand ook al snel. Sommige kinderen vinden dat best, andere kinderen moeten wennen. Kinderen hebben niets te zeggen over het daten van hun ouders of over met wie ze omgaan. Ze kunnen wel hun mening geven over hoe het voor henzelf is. Soms zijn kinderen nog maar net gewend aan alle veranderingen als ouders gaan daten, en veel kinderen vinden het lastig om dan ook direct dáaraan te moeten wennen. Heb jij hier al mee te maken? Hoe gaat het bij jouw vader en moeder? Kun je er met hen over praten? Helpt dat? Moet er volgens jou nog meer gebeuren? Kun jij dat regelen?" Voor jongeren voelt het daten van hun ouders extra spannend. Zij ontdekken zelf het uitgaan en intieme vriendschappen met seksualiteit. Zij vinden het lastig om dit gedrag nu bij hun ouders te zien. De professional kan het onderwerp met hen bespreken, waardoor jongeren kunnen praten over hun ervaringen en kunnen beoordelen wat zij nodig hebben.

Beth

Beth (14 jaar) was vijf jaar toen haar ouders gingen scheiden. Zij heeft er tot nu toe weinig hinder van ondervonden. Haar ouders zijn altijd alleen gebleven, maar nu heeft haar vader een vriendin. Beth ziet hen samen op de bank zitten of in de stad lopen en ze zijn vreselijk verliefd. Ze gunt het hen wel, maar ze kan er niet tegen als ze aan 'elkaar lopen te friemelen', zoals Beth het zegt tegen een docent. De docent vraagt of haar vader weet hoe het voor Beth is en ze lacht hem uit: "U denkt toch zeker niet dat ik daar met hem over praat! Ik kijk wel uit!" Beth heeft een goede band met de docent en praat nog door over haar ervaringen. De docent stimuleert haar om het er met haar vader over te hebben, omdat hij de enige is die er wat aan kan doen. Beth besluit dat het niet nodig is en dat ze het wel kan hebben. Dat is ook een mogelijkheid.

4.10.3 Onbekend gedrag van ouders

Na het meemaken van een scheiding is een nieuwe relatie van de ouder vooral spannend voor kinderen, zeker als 'de date' groeit naar liefde en zij ermee te maken krijgen. Het kind ziet voor het eerst dat een ouder op geliefdenniveau contact heeft met een ander en moet zich daartoe verhouden.

> **Melle**
>
> Melle (9 jaar) maakt een tekening van de twee huizen van zijn ouders. In het huis van zijn moeder tekent hij haar vriend en in die van zijn vader diens vriendin. "De vriendin van papa woont heel ver weg, die is er bijna nooit als ik bij papa ben."
> Zo kan het verder gaan met Melle:
> Melle vertelt aan de advocaat-mediator: "De nieuwe vriendin van papa, Anja, is een lieve vriendin. Ze doet aardig tegen papa en dat vind ik fijn. Mama schreeuwde soms zo hard en daar werd ik verdrietig van. Dat doet Anja niet. Voor mama vond ik het wel zielig dat ze nog geen vriend had, ze huilde heel vaak 's avonds en dat is nu niet meer zo. Daarom ben ik blij dat Bas er nu is, haar vriend. Mama zegt dat hij haar blij maakt en hij doet met mij ook wel leuke dingen, zoals een spelletje enzo. Ik ben er nu aan gewend dat Bas er is."
> Het kan ook zo gaan:
> De advocaat-mediator van de ouders van Melle heeft een paar vragen die hij nog aan Melle wil stellen. Hij weet dat sommige kinderen de komst van een nieuwe partner, zo snel na de scheiding, niet makkelijk vinden. Hij vraagt dus nog wat door. Hij pakt wat spelmateriaal en plaatst een poppetje voor mama en haar nieuwe vriend Bas in een cirkel en een poppetje voor papa en zijn nieuwe vriendin Anja en plaatst die ook in een cirkel, iets verder weg. Dan vraagt hij aan Melle een poppetje voor zichzelf te kiezen en vraagt hem om die er ook bij te zetten. Melle kiest met plezier een poppetje, maar hij weet niet waar hij dat poppetje vervolgens moet neerzetten en hij zegt: "Er is geen huis voor mij." Hij pakt een cirkel, legt deze op de grond en plaatst zijn poppetje daarin. De advocaat-mediator vraagt hem hoe dat voor hem is en Melle begint te huilen. Na een tijdje vertelt Melle dat hij nergens wil wonen, hij wil dat het weer gewoon wordt. "Als ik bij papa ben, zit hij steeds te what'sappen met Anja en als ik bij mama ben, is Bas er heel vaak en dan willen ze steeds kussen."

Het kan nog anders gaan met Melle:
De advocaat-mediator van de ouders van Melle heeft een paar vragen die hij nog wil stellen. Dit doet hij met behulp van een tekening en hij vraagt aan Melle of hij Anja in het huis van zijn vader wil tekenen. Dat doet Melle. Hij vertelt ondertussen dat Anja aardig is en lekkere fantasiesoep kan maken. De advocaat-mediator vraagt aan Melle: "Hé Melle, na de scheiding is er iemand bij papa en iemand bij mama. Wie is er nu bij jou?" Melle kijkt hem wat lachend aan en zegt: "Papa en mama zijn er altijd en nu heb ik ook nog Anja en Bas!"

De ouders en hun kind

Samenvatting

De ouders zijn in het leven van kinderen belangrijke, zo niet de belangrijkste personen. Als kinderen een ingrijpende gebeurtenis meemaken dan willen zij graag steun van hun ouders. De scheiding is voor de ouders ook een ingrijpende gebeurtenis. In dit hoofdstuk worden, in grote lijnen, de psychologische taken voor de ouders geschetst. Deze informatie is voor een groot deel geschikt als scheidingseducatie voor kinderen. Met deze informatie krijgen zij zicht op de complexiteit van de scheiding en dit is vooral belangrijk als ouders ernstige ouderlijke problemen en conflicten hebben. De informatie is te gebruiken voor ouders, vooral preventief, of als er problemen blijven bestaan.

5.1	Inleiding – 138	
5.2	Psychologische taken voor ouders – 138	
5.2.1	De relatie beëindigen – 139	
5.2.2	Rouwen om verlies – 140	
5.2.3	Jezelf herwinnen – 142	
5.2.4	Boosheid bedwingen of oplossen – 143	
5.2.5	Het er opnieuw op wagen – 145	
5.2.6	Wederopbouw – 147	
5.2.7	De kinderen helpen – 148	

© Bohn Stafleu van Loghum is een imprint van Springer Media B.V., onderdeel van Springer Nature 2018
T. van den Berg, *Praten met kinderen en jongeren over scheiding*,
https://doi.org/10.1007/978-90-368-1894-0_5

5.1 Inleiding

Dit hoofdstuk gaat over de psychologische taken voor ouders bij scheiding. Het helpt kinderen als zij weten wat hun ouders te doen hebben. Zij krijgen hierdoor meer zicht op de complexiteit van het proces van de scheiding, meer grip op wat er gebeurt en mogelijk daardoor begrip voor wat hun ouders overkomt. Met behulp van deze informatie kunnen zij onderscheid maken tussen het proces van de ouders en hun eigen proces. Het is uitdrukkelijk niet de bedoeling om begrip en inzicht te gebruiken om zich neer te leggen bij eventuele problemen of ongezonde patronen. Het is de bedoeling dat kinderen zicht krijgen op het normale proces van scheiden en op de moeilijkheden die ouders daarbij ervaren.

Het kan kinderen geruststellen als zij horen dat aan het begin van de scheiding ouders vaak verdrietig zijn en dat het verdriet op den duur ook weer afneemt. Het kan kinderen motiveren om te praten over hun ervaringen of om hulp te zoeken als er problemen zijn. Kinderen die betrokken zijn bij ouderlijke problemen of er zijn ingezogen, voelen dat anderen moeite hebben met de problemen van de ouders en dat ouders soms weerzin bij hen oproepen. Kinderen voelen dat aan en ervaren schaamte, waardoor het moeilijk is om openlijk loyaal te zijn aan de ouder(s). Het begrip van een professional kan helpen om de problemen aan te pakken door bijvoorbeeld op te komen voor zichzelf: "Het is wel míjn moeder!"

Cottyn (2009) zegt dat ouders hun ouderschap moeten reorganiseren om hun taak als vader of moeder te vervullen in het eigen eenoudergezin. Het is bijna onvermijdelijk dat dit aanvankelijk gepaard gaat met meningsverschillen. Het is in het begin ook bijna onvermijdelijk dat deze meningsverschillen uitlopen op ruzie en conflict. Desondanks kunnen ouders zich inzetten om dat te onderkennen en (zorg)regelingen te maken met oog op het welzijn van alle betrokkenen.

Vaak zijn er meerdere factoren die een rol spelen in het ontstaan van een gecompliceerde of vechtscheiding (Lawick en Visser 2014). De ouders hebben de indruk dat er geen mogelijkheden meer zijn om uit hun problemen te komen. Het conflict heeft hen in de greep in plaats van dat zij grip hebben op het conflict. De professional kan laten zien dat het mogelijk is om als ouder vanuit welzijn (zorg)regelingen te treffen voor de kinderen en dat hij ouders kent die dit met succes blijven doen. Pas als dat lukt, kunnen ouders hun kind helpen (Cottyn 2009; Pedro-Carroll 2010).

5.2 Psychologische taken voor ouders

Hoefnagels (1999) heeft in Nederland aandacht gevraagd voor mediation bij scheiding, omdat psychologische gevolgen een grote rol spelen bij het afronden van het huwelijk of de relatie. Ouders krijgen meestal te maken met heftige emoties. Als hier geen aandacht voor is, is het volgens hem moeilijk om de juridische en praktische zaken van een scheiding naar tevredenheid uit te voeren. Bij een toenemende groep ouders lukt het tegenwoordig niet om de scheidingszaken zonder blijvende conflicten te regelen. Wallerstein en Blakeslee (1989) vroegen in de jaren tachtig van de vorige eeuw al aandacht voor zeven psychologische taken die ouders te doen hebben bij een scheiding en deze

1.
Het huwelijk beëindigen

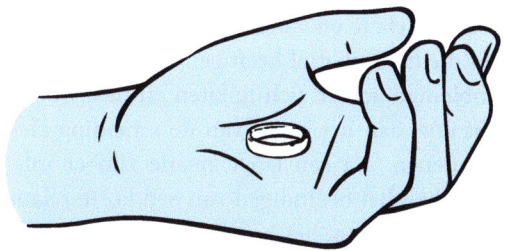

Figuur 5.1 Taak 1 voor ouders

taken worden hier opnieuw onder de aandacht gebracht vanwege de actualiteit ervan. Het uitvoeren van de psychologische taken verloopt, anders dan de nummering wellicht doet vermoeden, niet volgens een vaste volgorde. Ouders kunnen zelf hulp vragen als zij merken dat er sprake is van stagnatie in de uitvoering van deze taken.

5.2.1 De relatie beëindigen

Deze taak (zie fig. 5.1) vraagt van ouders de scheiding op een zo fatsoenlijk mogelijke manier te beëindigen. Dit kan als beide partners de verantwoordelijkheid nemen voor de scheiding, zelfs als de verschillen niet te overbruggen lijken, de emoties hoog oplopen en de moeilijkheden zich opstapelen. Wanneer partners elkaar op een gelijkwaardige manier betrekken bij de zaken die zij moeten regelen, ook als er vermeend onrecht is, kunnen zij op een redelijke manier de relatie beëindigen. De verleiding is groot om de ander te beschuldigen, als zondaar te bestempelen of te dwingen om de rechten (bijvoorbeeld als verzorgende ouder) op te geven. Het is ook aantrekkelijk om op de vlucht te slaan en zichzelf tot 'heilige' te verklaren en de ander als de 'afvallige'. De verleiding is groot om krampachtig de controle te houden en de ander te overheersen. Aanvankelijk is het te begrijpen dat deze verleidingen met moeite zijn te weerstaan. Toch is het ook nodig om hierbij vandaan te blijven. Ouders hebben anderen uit het netwerk nodig om dat voor elkaar te krijgen. Het op een redelijke manier beëindigen van de relatie, het huwelijk of het samenwonen helpt alle betrokkenen om in de jaren na de scheiding, alle veranderingen en problemen als gevolg van de scheiding aan te pakken.

> **Informatie en reflectie**
> "Vaders en moeders, ook die van jou, zijn bezig met een scheiding. Dat is voor hen veel werk en moeilijk ook. Ze worden soms zo boos op elkaar, terwijl ze dat normaal gesproken niet zo doen. Bij de meeste ouders duurt het wel een tijd, maar langzaam vinden ze weer een manier om vriendelijk tegen elkaar te doen. Wat merk jij bij je ouders? Hoe vind jij dat je ouders het doen? Praat je er wel eens met ze over, of met anderen?"

5.2.2 Rouwen om verlies

Deze taak behelst het verwerken van het verlies (zie ◘fig. 5.2). De meeste ouders ervaren de pijn van het verlies bij het uiteenvallen van de relatie en van hun gezin. Die pijn kan lang aanhouden. Dit geldt ook voor de ouder die het initiatief heeft genomen. Soms valt het verdriet tegen, omdat men dacht de problemen achter zich te laten en daar vooral opgelucht over te zijn. Het valt tegen, omdat juist aan het begin van de scheiding zich allerlei onverwachte problemen kunnen aandienen. Na een lange relatie zijn er misschien logischerwijs veel verliesgevoelens; toch kan het beëindigen van een korte relatie ook tot veel pijn leiden. Na erkenning van verlies ontstaat het besef van alles wat 'nooit meer zal zijn'. Daaronder vallen zaken waar men vanaf wilde en dat is plezierig, maar ook onvervulde dromen blijven ongewild onaangeroerd.

Opruimen

Het voelen van boosheid en verdriet zorgt ervoor dat de pijnlijke gebeurtenissen 'opgeruimd' worden, zodat ze iemand niet telkens opnieuw verwonden. Arianne Struik (2017) gebruikt voor de uitleg over (verlies)verwerking de metafoor van de archiefkast. Als gevoelens goed zijn verwerkt, liggen de herinneringen aan pijnlijke gebeurtenissen opgeborgen in een la in een archiefkast. Ze zijn goed vindbaar en de lade waarin de gebeurtenissen liggen, kan dicht. De gebeurtenis is daarmee niet verdwenen. De persoon kan de herinnering eraan ophalen op een zelfgekozen moment. Als herinneringen onvoldoende zijn verwerkt, liggen de pijnlijke herinneringen ook in de archiefkast, maar dan wanordelijk. Soms liggen ze tussen andere gebeurtenissen in of liggen ze helemaal verstopt en zijn ze onvindbaar geworden. Het is chaos in de archiefkast en de laden sluiten niet goed. Het is moeilijk zoeken in deze laden, je kunt je aan die openstaande laden stoten en je bezeren aan de herinneringen die zich ongevraagd aandienen.

Tempoverschil

Bij de meeste gescheiden ouders verloopt het proces van verliesverwerking niet synchroon. Het verschil in tempo vraagt van ouders dat zij rekening met elkaar houden. De ene ouder waakt ervoor om alles snel te regelen en pusht niet. De andere ouder zorgt ervoor dat het proces niet vertraagt, omdat vertragen kan worden ervaren als saboteren.

Definitieve streep onder de relatie

Het doormaken van het verliesproces helpt om een definitieve streep onder de relatie te zetten, zodat mensen zich daarna weer kunnen richten op de toekomst van het eigen leven. In de praktijk zie je bijvoorbeeld dat ouders die in het begin van het scheidingsproces moeilijkheden hadden met elkaar, weer vriendelijk kunnen overleggen over dagelijkse zaken van de kinderen. Dit lukt echter niet iedere ouder en ook niet ieder ex-paar.

Hard werken of vermijden

Het verwerken van verlies is hard werken en soms is het niet op te brengen. Deze taak lijkt bovendien te vermijden door te hopen dat het nog goed komt, door de ander de schuld te geven van de scheiding, snel verliefd te worden op iemand anders of de

2. Rouwen om verlies

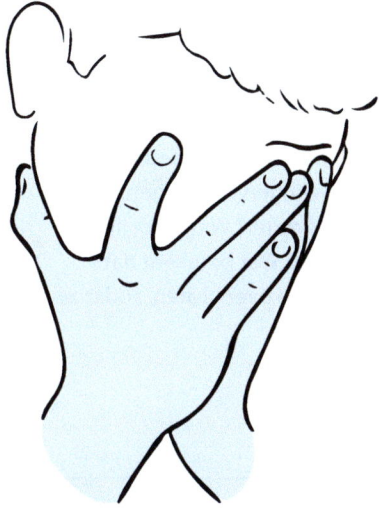

Figuur 5.2 Taak 2 voor ouders

aandacht volledig te richten op de kinderen, het zoeken van een nieuwe huis of door zich onder te dompelen in werk. En dit zijn maar voorbeelden. Het is menselijk en begrijpelijk dat ouders kiezen voor deze uitwegen. Soms helpt vermijding om de ergste emoties te verminderen, maar vaak hindert vermijding de afhandeling van de juridische en praktische zaken van de scheiding of het regelen van de zorg voor de kinderen. Het huwelijk blijft psychologisch doorwerken en daarmee blijven de pijnlijke gevoelens van vroeger actueel en werken ze door in het heden.

> **Informatie en reflectie**
> Professionals die met kinderen van deze ouders te maken krijgen, kunnen hen voor een deel informatie geven over dit proces. Inhoudelijke informatie geven over de situatie van een of beide ouders is niet gepast, daar hebben kinderen niets mee te maken. Dit zou je als volgt kunnen bespreken: "Als ouders scheiden, dan moeten de kinderen iets doen en de ouders ook. In het begin wilden jouw ouders voor altijd bij elkaar blijven en dat gebeurt nu toch niet. Daar worden ouders verdrietig van en sommige ouders worden er ook boos van. Wat merk jij aan jouw ouders? Hoe is dat voor jou? Dat verdrietige wordt meestal ook weer minder. Merk jij dat bij je ouders? Nee? Nou, dat kan wel kloppen, want je ouders zijn nog maar net uit elkaar en meestal duurt het wel even. Hoe is dat voor jou, als het nog langer duurt dat je je vader en moeder nog verdrietig of boos ziet? Wat gebeurt er dan met jou? Wat betekent dat voor het contact tussen jullie?"

> **Als de scheiding langer geleden is**
> De volgende suggestie is te gebruiken als de scheiding al langer geleden is: "Jouw ouders zijn vier jaar geleden gescheiden. Zij hebben na een scheiding taken te doen. Een daarvan is het verwerken van het verlies. Jouw ouders hebben akelige dingen meegemaakt en ze vinden het moeilijk om dit goed te verwerken. (Gebruik eventueel de metafoor van de archiefkast om dit uit te leggen.) Het lijkt erop dat jouw ouders telkens opnieuw last hebben van alles wat er gebeurd is, waardoor er steeds nieuwe ellendige gebeurtenissen bij komen. Je kunt ouders niet dwingen om dingen op te ruimen. Wij kunnen dat niet en jij ook niet. Herken je wat ik vertel? Wat merk jij ervan bij je ouders? Hoe is het voor jou als het zo gaat bij je ouders? Wat betekent dat voor het contact met je vader/je moeder? Kun je daar met hen over praten, zodat ze rekening kunnen houden met jou?"

5.2.3 Jezelf herwinnen

Deze taak is ondersteunend aan de eerste taak; het beëindigen van de relatie vraagt van ouders om na de scheiding aandacht te besteden aan de eigen identiteit (zie ◗fig. 5.3). De verbinding tijdens een relatie tussen twee mensen beïnvloedt de identiteit van een persoon. In een relatie ontstaat een 'wij' en dat stopt na de scheiding. De ex-partners bouwen weer een eigen identiteit, een eigen 'ik', op. Sommige ouders vallen terug op hun identiteit van vóór de relatie en anderen zoeken nieuwe vormen. Soms kiest iemand direct een nieuwe relatie en vindt daarin de nieuwe identiteit. In het begin kan dat sterk wisselen. Sommige ouders gaan zich bijvoorbeeld plotseling gedragen alsof ze weer jong zijn. Een meisje van zestien vertelt vol afschuw: "Hij gaat opeens heel andere broeken dragen, alsof hij weer twintig is!" Ouders proberen de nieuwe kansen te benutten die een scheiding ook met zich meebrengt.

Niet vanzelfsprekend

Het uitvoeren van deze taak verloopt niet vanzelfsprekend succesvol. De ouder die de stem van de 'oude' partner meeneemt in nieuwe situaties, loopt het risico te veel verbonden te blijven, vaak zonder dit te willen of zich ervan bewust te zijn. De vrouw die bijvoorbeeld, als de auto vervangen moet worden, bedenkt welke auto haar ex-partner zou kiezen of zich zelfs door zijn voorkeur laat leiden. Of de man die zichzelf oplegt om naar het buitenland te gaan met de kinderen, omdat zijn ex-partner dit zo belangrijk vindt, en dit vervolgens mopperend doet, omdat hij liever niet zo lang achter elkaar met de kinderen in de auto wil zitten. Soms ongemerkt en vaak ongewild zijn deze partners nog veel met elkaar bezig.

3. Jezelf herwinnen

Figuur 5.3 Taak 3 voor ouders

> **Informatie en reflectie**
> Het onderwerp is te bespreken aan de hand van de volgende suggestie: "Jouw vader en moeder hebben na de scheiding eigen taken te doen. Ik besprak met jou al de taken voor jongeren. Een van de taken van je vader en moeder is om alleen een weg te vinden in het leven. Sommige ouders proberen dingen uit of gaan weer doen wat ze deden toen ze jong(er) waren. Het hoort erbij. Het is hun manier om na de scheiding de draad weer op te pakken en voor hen is dat goed. Het is de vraag hoe dat voor jou is. Zie jij hier iets van bij jouw ouders? Hoe is dat voor jou? Heb je er met hen over gepraat? Wat doet dat in het contact met je vader en moeder? Is dat oké of wil je liever dat het anders is? Kun jij daar zelf iets aan doen?"

5.2.4 Boosheid bedwingen of oplossen

De gevoelens die een scheiding met zich meebrengen zijn voor partners meestal heftig. Dit ervaren de meeste ouders aan het begin van de scheiding. De boosheid kan hen volledig in beslag nemen en, afhankelijk van de heftigheid van de gebeurtenissen, verergert de boosheid en voelen ouders woede en ook haat naar elkaar óf zij ontdekken dat ze toch mogelijkheden hebben om hun boosheid te laten verminderen, ondanks wat hen overkomt. Zelfs als de moeilijkste periode voorbij is, kan een gebeurtenis de oude herinneringen oprakelen en hen verdrietig of boos maken en vaak ook weer woedend.

4.
Boosheid bedwingen of oplossen

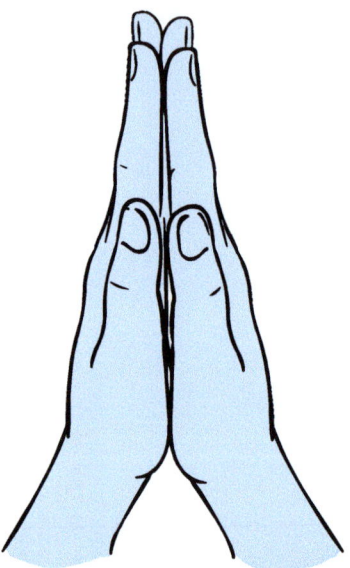

Figuur 5.4 Taak 4 voor ouders

Bijvoorbeeld doordat er een nieuwe partner komt, doordat er veranderingen komen in de financiële afspraken of doordat een ex-partner naar een andere plaats wil verhuizen. Die gevoelens nemen iemand dan weer helemaal in beslag, vooral als die persoon zich tekort gedaan voelt. Er ontstaan dan snel opnieuw meningsverschillen of het gedrag verhardt zich. Het is de opgave voor de ouder om deze gevoelens niet leidend te laten zijn in het eigen leven, maar deze woede te beheersen, te bedwingen of op te lossen, ongeacht wat de andere ouder doet (zie fig. 5.4). Sommige ouders ervaren deze taak alsof zij de ander steeds gelijk moeten geven en daardoor voortdurend het onderspit delven. Het is belangrijk dat zij ervaren dat het hier om hun eigen gemoedsrust gaat.

"Anger is an acid that can do more harm to the vessel in which it is stored than to anything on which it is poured", Mark Twain

Boosheid en woede ontladen

Boosheid en woede ontladen zich op verschillende manieren, ook bij gescheiden ouders. Die gevoelens ontladen zich bijvoorbeeld door ruzie maken, door het conflict te zoeken en elkaar dwars te zitten, maar ook door lichamelijk geweld, het meenemen van de kinderen zonder de toestemming van de andere ouder en door toe te laten dat kinderen gebruikt worden in de strijd. Dit geeft een beeld van de destructieve gevolgen van boosheid. Als de boosheid de vrije hand heeft, worden kinderen extra belast. Aan het begin van een programma zoals 'Kind uit de knel' (Lawick 2014) is te zien dat ouders weten hoeveel last hun kind van hun ruzies heeft, maar ook dat ze dit niet (kunnen) veranderen. Het versmalde denken dat het conflict met zich meebrengt, neemt hen in beslag. Door dit met kinderen te bespreken, zoals gebeurt in dat soort programma's, zijn die kinderen niet volledig machteloos in dit gevecht van de ouders. Voor het bespreken van dit onderwerp is respect nodig voor de ouders en erkenning dat het uitvoeren van deze taak, van sommige ouders veel vraagt. Een volwassen man vertelde aan een vriend over het vreemdgaan van zijn vader, toen hij en zijn twee broertjes nog heel jong waren. De vriend reageerde vol afschuw: "Wat een eikel van een vent zeg, wat een egocentrische bak!" De volwassen man vertelde dat hij al als puber zulke opmerkingen kreeg en ze dan beaamde, later als jongvolwassene zijn mond maar hield en nu op zijn 39e zegt: "Wacht, je praat over mijn vader. Wat weet jij van zijn omstandigheden om zo te oordelen en te praten over mijn vader?"

> **Informatie en reflectie**
> De volgende suggestie is te gebruiken om dit onderwerp met kinderen of jongeren te bespreken: "Ouders kunnen na een scheiding boos blijven op elkaar en dat merk je aan alles. Merk jij daar ook iets van? Vast. De meeste ouders maken wel eens ruzie en na een scheiding is het bijna altijd erger. Pas als de ruzies verminderen, kan iedereen gaan wennen aan alle veranderingen na de scheiding. Sommige ouders zijn al snel minder boos, bij anderen kost dat meer tijd. Hoe is dat bij jouw ouders? Hoe is dat voor jou? Denk jij dat je er iets aan kunt doen? Wat doe jij als je er te veel last van hebt? Wat betekent het voor het contact dat je hebt met je vader en moeder? Weten jouw ouders dit? Heb je een idee hoe je dit met ze kan bespreken? Schaam jij je wel eens voor het gedrag van jouw ouders? Maak jij het wel eens mee dat anderen jouw ouders veroordelen? Hoe is dat voor jou? Wat doe of zeg je dan?"

5.2.5 Het er opnieuw op wagen

Deze taak is ondersteunend aan de derde taak (zie ▶fig. 5.5). Na een scheiding ontwikkelen veel ouders gevoelens van 'falen'. In het verleden maakten zij op een belangrijk levensterrein een verkeerde inschatting, waardoor de scheiding een feit is. De relatie heeft hen uiteindelijk niet gebracht waar zij op hoopten of wat zij wilden. Nu moeten ze opnieuw uitzoeken wat ze willen. Dat is spannend. De beslissing in het verleden is fout uitgepakt en dat kan weer gebeuren. Er is herstel nodig van zelfvertrouwen, zelfwaardering en gevoelens van competentie. Ouders die herstellen en opnieuw kansen benutten, krijgen onherroepelijk te maken met tegenslag, de keerzijde van het opnieuw erop wagen. Zij leren dat het leven gaandeweg weer mogelijkheden biedt, met voor- en tegenspoed. Door dit aan te gaan en voor te leven, zijn zij een krachtig voorbeeld voor hun kind. Bij sommige ouders herstelt het vertrouwen niet en blijft het slachtofferschap voorop staan. Zij beoordelen hun voormalige relatie als teleurstellend en stijgen daar niet boven uit.

5.
Het er opnieuw op wagen

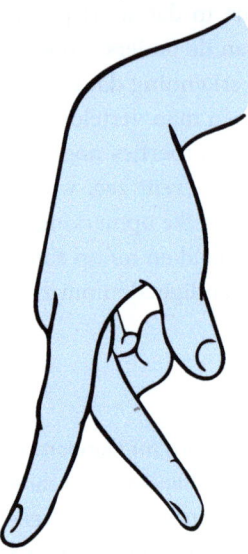

Figuur 5.5 Taak 5 voor ouders

Informatie en reflectie
Het helpt kinderen als zij iets weten over deze taak. Ook hier geldt dat er geen inhoudelijke informatie met de kinderen gedeeld kan worden, niet door de ouder en niet door de professional.
Een eerste suggestie. "Jouw vader en moeder hebben hard gewerkt zeg. In een eigen huis gaan wonen, blijven werken en goed voor jou en je broer en zus zorgen. Dat is heel wat. Ik hoorde dat je vader zou gaan samenwonen. Jij vond de vriendin van hem wel leuk toch? En nu gaat het niet door. Weet je, ouders kunnen niet alles van tevoren weten. Wie niet waagt, wie niet wint. Dat klinkt heel makkelijk, maar dat is het niet. Je vader werkt hard om na de scheiding weer door te gaan met zijn leven. Daar hoort nu eenmaal bij dat er opnieuw iets niet goed kan gaan. Dat heeft je vader nu meegemaakt. Jij hebt daar ook mee te maken. Dat kan niet anders. Hoe is dat voor jou?"
Een tweede suggestie. "Na een scheiding moeten ouders opnieuw uitzoeken wat zij met hun leven willen. Dat lukt de ene ouder goed en de andere ouder wat minder. Als het ouders niet goed lukt, zie je dat ze teleurgesteld blijven over alles wat er gebeurd is en daar nog veel over praten. Ze proberen ook niet echt nieuwe dingen, omdat ze vinden dat het niet zoveel zin heeft. Soms worden ze er wat somber of mopperig van. Hoe is dat bij jouw vader en moeder? Let jij wel eens op dat soort dingen of bemoei jij je er niet mee? Ik hoor wel eens van jongeren dat die er last van hebben. Ze vinden dat het maar eens over moet zijn. Hoe is dat bij jou? Het lastige is dat kinderen er niet zo veel aan kunnen doen, dit is echt een taak voor de ouders. Wat merk jij ervan in het contact met je vader en moeder? Hoe is het om er met je ouders over te praten?"

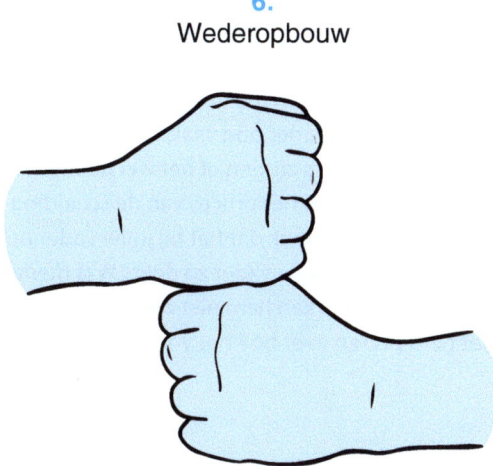

Figuur 5.6   Taak 6 voor ouders

5.2.6 Wederopbouw

Alle voorafgaande taken zijn de bouwstenen voor deze taak, die inhoudt dat de ouder een leven opbouwt dat voor hem of haar bevredigend is, waarin er zorg is voor de kinderen en er aandacht is om de band met hen te koesteren (zie fig. 5.6). Om deze taak goed te doen, is het nodig het verleden los te laten, terwijl het verleden ook een plaats vraagt in het heden vanwege de zorg voor en de relatie met de kinderen. Als dit lukt, geven ouders opnieuw zin aan het leven na de scheiding en zijn ze (weer) in staat liefde, zorg en aandacht te geven aan de kinderen. Hiermee geven zij de kinderen het voorbeeld dat het mogelijk is om door moeilijke perioden in het leven heen te komen en dat is iets om trots op te zijn. Zowel voor de ouders als voor de kinderen.

> **Informatie en reflectie**
> Het helpt kinderen iets te weten over deze taak. Ook hier geldt dat er geen inhoudelijke informatie met de kinderen gedeeld kan worden, niet door de ouder en niet door de professional.
> *Een eerste suggestie.* "Jouw ouders hebben zo hun eigen taken uit te voeren. Ik zie bij jouw moeder dat het haar goed lukt om haar leven weer op te pakken na de scheiding. Ze heeft haar eigen huis, haar werk en vertelde jij dat ze met vrienden zelf een theatervoorstelling heeft gemaakt? Ik heb respect voor haar hoor, hoe ze dat allemaal gedaan heeft. Wat merk jij ervan? Hoe is dat voor jou? En in het contact met haar?"

> *Een tweede suggestie.* Ouders die half in het verleden leven, richten zich niet adequaat op de behoeften van een kind, waardoor de relatie met een kind onder druk komt te staan. Dit is voor kinderen na een scheiding een extra belasting. Je kunt dit met hen bespreken in de trant van: "Het is een opgave voor jouw vader en moeder om de oude relatie los te laten (of: om zich niet meer bezig te houden met jouw moeder/vader), en zelf een nieuw leven op te bouwen. Je vertelt dat je vader nog vaak verdrietig is en hij niet zoveel doet aan zijn nieuwe huis. Je maakt je zelfs zorgen of het wel goed komt met hem. Sommige ouders hebben veel tijd nodig om het proces van de scheiding door te komen en hun taken daarbij uit te voeren. Ik denk dat het bij jouw vader ook zo is. Wat denk jij ervan? Wat betekent het voor jou als je vader zo doet? Wat merk je ervan in het contact met je vader? Ja, iemand anders kan hem niet dwingen het op een andere manier te doen. Kun je met hem praten over hoe het voor jou is?"

5.2.7 De kinderen helpen

Voor het volledig uitwerken van deze taak zou een heel nieuw boek nodig zijn. Het is de taak van de ouders om hun kinderen te helpen bij het omgaan met de gevolgen van hun scheiding (zie fig. 5.7). Dit is niet alleen een psychologische taak, het is een juridische plicht. Het vrijblijvende karakter van de voorgaande taken is hier niet aan de orde.

Rechten en plichten

Een aantal rechten en plichten zijn hier belicht, zonder de intentie te hebben volledig te zijn.

Artikel 247, wetboek Personen en familierecht (2014).
1. Het ouderlijk gezag omvat de plicht en het recht van de ouder zijn minderjarige kind te verzorgen en op te voeden.
2. (…) Onder dit punt is beschreven wat er onder verzorging en opvoeding wordt verstaan door de wetgever.
3. Het ouderlijk gezag omvat mede de verplichting van de ouder om de ontwikkeling van de banden van zijn kind met de andere ouder te bevorderen.
4. Een kind over wie de ouders gezamenlijk het gezag uitoefenen, behoudt (…) recht op een gelijkwaardige verzorging en opvoeding door beide ouders.

Deze plichten en rechten worden in het wetboek nader uitgewerkt en voor bestudering ervan wordt naar het wetboek verwezen. Het volgende punt wordt hier uitgelicht:
— Bij punt 4 in het wetboek: (…) Ouderschap is gebaseerd op de relatie kind-ouder en niet op de relatie tussen ouders onderling. Volgens de minister is het niet beoogd de norm gelijkwaardig ouderschap in conflictsituaties uit te leggen als een verplicht co-ouderschap, als een 50 %–50 %-verdeling, een uitgangspunt waarop alleen 'praktische belemmeringen' een uitzondering zouden kunnen vormen. Afhankelijk van de concrete omstandigheden van het geval en de belangen van het kind zelf zal de rechter genoodzaakt kunnen zijn op verzoek een zorgregeling vast te stellen. (…)

7. De kinderen helpen

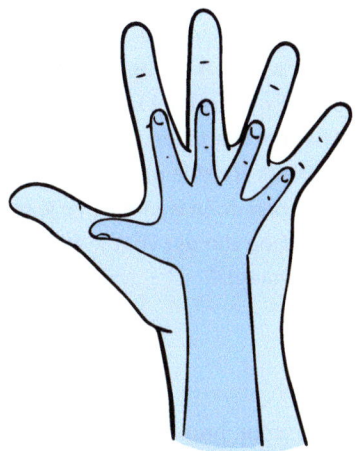

Figuur 5.7 Taak 7 De kinderen helpen

— De wettelijke regelingen rondom gezag en erkenning bepalen de wettelijke rechten en plichten van ouders en hieruit vloeien de praktische gedragsregels voort, zoals het opstellen van een ouderschapsplan, het elkaar informeren, toestemming geven e.d. Professionals dienen op de hoogte te zijn van deze regels als zij werken met ouders en kinderen, omdat iedereen zich moet voegen naar de wet.

Hulp nodig

Kinderen hebben altijd hulp nodig als zij een moeilijke periode meemaken. Ouders willen altijd het beste voor hun kind. Tijdens een scheiding maken ouders zich zorgen of het wel goed komt met hun kind, maar ook of zij wel contact blijven houden met hun kind. Het is zaak deze angst en zorgen van ouders niet weg te nemen, maar om deze juist te begrijpen. Het zijn begrijpelijke reacties. Een scheiding raakt onbedoeld wat hen het meest dierbaar is: de kinderen. Ouders krijgen te maken met treurende kinderen, die vaak gedurende een periode ongelukkig zijn. Het is geen sinecure om dat onder ogen te zien, maar wel een voorwaarde om hun kind te helpen. Ouders helpen hun kind misschien het meest door de eigen behoeften als gevolg van de scheiding (o.a. het uiten van negatief gerichte emoties, het onderhandelen met de ex-partner) af te schermen van de kinderen en hen te helpen bij de taken voor de kinderen (o.a. verbinding met twee ouders en hun familie, duidelijkheid, troost, steun). Dit vraagt veel van ouders die aan het begin van het proces van de scheiding staan en het zal niet altijd goed gaan. Dat kunnen kinderen wel 'hebben'.

> **Informatie en reflectie**
> Een suggestie om dit te bespreken luidt als volgt: "Gescheiden ouders blijven zorgen voor hun kinderen. Dat moet volgens de wet. Ouders mogen zelf regelen hoe ze dat doen en het is belangrijk dat ze jou erbij betrekken. Als kinderen moeilijke dingen meemaken in hun leven, en dat is een scheiding ook, dan hebben zij daarbij hulp nodig van anderen. Wij praten erover, omdat jij je ouders kunt laten weten hoe zij jou het best kunnen helpen. Jij kunt hen dat het best vertellen, maar het is ook goed als zij er bij jou naar vragen. Hoe is dat bij jou? Merk jij dat je ouders je helpen? Is dat voldoende voor jou? Is er nog iets dat ze kunnen doen waarmee ze je nog meer helpen? Weten zij dat? Kun je hen dat vertellen? Hoe zou dat voor je zijn als ze dat weten? Wat denk je, kunnen ze ook doen wat jij vraagt?"

Belangstelling voor kinderen en jongeren

Het helpt kinderen als ouders aandacht hebben voor hun ervaringen, hun belevingen en voor hun gevoelens en gedachten, of dat nu wel of niet over de scheiding gaat. Maar ze worden moe van eindeloos gepraat. Een jongen van negen zei: "Oh, als mijn vader het over de scheiding wil hebben, dan stop ik het liefst mijn hoofd onder het kussen. Hij vraagt maar door of ik het echt wel goed heb bij mama. En dan begint hij over alles wat vroeger niet goed was. Ik wil dat helemaal niet." Het helpt kinderen net zo goed (en soms meer) om aandacht te hebben voor gewone dingen of voor wat ze meemaken bij het sporten, op toneelles, op de muziekschool of tijdens welke hobby van het kind dan ook. Kinderen waarderen het als hun ouders tijd maken om belangstelling te tonen door een praatje te maken of samen iets te doen. Voor de meeste ouders is het ook een prettige ervaring om echt tijd en aandacht te hebben voor hun kind. Kinderen houden van regelmaat, waardoor ze op iets kunnen rekenen en ernaar uit kunnen kijken. Een gesprekje of andere vormen van aandacht kan een baken zijn in een roerige tijd en de vorm aannemen van een ritueel: "Dit deed ik altijd met mijn moeder, toen ze net gingen scheiden" of "Wat vond ik het fijn dat ik even alleen met mijn vader was, ook al had hij direct een nieuwe vriendin." Het biedt ouders de gelegenheid om meer zicht te krijgen op de belevingswereld van een kind. Kinderen hebben nog tot lange tijd na de scheiding hulp nodig van hun ouders om met de gevolgen van de scheiding om te gaan, vaak tot in de volwassenheid. Ouder-zijn betekent in relatie staan met jouw kind en dat omvat veel meer dan opvoeden alleen (Suissa en Ramakers 2012). Die relatie bouwt een ouder samen met een kind, zodat er liefde kan wonen. Liefde is de belangrijkste basis in het leven, dat geldt voor iedereen. Kinderen van gescheiden ouders krijgen en geven die liefde graag in een spanningsvrije omgeving, met ouders die respectvol zijn naar elkaar. En een beetje vriendelijk.

Bijlagen

Bijlage 1 Psychologische taken voor kinderen en jongeren bij scheiding – 152

Bijlage 2 Psychologische taken voor ouders na scheiding – 153

Bijlage 3 Metaforen – 154

Bijlage 4 Kenmerken van het conflict – 156

Literatuur – 160

© Bohn Stafleu van Loghum is een imprint van Springer Media B.V., onderdeel van Springer Nature 2018
T. van den Berg, *Praten met kinderen en jongeren over scheiding*,
https://doi.org/10.1007/978-90-368-1894-0

Bijlage 1 Psychologische taken voor kinderen en jongeren bij scheiding

1.
Het huwelijk van je ouders is afgelopen

2.
Losmaken van het conflict van je ouders

3.
Omgaan met verlies en rouw

4.
Oplossen van boosheid en zelfverwijt

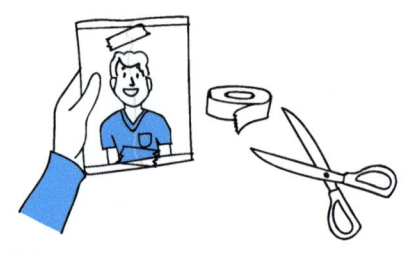

5.
De scheiding van je ouders is voor altijd

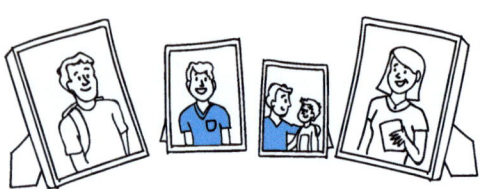

6.
Een band met je ouders zoals zij zijn

Bijlage 2 Psychologische taken voor ouders na scheiding

1.
Het huwelijk beëindigen

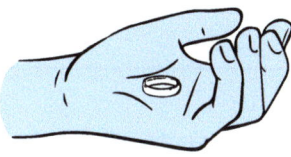

2.
Rouwen om verlies

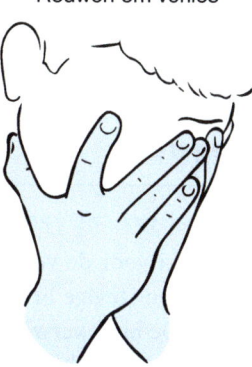

3.
Jezelf herwinnen

4.
Boosheid bedwingen of oplossen

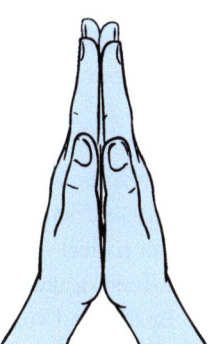

5.
Het er opnieuw op wagen

6.
Wederopbouw

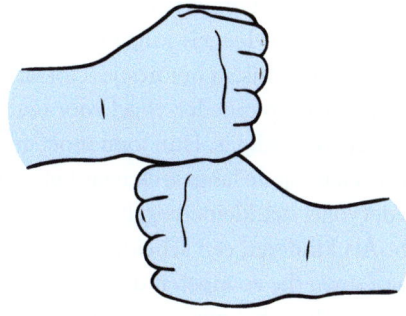

7.
De kinderen helpen

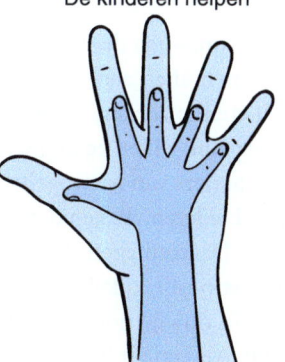

Bijlage 3 Metaforen

Een metafoor (uit het Grieks: overdracht) berust op een vergelijking. Die vergelijking hoeft in eerste instantie niets met het onderwerp te maken hebben. Een metafoor wordt ook gebruikt om iets wat moeilijk uit te leggen is, te vereenvoudigen en daarmee te verduidelijken. Hierdoor is het mogelijk om een andere kijk op een (leef)situatie te krijgen, die motiveert om een probleem aan te pakken of om verandering in gang te zetten.

Voor kinderen en jongeren

De brug (bij ▶par. 1.3 Het proces van de ouders)

De metafoor van de brug staat voor de verbinding ten behoeve van de kinderen tussen de huizen van hun ouders. Zij hebben een stevige brug te bouwen tussen de huizen van de ouders, zodat zij goed bij allebei kunnen zijn. De brug verwijst ook naar het feit dat zij zelf iets kunnen doen tijdens en na de scheiding, namelijk de brug bouwen en daarna onderhouden. Soms hebben zij bouwers (ouders of andere volwassenen) nodig en soms moeten zij zelf als bouwer aan de slag. Deze metafoor wordt uitgewerkt in de training voor kinderen en ouders '!JES het brugproject'.

De metafoor wordt ook gebruikt bij het bruggesprek. Dit is het gesprek dat ouders met hun kinderen voeren om hen te betrekken bij het opstellen van het ouderschapsplan. Tijdens dat gesprek komen onderwerpen aan de orde die de kinderen aangaan, zoals de omgangsregeling, vakanties, sport en vrije tijd, omgang met familie en de keuze voor een school voor voortgezet onderwijs.

De draak in de ogen kijken (bij ▶par. 4.2 Uitzoeken wat akelig is)

Dit is een metafoor die ook gebruikt wordt bij kinderen die angstig zijn. Als iets moeilijk is voor een kind, liggen daaronder vaak gevoelens van angst. De draak is een dier dat angst oproept. Het liefst willen we hard bij zo'n dier vandaan rennen. Het nadeel daarvan is dat de draak steeds meer gaat bepalen wat je wel en niet kunt doen. Want dat doen draken, die duwen je uiteindelijk in een hoekje, waar je alleen nog maar klein kunt blijven. Er is moed voor nodig om de draak in de ogen te kijken. Als dat lukt, dan weet je precies hoe gevaarlijk hij is en kun je de juiste hulp inschakelen om de draak zelf in een hoek te krijgen, zodat jij weer je gang kunt gaan.

Het nestje uitwippen (bij ▶par. 1.5.5 Beschermen)

Als vogels net geboren zijn, doen de vader- en moeder-vogel er alles aan om ervoor te zorgen dat ze kunnen groeien. Ze slepen af en aan met eten, zodat de jonkies sterke vleugels krijgen om later zelf mee te vliegen en zelf eten te zoeken. Sommige vogels vinden het heerlijk in het nestje. Ook als hun vleugels al sterk genoeg zijn, willen ze nog steeds het liefst dat vader- en moeder-vogel voor hen eten gaan zoeken. Maar de ouders van het vogeltje weten dat dit niet zo handig is. Hun jong moet genoeg tijd hebben om zó goed te leren vliegen dat het in de herfst meekan op de lange trek naar het zuiden, met alle andere vogels. Daarom geeft de vader- of de moedervogel het kleine vogeltje wel eens een duwtje, zodat het uit het nestje kukelt en wel móet vliegen. Als kinderen een scheiding meemaken, hebben ze soms ook zo'n duwtje nodig om de dingen te gaan doen die ze moeten doen. Ook als het spannende dingen zijn. Als een ouder een kind blijft beschermen, leert het niet te doen wat nodig is.

Voor ouders

De wond (bij ▶ par. 5.2 Taak 2 en 3 voor ouders)

De metafoor van de wond staat voor de pijn die ouders elkaar hebben gedaan in hun relatie of huwelijk. Die pijn is meestal ook de oorzaak van de scheiding en is al lange tijd voor de scheiding geleden ontstaan. Ouders hopen door middel van de scheiding van die wond af te zijn. Dat is meestal niet het geval. Juist na de scheiding blijkt vaak dat die wond open ligt en dat iemand er maar naar hoeft te wijzen of het doet al heel erg zeer. Meestal is het de andere partner die naar de wond wijst, maar het kunnen ook anderen zijn. Als er niets aan de wond gedaan wordt, gaat deze etteren. Het gaat dan nog meer pijn doen en het wordt steeds erger. Dan is het zaak om de wond open te leggen. Het moet duidelijk worden welke pijn deze mensen elkaar aangedaan hebben. Daarna kan de wond verzorgd en schoongemaakt worden. Dit kan als betrokkenen verantwoordelijkheid nemen voor hun aandeel in de wond en misschien wel excuus aanbieden voor het verslechteren van de wond. Als dat gedaan is, kan de wond genezen. "Hij jeukt dan nog wel, maar doet geen pijn." Ouders blijven hun gevoeligheden nog wel houden en kunnen daarmee omgaan.

Partnershit (bij ▶ par. 5.2 Taak 4 voor ouders)

Deze oneerbiedige metafoor heb ik te danken aan mijn collega Rob Kuijpers, mediator. Hij riep aanvankelijk weerstand op, maar blijkt in de praktijk verhelderend. Er is overlap tussen deze metafoor en die van de wond. De partnershit verwijst naar alle moeilijke zaken of zieke patronen uit de relatie of het huwelijk dat is beëindigd. Het is de ouders niet gelukt de moeilijke zaken op te lossen en er zijn zieke patronen ontstaan. Door de scheiding hoopt men ervan af te komen of er in ieder geval minder mee te maken te hebben. In de praktijk blijkt dat meestal niet het geval. De shit die niet is opgeruimd, besmeurt elk onderling contact en alle pogingen om voor de kinderen zaken goed te regelen. Ofwel, de problemen blijven niet beperkt tot het ex-partnerschap, maar de shit druipt door, het ouderschap in. Pas als de troep is opgeruimd, kunnen ouders vormgeven aan hun ouderschap op een manier die helpend is voor de kinderen. Het opruimen van de partnershit draagt bij aan het schoonmaken van de wonden.

Bijlage 4 Kenmerken van het conflict

In deze bijlage wordt het begrip conflict nader belicht. Naast metaforen worden ook kenmerken van een conflict genoemd en wat een conflict doet met mensen. Het is een verzameling van kenmerken en de meeste zijn in het algemeen te herleiden tot het werk van Cottyn en Glasl.

Conflict als doolhof

In een doolhof raak je verstrikt. Zonder kompas ben je een speelbal in het doolhof. Intuïtie en kennis schieten tekort om uit het doolhof te komen.

Het conflict als een kompas dat van slag is

Een kompas dat van slag is, is geen goede raadgever. Het wijst de verkeerde kant op. De meeste mensen kunnen bij het oplossen van problemen hun gevoel als kompas gebruiken, maar bij een conflict werkt dat niet. Het is dus zaak dat er een goed werkzaam kompas is op het moment dat het kompas nodig is, bijvoorbeeld in het doolhof.

Conflict als monster

Hoe groter een monster, hoe meer kwaad het kan doen. Het is dus zaak dat het monster niet groter wordt. Hoe kleiner het monster, hoe minder schade het aanricht.

Het conflict als spiralen

Spiralen kunnen ingewikkelde patronen in zich herbergen, die draaien en draaien. Een conflict heeft het risico dat het zich in een neerwaartse spiraal beweegt, waardoor het steeds moeilijker is om 'eruit' te komen. Soms is het niet meer duidelijk welke kant de spiraal op draait. Het is nodig om eerst goed naar de spiraal te kijken, voordat gekozen wordt welke kant die spiraal op moet bewegen.

Het conflict als een tanker

Een grote zeetanker vaart langzaam en heel gestaag. Het vraagt een hele inspanning om zo'n groot schip van koers te laten veranderen en het duurt ook nog een poosje voordat het effect van die inspanning te zien is. Als er direct een 'beloning' verwacht wordt op basis van de inspanning, komt men bedrogen uit. De nieuwe koers moet eerst ingezet worden en daarna volgehouden, voordat het effect ervan zichtbaar is.

Het conflict als een patroon

Deze metafoor lijkt op het conflict als spiraal, maar gaat nog verder. De vraag die aan ouders gesteld kan worden als zij steeds ruzie maken tijdens het zoeken naar een oplossing voor bijvoorbeeld een wijziging in de bezoekregeling van de kinderen, is: "Ligt het probleem op tafel of zit het probleem aan tafel?" Het laatste is vaak het geval. De ander is namelijk het probleem en als die ander verandert, is het probleem opgelost. De andere partner denkt dat vaak ook. De echte vraag, namelijk de wijziging van de bezoekregeling, is daardoor uit beeld geraakt. Door te onderzoeken langs welke lijnen het conflict van deze ouders zich beweegt, is het mogelijk om iets anders te proberen, zodat het vaste patroon doorbroken wordt.

Het conflict als zoekmachine naar bewijs

De zoeker heeft de zoekmachine ingesteld op bewijzen voor schadelijke effecten, omdat iemand denkt daarmee een meningsverschil op te lossen. Hoe meer schadelijke effecten er zijn, hoe meer de zoeker denkt in zijn recht te staan om de zelfgekozen oplossing erdoorheen te duwen. Zo kan de zoekinstelling gericht zijn op problemen bij de kinderen, maar ook op financiële of materiële vraagstukken. De zoeker heeft niet in de gaten dat er met een beperkt vizier informatie wordt verzameld. De minder schadelijke effecten en de goede effecten blijven buiten beeld.

Het conflict als strijdpatroon

Het strijdpatroon is een verzameling van aspecten die wisselend ingezet worden om een meningsverschil op te lossen.

Actie versus reflectie

Eén onderdeel van het patroon is het gegeven dat het dwingt tot actie. Uitstel wordt niet geduld, er moet nú gehandeld worden. Afwijken van het dwingende patroon behoort niet tot de mogelijkheden; zo'n houding wordt al snel gevoeld als 'tegen' degene zijn die erom vraagt. Er is geen tijd voor reflectie.

Achterbaks versus transparant

Een ander onderdeel van het strijdpatroon is het achterbakse ervan. Men probeert de ander voor zich te winnen door telefoontjes te plegen, door belastende informatie door te spelen, door zaken te verdraaien en situaties in te kleuren. Transparantie is niet aan de orde.

Preken versus spreken

Nog een onderdeel van het strijdpatroon is het vele preken. Dit uit zich in hele lange mailwisselingen of uitgebreide tirades. Vooral ten nadele van de andere betrokkene(n) in het meningsverschil. Er is geen ruimte meer om elkaar te spreken. Zodra een ander niet mee kan gaan in de zienswijze van de prediker, haakt deze af en worden anderen gezocht om tegen te preken.

Liegen versus de waarheid

Ouders in strijdpatronen verwijten de ander vaak dat zij liegen. Liegen is iets dat niet mag en daarmee is het verhaal van de ander terzijde te schuiven. Men is niet in staat de complexiteit van de situatie te overzien en daaruit te begrijpen dat een ander een totaal andere ervaring kan hebben, die eerder de complexiteit benadrukt, dan dat er sprake is van liegen in de zin van met opzet onware dingen zeggen over iets of iemand.

Probleemgericht versus oplossingsgericht

In het strijdpatroon is de aandacht dwingend en bij voortduring op de problemen gericht, waardoor de strijd in stand blijft. Er is geen of weinig aandacht voor oplossingsgericht denken. De oplossing die in beeld is, is echter de oplossing vanuit een beperkt gezichtspunt en geen gezamenlijk gedragen oplossing.

Monoloog versus dialoog

Bij strijdpatronen hoort de monoloog. De strijder heeft één doel en alle tekst past daar in. Hoe vaker de eenzijdige tekst is uitgesproken, hoe meer deze lijkt te winnen aan overtuigingskracht. En dat is precies de bedoeling. Het jaagt de motivatie om te strijden als vanzelfsprekend op. Het liefst tot grote hoogte, want dat verstevigt het eigen gelijk. Er is geen ruimte voor pluraliteit, meerdere meningen zijn bedreigend. Meerdere inzichten bedreigen de strijd en die strijd moet juist behouden worden.

Modder gooien versus respect

Modder gooien past bij strijd en vertroebelt het zicht op het oorspronkelijke meningsverschil. Al het slechte dat in het verleden heeft plaatsgevonden en waarop de zoeker heeft ingezoomd, op zoek naar schadelijke effecten ervan, wordt als munitie gebruikt. Alles met het doel om de ander zwart te maken. Respect is ver te zoeken en wordt niet getolereerd. Respect ondermijnt het strijdpatroon en heeft de kracht in zich om de strijd te doorbreken. De moddergooier is hier niet van gediend.

Uitstoten versus inleven

Uitstoting heeft tot doel de ander buiten spel te zetten, omdat men niet meer in staat is om zich in te leven in de werkelijkheid van een ander.

Verharden versus kwetsbaarheid

Zich verharden is een bijna noodzakelijk onderdeel van het strijdpatroon, teneinde het allemaal vol te kunnen houden. Er is geen ruimte voor kwetsbaarheid. Met kwetsbaarheid stort het kaartenhuis in en dat wordt niet toegestaan.

Bevroren relaties versus leven

Vanwege de verschillende aspecten van een strijdpatroon raken relaties bevroren. Het leven is eruit. Relaties zijn voorspelbaar geworden, meningen hebben zich verhard en er is geen beweging in te krijgen. De uitspraak van zowel ouders als kinderen klinken hetzelfde: "Het zal nooit meer veranderen!" Meestal bedoelen zij daarmee: "Hij of zij zal nooit veranderen." Terwijl zij dit duidelijk maken, zien zij niet dat het leven daarmee in gevaar komt. Pas als zij zelf veranderen of anders met de situatie omgaan, zal er weer ruimte zijn voor leven. Gezien de verharding zal die verandering zich slechts langzaam voltrekken.

Voorspelbaar versus onvoorspelbaar

Een conflict gedraagt zich volgens voorspelbare patronen, ook al uit zich dat in elk conflict anders. De voorspelbaarheid voelt veilig en dat waarderen veel mensen, ook als het hen ongelukkig maakt. Ze weten waar zij aan toe zijn en dat is te verkiezen boven de onzekerheid van iets onvoorspelbaars. Ander gedrag uitproberen, heeft iets onvoorspelbaars en dat kan weerstand oproepen.

Afspraken versus verantwoordelijkheid

Dit onderdeel van het strijdpatroon heeft ten doel om de controle te houden door middel van het maken van afspraken. De dagelijkste gang van zaken wordt het liefst helemaal dichtgetimmerd, waarbij de werkelijkheid soms uit het oog verloren wordt. Op het moment dat de ander zich niet aan de afspraken houdt, is dit olie op het vuur van het conflict. De controle neemt het vertrouwen over en er is geen ruimte meer voor verantwoordelijkheid van ouders, terwijl verantwoordelijkheid vaak beter aansluit bij de werkelijkheid van alledag.

Verwarring versus positie

De verwarring is een gevolg van onder andere het ontstane strijdpatroon. Tijdens het werken naar een oplossing voor het meningsverschil ontstaat verwarring over de positie van de ouders, een verwarring die het strijdpatroon verstevigt. Het ene moment zijn pijnpunten geraakt op het niveau van de ex-partner en het volgende moment is de regeling voor een kind aan de orde. Men wordt heen en weer geschud en kan geen koers meer houden. Pas als beide ouders weer de positie als ouder innemen, kan over de kinderen worden gepraat. Als het moet gaan over pijnpunten uit het verleden, is het nodig om de positie als ex-partner in te nemen.

Verwarring versus gezond verstand

Ook verwarring is een gevolg van onder andere het strijdpatroon. De spanning die veroorzaakt wordt door het strijdpatroon vernauwt niet alleen de blik waarmee men kijkt naar een meningsverschil, die spanning veroorzaakt ook een beperking in het denken. Men verliest de normale gang van zaken en de normale proporties uit het oog. Alles is voer voor conflict en men kan geen onderscheid meer maken tussen wat nu echt belangrijk is en wat nog wel even kan wachten, kortom het gezonde verstand is uitgeschakeld.

Literatuur

Ainsworth, M. D. S., Blehar, M. C., Waters, E., & Wall, S. (1978). *Patterns of attachment: A psychological study of the strange situation.* Hillsdale, NJ: Erlbaum.
Alon, N., & Omer, H. (2006). *The psychology of demonization, promoting acceptance and reducing conflict.* New York/Londen: Routledge, Taylor en Francis Group.
Amato, P. R. (2001). Children of divorce in the 1990's: An update of the Amato and Keith (1991) meta-analysis. *Journal of Family Psychology, 15*(3), 355–370.
Amato, P. R. (2006). Feeling caught between parents: Adult children's relations with parents an subjective well-being. *Journal of Marriage and Family, 68*(1), 222–235.
American Psychiatric Association (APA) (2013). *Diagnostic and statistical manual of mental disorders* (5e druk). Washington DC: American Psychiatric Publishing.
Anthonijsz, I., Spruijt, E., & Zwikker, N. (2017). *Richtlijnen echtscheiding en problemen van jeugdigen voor jeugdhulp en jeugdbescherming* (3e herziene druk). Utrecht: Nederlands Jeugdinstituut.
Baker, A. J. L., & Fine, P. R. (2014). *Co-parenting with a toxic ex. What to do when your ex-spouse tries to turn the kids against you.* Canada: Raincoast Books.
Berg, T. G. van den (2010). Gevolgen van echtscheiding bij kinderen. Een pleidooi voor ondersteuning aan kinderen en ouders. *Tijdschrift voor Orthopedagogiek, 49,* 254–261.
Berg, T. G. van den, & Wilbrink, G. (2005). *IJES het zwolsche brugproject. Jij en scheiding. Cursus voor kinderen en ouders; overbruggen naar een veranderend gezin.* Utrecht: Uitgeverij Agiel.
Bolby, J. (1973). *Attachment and loss. Vol.2: Separation: Anxiety and anger.* New York: Basic Books.
Boszormenyi-Nagy, I. (1973). *Invisible loyalties.* New York: Hoeber & Harper.
Boszormenyi-Nagy, I., & Krasner, B. R. (2002). *Tussen geven en nemen. Over contextuele therapie* (3e druk). Haarlem: Uitgeverij De Toorts.
Bracke, S. (2016). Reflecties bij het boek eerste hulp bij hechting. Taal voor ouders en hun jonge kind, Paulien Kuipers. *Systeemtheoretisch Bulletin, JG34/2016/SB3,* 349–378.
Cijpers, P. (2002). *Voorlichting en psycho-educatie in psychotherapie. Handboek integratieve psychotherapie.* Utrecht: Uitgeverij De Tijdstroom.
Cottyn, L. (1994/1995). Als ouders apart (gaan) wonen: Beschikbare steunbronnen voor kinderen. *Systeembulletin, 13,* 225–241.
Cottyn, L. (2009). Conflicten tussen ouders na scheiding. *Systeemtheoretisch Bulletin, JG27/2009/SB2,* 131–162.
Cottyn, L. (2013). De stem van het kind. *Systeemtheoretisch Bulletin, JG31/13/SB3,* 285–311.
Cottyn, L. (2016). Gevangen in hoog conflict na scheiding. *Systeemtheoretisch Bulletin, JG34/2016/SB3,* 251–275.
Davies, P. T., Winter, M. A., & Cicchetti, D. (2006). The implications of emotional security theory for understanding and treating childhood psychopathology. *Development and Psychopathology, 18,* 7007–7735.
Delfos, M. F. (2002a). *Luister je wel naar mij? Gespreksvoering met kinderen tussen vier en twaalf jaar.* Amsterdam: Uitgeverij SWP.
Delfos, M. F. (2002b). *Ontwikkeling in vogelvlucht; ontwikkeling van kinderen en adolescenten* (2e druk). Zeist: Swets & Zeitlinger B.V.
Delfos, M. F. (2006). *Ik heb ook wat te vertellen! Communiceren met pubers en adolescenten.* Amsterdam: Uitgeverij SWP B.V.
Delfos, M. F. (2015). *Trauma vanuit ontwikkelingspsychologisch perspectief.* Amsterdam: Uitgeverij SWP B.V.
Eerenbeemt, E. -M. van den (2013). *De liefdesladder, over families en nieuwe liefdes.* Amsterdam: Uitgeverij de Arbeiderspers BV.
Eerenbeemt, E. -M. van den, & Heusden, A. van (2003). *Balans in beweging.* Haarlem: Uitgeverij De Toorts.
Emery, R. E. (2004). *The truth about children and divorce. Dealing with the emotions so you an your children can trive.* London: Plume.
Emmelkamp, P. M. G., & Vedel, E. (2010). Psychologische behandelingen: Effectiviteit en gemeenschappelijke factoren. *Dth kwartaalschrift voor directieve therapie en hypnose, 30*(2), 113–126.
Gardner, R. A. (1980). *Als ouders gaan scheiden* (2e herziene druk). Deventer: Van Loghum Slaterus B.V.
Gardner, R. A. (1998). *The parental alienation syndrome: A guide for mental health en legal professionals.* Cresskill NJ: Creative Therapeutics.
Gerhardt, S. (2004). *Waarom liefde zo belangrijk is. Hoe liefde voor je baby zijn hersenen vormt.* Schiedam: Scriptum Psychologie.
Glasl, F. (2013). *Help! Conflicten. Heb ik een conflict of heeft het conflict mij?* Zeist: Uitgeverij Christofoor.
Hellinger, B. (2001). *De verborgen dynamiek van familiebanden.* Bloemendaal: Uitgeverij Altamira-Brecht BV.
Hellinger, B. (2010). *Daders en slachtoffers voorbij.* Groningen: Uitgeverij Het Noorderlicht.
Hoefnagels, G. P. (1999). *Gelukkig getrouwd, gelukkig gescheiden.* Amsterdam: L.J. Veen.
Hoefnagels, P. (2015). *Handboek scheidingsbemiddeling* (3e druk). Deventer: Wolters Kluwer.
Horst, W. ter (1980). *Algemene orthopedagogiek.* Kampen: Kok.

Literatuur

IJzendoorn, M. H. van, & Bakermans-Kranenburg, M. (2010). *Gehechtheid en trauma. Diagnostiek en behandeling voor de professional.* Amsterdam: Hogrefe Uitgevers.

IJzendoorn, M. H. van, Prinzie, P., Euser, E. M., Groeneveld, M. G., Brilleslijper-Kater, S. N., et al. (2007). *Kindermishandeling in Nederland anno 2005: De Nationale prevalentiestudie mishandeling van kinderen en jeugdigen (NPM-2005).* Leiden: Universiteit Leiden.

Kamphuis, M. (2015). *Te vroeg volwassen. Over parentificatie.* Amsterdam: Uitgeverij Boom.

Kazdin, A. E. (1988). *Child psychotherapy. Developing and identifying effective treatments.* Needham Heights USA: Allyn and Bacon.

Keirse, M. (2003). *Kinderen helpen bij verlies.* Tielt: Uitgeverij Lanno NV.

Koens, M. J. C., & Vonken, A. P. M. J. (2014). *Personen- en familierecht. Tekst & commentaar* (8e druk). Deventer: Kluwer BV.

Kohnstamm, R. (2002). *Ontwikkelingspsychologie, deel 1,2 en 3* (5e herziene druk). Houten/Diegem: Bohn Stafleu van Loghum.

Koster, U. M. A., & Sterenborg, M. (2017). *Window of tolerance. Hoe hoog zit jij in je spanning?.* Doetinchem: Graviant Educatieve Uitgaven.

Lawick, J. van, & Visser, M. (2014). *Kinderen uit de knel.* Amsterdam: B.V. Uitgeverij SWP.

Lievegoed, B. C. J. (2010). *De levensloop van de mens.* Rotterdam: Uitgeverij Lemniscaat.

Linden, F. van der (2010). *Verloren band.* Filmdocumentaire. NCRV; 27 september 2010.

Ministerie van Volksgezondheid, Welzijn en Sport (2016). *Basismodel meldcode huiselijk geweld en kindermishandeling. Stappenplan voor het handelen bij signalen van huiselijk geweld en kindermishandeling.* Den Haag: Ministerie van VWS.

Pedro-Carroll, J. (2010). *Putting children first. Proven parenting strategies for helping children thrive through divorce.* New York: The Penguin Groep.

Peter, S., & Bannink, F. (2008). De oplossingsgerichte organisatie. *Tijdschrift voor Kinder—en Jeugdpsychotherapie, 35*(2), 62–72.

Pinedo, M., & Vollinga, P. (2013). *Aan alle gescheiden ouders. Leer kijken door de ogen van je kind.* Utrecht: A.W. Bruna Uitgevers B.V.

Pluim, A. van der, & Grevelt, M. (2013). *School en echtscheiding, alledaagse begeleiding binnen een schoolbreed beleid.* Amsterdam: uitgeverij SWP.

Rameakers, S., & Suissa, J. (2012). *Goed ouderschap. Een andere kijk op opvoeden.* Antwerpen-Apeldoorn: Garant-Uitgevers N.V.

Rijt, H. van de (2014). *Oei, ik groei. De 10 sprongen in de mentale ontwikkeling van je baby.* Utrecht: Kosmos uitgevers.

Romiszowski, A. J. (2004). *Designing instructional systems. Decision in making course planning and curriculum design.* London and New York: RoutledgeFalmer, Tayler & Francis Group.

Rosenberg, M. B. (2010). *Geweldloze communicatie, ontwapenend en doeltreffend.* Rotterdam: Lemniscaat b.v.

Savernije, A., Lawick, M. J., & Reijmers, E. T. M. (Red.). (2008). *Handboek systeem-therapie.* Utrecht: De Tijdstroom.

Shazer, S. de, & Dolan, Y. V. O. N. N. E. (2009). *Oplossingsgerichte therapie in de praktijk.* Amsterdam: Hogrefe Uitgevers.

Spanjaard, H., & Slot, W. (2015). Tijden veranderen, ontwikkelingstaken ook. Een 'update' van het competentiemodel. *Kind en Adolescent Praktijk, 3,* 14–21.

Spruijt, E., & Kormos, H. (2014). *Handboek scheiden en de kinderen. Voor de beroepskracht die met scheidingskinderen te maken heeft* (2e geheel herziene druk). Houten: Bohn Stafleu Van Loghum.

Spruijt, E., Kormos, H., Bosgraaf, C., & Steenweg, A. (2002). *Het verdeelde kind. Literatuuronderzoek omgang na scheiding.* Utrecht: Universiteit Utrecht.

Spruijt, E., Bredewold, J., Breunese, A., Chênevert, C., Feringa, D., Hardenberg, A., et al. (2005). *Effecten van het volgen van het KIES-programma. Kinderen in echtscheiding situatie.* Utrecht: Kinder- en Jeugdstudies.

Struik, A. (2016) *Slapende honden? Wakker maken!* (2e druk). Amsterdam: Pearson assesment and Information B.V.

Teyber, E. (2001). *Kind van gescheiden ouders; kind van de rekening?* (herziene editie). Amsterdam: Ambo.

Valk, I. van der, & Spruijt, E. (2013). *Het ouderschapsplan en de effecten voor de kinderen.* ▶ www.wodc.nl.

Velderman, M. K., & Pannebakker, F. D. (2008). *Dappere dino's.* Delft: TNO.

Verhulst, J. (2013). *RET jezelf. Verstandig omgaan met problemen* (10e druk). Amsterdam: Pearson Assessment and Information B.V.

Wallerstein, J., & Blakeslee, S. (1989). *Nieuwe kansen. Mannen, vrouwen en kinderen 10 jaar na de echtscheiding.* Utrecht: Het Spectrum.

Wallerstein, J., & Blakeslee, S. (2003). *What about the kids? Raising your children before, during and after divorce.* New York: Hyperion.

Weisfelt, P. (2002). *Nestgeuren. Over de betekenis van de ouder-kindrelatie in een mensenleven* (5e druk). Soest: Uitgeverij H. Nelissen B.V.

Worden, J. W. (1996). *Children and grief. When a parent dies.* New York/London: Guilford.

Websites

Artikel van Ed Spruijt uit 2015 over nieuwe gezinnen en de kans op scheiding. ▶ http://www.nieuwgezin.info/?page_id=598. Geraadpleegd op 31 mei 2017.

Centraal Bureau voor Statistiek. Cijfers over de woonsituaties van kinderen, o.a. na scheiden. ▶ https://www.cbs.nl/nl-nl/nieuws/2016/24/bijna-twee-op-de-tien-kinderen-wonen-niet-bij-vader. Geraadpleegd op 7 augustus 2017.

Diverse informatie over scheiding en rechten en plichten. ▶https://www.rijksoverheid.nl/onderwerpen/scheiden. Geraadpleegd op 31 mei 2017.
Een artikel van L. Cottyn waarin zij het boek van Rameaker & Suissa (2012) bespreekt. ▶http://docplayer.nl/8484378-Goed-ouderschap-een-andere-kijk-op-opvoeden.html. Geraadpleegd op 31 mei 2017.
Een filmpje van Compaiz over het voeren van een paraplugesprek. ▶https://www.youtube.com/watch?v=nUYRAnsdcx0. Geraadpleegd op 22 augustus 2016.
Ervaringen van jongeren met betrekking tot de scheiding van hun ouders. ▶www.villapinedo.nl.
Globale informatie over de gevolgen van scheiding, door T. Vos- van der Hoeve. ▶http://www.opvoedadvies.nl/scheiding.htm. Geraadpleegd op 22 augustus 2016.
Informatie over diverse (groep)hulpprogramma's voor kinderen en/of ouders. ▶https://www.nji.nl/wegwijzer-kind-en-scheiding. Geraadpleegd op 22 augustus 2016.
Ingrijpende gebeurtenissen/trauma. ▶http://www.nji.nl/nl/Databank/A104-Problemen-bij-de-verwerking-van-ingrijpende-gebeurtenissen. Geraadpleegd op 22 augustus 2016.
Meldcode wet Huiselijk geweld en kindermishandeling. De 5-stappenkaart. ▶https://www.rijksoverheid.nl/documenten/brochures/2011/04/14/5-stappenkaart-meldcode. Geraadpleegd op 7 augustus 2017.
Onderzoek naar ervaringen van ouders en kinderen rondom het programma Kinderen uit de Knel. Auteurs: Kim Schoemaker, Annelies de Kruijff, Margreet Visser, Justine van Lawick en Catrin Finkenauer. ▶http://hetlock.nl/wp-content/uploads/2017/03/Vechtscheidingen-Belevingen-en-ervaringen-van-ouders-en-kinderen-en-veranderingen-na-Kinderen-uit-de-knel.pdf. Geraadpleegd op 25 juli 2017.
Ontwikkelingstaken en opvoedtaken. ▶https://www.ncj.nl/richtlijnen/jgzrichtlijnenwebsite/details-richtlijn/?richtlijn=9&rl pag=672. Geraadpleegd op 16 augustus 2016.
Opsomming van live-events. ▶http://www.stresshulp.nl/wat-is-stress/bronnen-van-stress/life-events. Geraadpleegd op 22 augustus 2016.
Opvoedondersteuning. Ontwikkeltaken en opvoedtaken. ▶http://www.nji.nl/Opvoedtaken-en-ontwikkeltaken. Geraadpleegd op 16 augustus 2016.
Parentificatie en ontwikkelingstaken. ▶https://www.nji.nl/nl/Databank/Classificatie-Jeugdproblemen/D203-Jeugdige-in-de-rol-van-ouder-(parentificatie).html. Geraadpleegd op 16 augustus 2016.
Presentatie leerboek Veerkracht en weerbaarheid (2017), prof. Dr. B. Rutten. ▶https://www.youtube.com/watch?v=DK7hJxEVn8k. Geraadpleegd op 25 juli 2017.
Theoretisch fundament voor de aanpak van complexe scheidingen. Jeugdzorg Nederland. Auteur: Drs. E.A. Groenhuijsen. ▶https://www.jeugdzorgnederland.nl/contents/documents/complexe-scheidingen-theoretisch-fundament.pdf. Geraadpleegd op 6 juni 2017.

Te gebruiken bij psycho-educatie voor kinderen en jongeren

1. Rechten van het kind. ▶http://www.kinderrechten.nl/.
Stichting kinder en jongerenrechtswinkel, over rechten en plichten van jeugdigen onder de 23 jaar. ▶http://kjrw.eu/.
Stichting Jonge Helden, voor jonge helden die met een scheiding te maken krijgen. ▶www.voorjongehelden.nl/scheiding.
Villa Pinedo, jongeren die ervaringen vertellen over de scheiding van hun ouders en nog meer. ▶www.villapinedo.nl.

Boeken en materialen

Op deze site is een overzicht van boeken, gerangschikt naar leeftijd. ▶http://www.kinderenvangescheidenouders.nl/kinderen_lezen.htm.
Via deze site zijn houten pizzapunten te kopen. ▶https://www.ninico.nl/kindercoachmaterialen.

MIX
Papier aus verantwortungsvollen Quellen
Paper from responsible sources
FSC® C105338

If you have any concerns about our products,
you can contact us on
ProductSafety@springernature.com

In case Publisher is established outside the EU,
the EU authorized representative is:
**Springer Nature Customer Service Center GmbH
Europaplatz 3, 69115 Heidelberg, Germany**

Printed by Libri Plureos GmbH
in Hamburg, Germany